中国廉政史鉴

李洪峰题

典章制度卷

③

李洪峰 主编

文化艺术出版社
Culture and Art Publishing House
國家圖書館出版社

第十章　明代廉政制度

明代在政治体制上最为突出的特点是君主专制的强化。朱元璋采取了一系列措施，加强皇帝的权力，其中最为重要的便是废除了中书省和丞相制，将决策权牢牢地掌握在君主的手中，并让拥有行政权的六部直接听命于皇帝。此后，虽然还有被称为“宰相”的内阁存在，但内阁既没有决策权也没有行政权，只能够对皇帝的决策起到辅佐和建议的作用，皇帝也因此成为了整个政治格局里的绝对中心，整个国家机器的权力都掌握在其手中。

由于明代君主专制空前强化的特点，其在廉政制度方面也产生了一系列的变化。总的说来，受整个政治局面的影响，明代的廉政制度也体现出完备且严密的特点。相对于元代廉政制度方面的粗疏和松弛，明代是中国廉政发展史上的一个高峰。

但也必须看到，虽然明代廉政方面的制度高度完备，但其制度的发展却不是出于廉政方面内在的自需，也不是廉政史发展在经历了元代的低谷之后的必然反弹，而是由于君主专制方面的现实需要：高度完备的君主专制要求皇帝在加强手中权力的同时，也强化对于手下官僚的控制，以实现自己对于国家机器的完满掌控。因此，明代的君主一方面在政府机构的设置方面实行了官员之间彼此制衡的原则，即用科道官行使监察权来对行政部门的工作进行监督，另一方面又实行了很多极端的制度来控制、约束官员的言行，如廷杖制度、厂卫制度等。而这种依附于高度君主专制之下的特殊地位，也就使得明代廉政制度具有了此前朝代所不可能具有的特点。

从积极的方面来看，明代的廉政制度与整个君主专制的体制一样，不仅完备、严密，而且在君主个人励精图治、奋发有为之时，能够高效地运行，官僚队伍贪污腐化之类的状况都得到了遏制，政治形势显得较为清明。

但从消极的方面来看，明代廉政制度的根本目的不是国计民生的发展，而是君主手中的权力不受威胁，因此，当君主的权力日趋稳固之后，廉政制度在实施方面便有松弛的迹象。此外，此种制度还特别容易受到君主个人性情的影响，勤勉如明太祖者固然可以通过制度的约束使得官员不敢为非作歹，惰怠如万历皇帝者却也会因为个人的松懈而使得整个制度停歇下来。更值得注意的是，这种依附于君主专制的廉政制度还往往被别有用心之人利用，走向其制度原始用意的反面，从这一角度出发可以看到，明代一而再再而三地出现宦官专权的事情并不只是历史的偶然，而廷杖、厂卫等从廉政的利器沦落为宦祸的帮凶，也凝缩了明代廉政制度的必然命运。

第一节　君权的强化和制约

明代的君主可以称为中国历史上最有权力的君主之一，绝对的权力也带来了绝对的威胁：倘或君主个人的能力或是品行有缺，则对于整个王朝来说，其后果是致命的。正因为如此，明代也实行了相应的制度对过于膨胀的君权进行某些限制和约束。如“经筵”和“日讲”就是利用教育使得皇帝在学识、能力、品行等各个方面达到执政的要求。又如封驳制度对于君权的泛滥也是一个极好的限制。但就明代政治的整个态势而言，对君权的限制是相对的，而君权的强化却是绝对的，这不仅表现为立意颇佳的经筵和日讲更像是一场场隆重而盛大的仪式，更体现为那落在官员身上的一根根廷杖。

一、经筵和日讲

关于经筵和日讲的细致程序以及对于这两者的一系列详细规定，可以参见《英宗实录》卷十四的一段详细记载。这些规定是明朝正统二年（1437 年）制定的：

> 至是礼部进仪注：一、每月初二、十二、二十二会讲。直殿内官先一日于文华殿设御案于御座之东稍南，设讲案于御案之南稍东。是日早，司礼监官先陈所讲经书，书以《大学》一册，经以《尚书》一册，置御案。书在东、经在西，又各以一册置讲案。讲官二员，各撰讲义一篇预置于册内。

上御奉天门早朝毕，退御文华殿，将军、侍卫如常仪，鸿胪寺官引三师、三少、尚书、都御史、学士及讲读执事等官，于丹陛上行五拜三叩头礼毕，以次上殿，依品级东西序立。侍仪御史、给事中各二员，于殿内之南，分东西北向立。序班二员举御案置御座前，二员举讲案置御案之南正中。鸿胪寺官赞进讲。讲官一员从东班出，一员从西班出，诣讲案前，北向并立。鸿胪寺官赞鞠躬、拜、叩头、兴、平身毕，翰林执事官一员从东班出，进诣御案前，跪展书册毕，退立于御案之东稍南。讲官一员进至讲案前讲书，讲毕稍退。执事官复诣御案前跪掩书册毕，退就东班。又执事官一员从西班出，进诣御案前，跪展经册毕，退立于御案之西稍南。讲官一员进至讲案前讲经，讲毕稍退，仍并立。执事官复诣御案前，跪掩经册毕，退就西班。鸿胪寺赞讲官鞠躬、拜、叩头、兴、平身礼毕，各退就东西班。序班二员举御案，二员举讲案，退置原所。鸿胪寺官赞礼毕，上还宫。一、每日止用讲读官四员，学士轮流侍班，不用侍卫、侍仪、执事等官。侍班讲读等官入见，行叩头礼，东西分立。先读书，次读经，或读史。每伴读十数遍后，讲官直说大义，惟在明白易晓。讲读后，侍书官侍上习书毕，各官叩头退。[1]

在明代，由于皇权得到了空前的集中和加强，君主个人的道德和学识对于整个国家的兴衰就具有了异常重要的影响。经筵和日讲，也就是说，通过臣下讲授的方式让皇帝学习经史知识，便

---

〔1〕《明实录》（第十三册），台湾“中央研究院”历史研究所1962年版（下同），第262—265页。

成为提高君主的道德学识、增强他们执政能力的一个重要方式。这种经筵、日讲，源头最早可以追溯到汉代。到了明朝，据《明史》记载："永乐中，颁《文公家礼》于天下，又定巡狩、监国及经筵日讲之制。"〔1〕但此时还没有形成一种惯例，到了正统年间，才开始成为一种有细致规则、定期执行的制度。〔2〕

上面所举的这段文字，记载了经筵的详细流程，其礼仪之隆重、细致，可以和一般有关军国之大事的典礼相媲美。而日讲之所以区别于经筵，首先在于日期上，日讲是每天都可以进行的，经筵则只是在每月的初二、十二、二十二这三天里进行。其次，与经筵相比，无论是参加的朝廷官员的人数，还是礼仪的隆重程度，日讲都有所不如。

同据《明实录》记载，在制定这些详细的规定之前，杨士奇、杨荣、杨溥等大臣曾说："伏惟皇上肇登宝位，上以继承列圣，下以统御万邦，然其根本在致力于圣学。自古圣贤之君，未有不由讲学而能致治者也。书曰：'王，人求多闻，时惟建事，学于古训，乃有获。'又曰：'仆臣正，厥后克正；仆臣谀，厥后自圣。后德惟臣，不德惟臣。'由是观之，凡经筵讲读之官、左右侍从之人，必皆选正人，用之君德，庶有成也。"也就是说，让皇帝致力于圣学，并最终达到"致治"的效果，并用品行端正的臣下来辅佐皇帝道德的修养，是经筵和日讲设置的初衷。

经筵、日讲的实际效果如何，现在已经很难确切地得知，但至少在当时，很多人是持肯定态度的，如《万历野获编》中就说："今上初登大宝，江陵相建议，上每日于日初出时驾幸文华，听儒

〔1〕《明史》，第1244页。
〔2〕参见《明史》第1405页："明初无定日，亦无定所。正统初，始著为常仪。"

臣讲读经书。少憩片时，复御讲筵，再读史书。至午膳而后还大内。惟每月三六九常朝之日始暂免，此外即隆冬盛暑无间焉。以故十年之中，圣学日新，坐致太平之治。昔英宗御极亦在幼冲，初不闻三杨诸公有此朝夕纳诲，遂使王振得盗国柄，几危宗社。则主上早岁励精，真可只千古矣。”〔1〕将万历初期的“太平之治”归因于经筵、日讲的有效实行，而把正统年间的经筵、日讲没有切实履行，视为宦官王振专权的最大原因。关于此观点的对错姑且不论，但时人对于经筵、日讲重要性的理解或是说想象却可见一斑。

在任何教育中，“教师”自身的素质是最重要的，以教育君主为目标的经筵、日讲自然也不例外。弘治六年（1493 年），时任太常少卿兼侍讲学士的李东阳就曾经说过：“讲官官不必高，所贵实任，苟非其人，不宜滥置。”〔2〕也就是建议选取负责讲授的官员时应该慎重，不应当只以官阶的高低为标准。但事实上，负责经筵、日讲的官员都是当时的显宦，以至于发展到后来，讲官自身的才识如何以及能否给予君主正面的教导都并不重要，仅仅是担任讲官本身，便已意味着旁人难以企及的荣耀，成为一种身份和地位的标志。

事实上，在经筵和日讲中，经史典籍的传授只是一个方面，讲官还可以从典籍中阐发开去，议论时政、人物等〔3〕，发挥对于现实政治的看法，引导君主留心国计民生存在的问题，相信这样

〔1〕 沈德符：《万历野获编》，中华书局 1959 年版（下同），第 64—65 页。
〔2〕 余继登：《典故纪闻》，中华书局 1981 年版（下同），第 284 页。
〔3〕 如《玉堂丛语》中记载：“阁下官为学士，职号论思，时政之得失，人才之贤否，知之素矣。经筵进讲之余，宜从容陈之，使天下阴受其赐可也。”焦竑：《玉堂丛语》，中华书局 1985 年版（下同），第 239 页。

的经筵和日讲会比一般性的阐述经典要更具价值，也能够在历史与现实的比对中，给予君主更多的体悟和启发。但这样的讲授方式似乎并没有成为经筵和日讲的主流，讲官们似乎更愿意相信典籍对于君主学识和道德潜移默化的作用。

从引文中看，与其说经筵是一场名至实归的教学活动，不如说是一种体现了君主虚心向学的典礼更为合适。在这一点上，仪式简略些的日讲可能在教学上的效果倒要更好些。不过经筵和日讲既是对君主的一种制约，也要依赖于君主本身的意愿才能顺利实行。当君主连仪式化的经筵和日讲也不愿进行的时候，如后期嘉靖、万历等等，以经筵和日讲的方式干预君主权力的实行，便也成为一种不切实际的空想。

二、封驳制度

所谓封驳，是指臣下如果认为君主下达的诏令有不合适的地方，可以封还回去，避免其进一步的实行。而负责具体封驳的机构则是六科，这也便是明史中所说的“诏旨必由六科，诸司始得奉行，脱有未当，许封还执奏”〔1〕。

顾炎武曾经在《日知录》中详细考察封驳制度的来源，认为封驳应当起于汉代，但在当时还只是个例，没有专职的官员来做这件事情，也并没有形成一种严格的制度。到了唐代，明确规定“凡诏敕皆经门下省，事有不便，得以封还。而给事中有驳正违失

〔1〕《明史》，中华书局1974年版，第5681页。

之掌”[1]。

对于明代的封驳制度，顾炎武道：“本朝虽罢门下省长官，而独存六科给事中，以掌封驳之任。旨必下科，其有不便，给事中驳正到部，谓之科参。六部之官无敢抗科参而自行者，故给事中之品卑而权特重。万历之时，九重渊默，泰昌以后，国论纷纭，而维持禁止，往往赖抄参之力。”[2]

可见到了明代，由于不设门下省，因此封驳的职责便由六科来担任。所谓六科，是吏、户、礼、兵、刑、工六科的简称，设有都给事中、左右给事中、给事中等官职。明人何良俊说“给事中原非谏官，掌在封驳”[3]，也正是这个意思。

封驳制度在明代有着特殊的意义，一般说来，君无戏言，皇帝说出的话便是旨意，在当时也就具备了法律的效力，需要全体国民予以实行。但任凭是再圣明的皇帝，说出来的话也不可能总是正确无误的，而错误的或是不当的旨令也能变成通行的法律，其对于国家的损害可想而知。正所谓“人主之所患，莫大乎‘唯言而莫予违’”[4]，没有任何制约的权力的危险性不言而喻。而封驳制度就能有效防止这一危险的产生。当六科给事中认为诏令不合适的时候，他们可以封还，这就避免了本已极为强势的君权的进一步泛滥，也成为对于实际上缺少制约和限制的君权的一种监督。

在某些特定的情况下，封驳制度会体现出充分的韧性。如何良俊所云：“虽诏旨已下，皆得封上，苟事体未妥，虽十反不已

---

〔1〕 顾炎武著，黄汝诚集释，栾保群、吕宗力校点：《日知录集释》，上海古籍出版社2006年版（下同），第525—527页。

〔2〕《日知录集释》，第525—527页。

〔3〕 何良俊：《四友斋丛说》，中华书局1959年版（下同），第59页。

〔4〕《日知录集释》，第525页。

也。”[1]这也就保证了封驳能够成为横亘于政策制定者（君主）与政策实行者（六部）之间的一道强效过滤网。

在上面所举的那段话中，顾炎武认为局势颇为混乱的万历、泰昌两朝之所以还能基本稳定，六科的封驳职能功不可没，从中也正可看出封驳制度的实际效力。

明人对于封驳制度的贡献还不仅于此。为了防止可能出现的负责封驳的给事中不作为，甚至有官员提出“如六科不封驳，诸司失检察者，许御史纠弹”[2]。也就是说用御史来监督给事中封驳职能的执行，使得君主—给事中—御史的权力处于一系列有序的制衡中，这也无疑会使得整个封驳制度愈发完善和高效。

三、廷杖

《明史》中有道：“刑法有创之自明，不衷古制者，廷杖、东西厂、锦衣卫、镇抚司狱是已。是数者，杀人至惨，而不丽于法。踵而行之，至末造而极。举朝野命，一听之武夫、宦竖之手，良可叹也。”[3]这段话历数了明代的几项弊政，这几项制度残害起人来都极为酷烈，而在其中，首先被提到的就是“廷杖”。所谓廷杖是由皇帝下令，在朝廷上用杖责打大臣。这种责

〔1〕《四友斋丛说》，第59页。
〔2〕《明史》，第5681页。
〔3〕同上书，第2329页。

罚大臣的形式，在前代就曾经出现[1]，但只有到了明代，才真正地名声大噪。

据《明史》记载，在明代，最先使用廷杖的是明太祖，最先死在此种刑罚之下的则是朱亮祖："太祖常与侍臣论待大臣礼。太史令刘基曰：'古者公卿有罪，盘水加剑，诣请室自裁，未尝轻折辱之，所以存大臣之体。'侍读学士詹同因取《大戴礼》及贾谊疏以进，且曰：'古者刑不上大夫，以励廉耻也。必如是，君臣恩礼始两尽。'帝深然之。洪武六年，工部尚书王肃坐法当笞，太祖曰：'六卿贵重，不宜以细故辱。'命以俸赎罪。后群臣罣误，许以俸赎，始此。然永嘉侯朱亮祖父子皆鞭死，工部尚书薛祥毙杖下，故上书者以大臣当诛，不宜加辱为言。廷杖之刑，亦自太祖始矣。"[2]朱亮祖是追随太祖建立明朝的功臣，被封为永嘉侯，其虽然"勇悍善战"，但"不知学，所为多不法"[3]，因此被太祖杀死。由此可见，明太祖设立廷杖的初衷是责罚那些不法的官员，从廉政的角度来看，有一定的合理性。

廷杖的实施有一个变化的过程，明太祖时姑且不论，起初的廷杖并不是为了取人性命，只是表示对于大臣的折辱而已，是一种形式大于内容的处罚，但到了正德以后，才常常有人在杖下丧命[4]。

事实上，廷杖最受时人非议的一点不在其他，正在于这种责

---

〔1〕"士人受杖，古不经见，惟后汉显宗，撞郎药松，不过手自杖之，然已非礼。六朝则《南齐·陆澄传》有之，以郎吏积杖至千数，意如对簿受笞之类，未必廷杖也。北朝则元魏时有之，此索虏陋习，而宇文高氏遂因之。隋文帝亦挞人于殿廷。至唐犹然，如李邕之杖死朝堂而极矣。然姜皎、裴伸先辈，犹以曾为大臣，得免此辱，盖当时已觉其亏国体矣。"《万历野获编》，第476页。

〔2〕《明史》，第2329—2330页。

〔3〕同上书，第3860页。

〔4〕"然自成化以前，诸臣被杖者，皆带衣裹毡，不损肤膜，然犹内伤困卧，需数旬而后起。若去衣受笞，则始于逆瑾用事，名贤多死，迄今遂不改。"《万历野获编》，第475页。

罚损害了大臣的体面，打击了大臣的士气——至少正德以前廷杖还没有极大地威胁到大臣的性命时是如此。上面所举《明史》中所说的“未尝轻折辱之，所以存大臣之体”、“古者刑不上大夫，以励廉耻也”、“六卿贵重，不宜以细故辱”等话都是这一意思。由此可见，虽然《明史》同时也说廷杖“杀人至惨”，但在当时的士大夫看来，廷杖最为可虑的地方不是其杀伤力，而是对于士大夫颜面的折辱。

从另一个层面来看，廷杖的创立虽有一定的合理性，但却开创了一种“法外施刑”的先例，损害最大的，不是大臣的体面，而是国家的刑法。可以看到，廷杖也是一种君权极度膨胀的产物，皇帝可以因为自己的愤怒，不依据任何的法律和审判过程，就可以对臣子做出肢体上的处罚，这无疑是对于法制体系的一种戕害。运用廷杖，比较贤明的君主固然可以责罚不法的或是失职的官员，如明太祖和明宣宗，而当君主不那么圣明的时候，这一刑罚则会成为大臣的共同灾难，便如在正统、成化、正德、嘉靖、万历、天启年间所发生的廷杖事件都是如此。

值得注意的是，正统、成化、正德、天启等朝之所以会发生较大规模的廷杖事件，是因为这些时段都曾出现过奸宦当权的局面。就其根本来说，廷杖群臣的不是当时的皇帝，而是企图借廷杖以泄私愤或是立私威的王振、汪直、刘瑾、魏忠贤等人。如魏忠贤专政时：“天启时，太监王体乾奉敕大审，重笞戚畹李承恩，以悦魏忠贤。于是万燝、吴裕中毙于杖下，台省力争不得。阁臣叶向高言：‘数十年不行之敝政，三见于旬日，万万不可再行。’

忠贤乃罢廷杖，而以所欲杀者悉下镇抚司，士大夫益无噍类矣。”〔1〕这也就说明了，当廷杖完全超乎所有的法制以及法律程序之外时，它也就必然无法保障自己只属于皇帝这一个合法的持有者，任何势力足够强盛的野心家都有可能将廷杖作为自己的帮凶。这与其说是王振等人利用了廷杖，不如说是廷杖制度本身的缺陷给予了这些权奸张牙舞爪的机会。

利用廷杖的也不只是那些廷杖的实施者，被打的人同样可以从廷杖中获得好处。特别是到了明代中后期，被廷杖的往往都是敢于向皇帝进谏直言的臣子，因此，被廷杖也成了一种资历和资本，既可以用来自我夸耀，也能赢得旁人的尊敬。〔2〕廷杖从奸宦作威作福的工具，又成了官员履历表上的一道光环，也就愈发偏离了其作为某种廉政措施的本意。

第二节　明代科举对于舞弊行为的防范

明代的科举制度承接宋元而来，但在制度的完整和严密方面都超过了前代。郭培贵曾列举了明代科举制度在六个方面的发展：如科举必由学校；“科考”制度的实行；对于考试程序、防范作弊、地区名额分配等制度的完善等。所有这些，都标志着“科举

---

〔1〕《明史》，第2330页。

〔2〕“自古百僚之受辱，无有过前明者。其始权奸窃柄，创此刑以胁制朝士，其后习为故事，人主逞其一时之怒，用之于殿廷而以为固然。朝廷既失刑，而殊杖者转因以得名，凡拜杖出国门者，海内士大夫咸希风景慕，不以为辱而以为荣，于是国法不足敌公论矣。”赵翼《陔馀丛考》，河北人民出版社1990年版，第320—321页。“此皆关系朝家纲常，有功名教者，虽见辱殿廷，而朝绅视之，有若登仙。”《万历野获编》，第475页。

制度在明代达到了鼎盛阶段”〔1〕。而从廉政的角度来看，其中最为重要的无疑是对于科场舞弊行为的防范。

科场舞弊可分为两种，其一为考生单方面的舞弊，表现为怀挟、冒名等，其二为考生与考官的协同舞弊，表现为关节、贿买等。从狭义的角度来看，廉政的对象所应当针对的是官员，因此，对于科举中廉政制度的关注，应该只集中于第二种舞弊行为中。但从广义的角度来看，科举制度不是单纯的考试制度，而是官员选拔的制度，因此，参加考试的士子就不仅是考生，更是预备役的官员，廉政对于这些日后的官员来说，也具有异常重要的意义，正所谓“今日苟图如此，他日居官可知”〔2〕。即便是其个体行为以及所引发的制约与约束，也应当被纳入到廉政的范畴中来。

明代对于各种科场舞弊行为的防范可以说是严密之极，但看上去无论是多么无懈可击的制度，舞弊者也能寻找出破绽，从中获取不正当的科举利益。因此，明代科举对于舞弊行为的防范措施一直处在不断的调整和细化中，以确保科举考试能够在一个公平、公正的环境中进行。

明代科举制度最为基本同时也是最为重要的规章可以参见洪武三年（1370年）颁发的《科举条格诏》和洪武十七年（1384年）所颁布的《科举程序》，但其中的一些细部规定及沿革施行状况则散见于明代的各种典籍中。这一部分，下面将从考官的选取、对于官员子弟的限制、考官的内部平衡、对于“关节”的防范、对于“冒籍”的处置以及对于怀挟等个体舞弊行为的制约等

---

〔1〕郭培贵：《论明代科举制的发展及其消极影响》，《内蒙古社会科学》（汉文版）2003年第5期，第32页。

〔2〕徐学聚：《国朝典汇》，北京大学出版社1993年版（下同），第6252页。

方面入手，逐层展现明代科举对于舞弊行为的防范措施。

一、考官的选取

洪武十七年（1384 年）所颁布的《科举程序》中记载道："考试官皆访经明公正之士，官出币帛，先期敦聘。主文考试官二人，文币各二表里；同考试官乡试四人，会试八人，文币各一表里。提调官，在内，乡试应天府官一人，会试礼部官一人；在外，布政司一人。监试官，在内，监察御史二人；在外，按察司官二人。供给官，在内，应天府官一人；在外，府官一人。收掌试卷官一人，弥封官一人，誊录官一人，对读官四人，受卷官二人，皆择居官之清慎者充之。"〔1〕这段话详细规定了乡试与会试的考官的种类、人数、待遇以及标准。

在科举考试中，参加考试的士子只是参与者，而实际维持整个科举制度运转的，则是负责各种考试事务的考官。因此，考官自身的水准如何，以及个人操守是否公正严明，直接决定了整个科举制度能否在一个公平的环境中有序地进行。而对于考官的选用，也便是明代科举制度中一个异常重要的方面。

可以特别注意这段话中的"考试官皆访经明公正之士"之语，在一一叙及考场所设的"弥封官"、"誊录官"、"对读官"之后，又加上一句话道："皆择居官之清慎者充之。"〔2〕前一句话重在"经明"、"公正"这两个词，分别规定了考官在学识与道德方面所应当达到的条件。后一句话"清慎"两字最为重要，所注重的

〔1〕〔2〕 王世贞撰，魏连科点校：《弇山堂别集》，中华书局 1985 年版（下同），第 1544 页。

只是考官的个人品质，对于其学问却没有更多的要求。之所以会产生这种差别，是因为前者所讲的是负责批阅试卷的考试官，又称“内帘官”，而后者则没有批阅试卷的职责，只担负整顿考场秩序、分发回收试卷等工作，这些考官又叫做“外帘官”。

内帘官、外帘官职司的不同，决定了对他们要求的差异。关于内帘官与外帘官，将在以后的部分进一步讨论。这里只是想指出，相对于在制度层面没有批阅试卷之责的外帘官来说，能够直接决定考生能否被录取的内帘官无疑更为重要，而明代科举对于考官的选用，也以内帘官更受到重视。

据《明史·选举志二》记载：“初制，两京乡试，主考皆用翰林。而各省考官，先期于儒官、儒士内聘明经公正者为之，故有不在朝列累秉文衡者。”[1]这便是说，明初顺天、应天两处的乡试都由翰林院的官员担任主考官。在科举等级中，由下及上分别是秀才、举人、进士，进士是所有读书人中的佼佼者，而翰林则从新科进士中选出，可谓当时最为顶尖的人才。因此，以翰林来担任考官，无疑保证了考官学识的水准。但问题在于，翰林数量有限，平时又都住在京城，每个省的乡试都遣派翰林为考官，操作难度也大了很多。因此，除了两京，也就是顺天、应天之外，其他各省的考官都由“明经公正”的儒官、儒士担任。最为重要的是，即便不是朝廷官员，只要“明经公正”，也可以担任考官，甚至如上文所举，出现了有人不在朝廷做官却多次主持科举的现象。

上面所说，是明初的规定，后来渐渐有所改变。景泰年间令

---

〔1〕《明史》，第1698页。

各地官员推选年纪在五十岁以下、三十岁以上，并且“文学廉谨”的教官出任考官，于是“教官主试，遂为定例”〔1〕。这似乎也就避免了身为平民的“儒士”出任考官的现象。

但无论是平民出身的考官，还是教官出身的考官，其导致的问题是一致的。平民并无品秩；教官虽有品秩，但品秩在各类官员中却是最低的。教官中的府学教授是从九品，其他教官则均未入流。这就是说，即便没有品秩的平民和品秩低下的教官，可以凭借学识以及道德的优势，在乡试中担任考官，但由于他们的官场属性极为低下，因此在考场中也往往不能把握住原本属于他们的评阅权，其权力往往被其他品秩更高的官员所侵夺。

除此之外，如何选取考官也存在着制度上的漏洞：无论是平民还是教官，其“明经”与否，是否公正，都缺乏一个明确的标准，往往只是负责敦请考官的官员个人说了算。上面两点统合在一处，也就是《明史》所说的“其后有司徇私，聘取或非其人，监临官又往往侵夺其职掌”。考官的所用非人，也就直接成为科举考试中弊窦丛生的一大根源。

在这一问题上，如同两京的乡试一般，用翰林等京官作为考官，是消除弊端的关键，也就自然成为明代科举的一个发展趋势。成化年间，便已有大臣上疏，建议用翰林主考各省乡试。〔2〕而类似的建议最终被采纳，则是在嘉靖年间，但也只实行了两次。〔3〕

〔1〕《明史》，第1698页。

〔2〕 如成化十五年十二月（1480年1月），“御史许进言国家以科目取士，慎选考官。近各布政司每遇开科辄徇私情，所聘考官多非其人，以致校阅不精。两京俱命翰林官主考，故所取得人，乞各布政司亦如两京例，命翰林官主考为是”。徐学聚：《国朝典汇》，第6274页。

〔3〕“嘉靖戊子、辛卯各布政司乡试俱命选京官二人主考，亦与进建言之意同，恐此法终不可罢。”见王圻《续文献通考》，台湾，文海出版社1979年版（下同），第2772页。

直至万历年间，用翰林等京官做乡试的主考才成为定制。[1]

以翰林等京官代替平民或是教官出任考官，不仅使得对于考官是否有“学识”的评判有了更为切实的标准——因为这些京官本身都是科举考试的优胜者，显赫的科名足以证明他们的“明经”——同时也意味着“虚化”的道德让位给了更为实际的“官职”。

二、对于官员子弟的限制

洪武三年（1370年）颁发的《科举条格诏》中的第三条明确规定：“凡试官不得将弟男子侄亲属徇私取中，违者许赴省台指实陈告。”[2]由此可见早在明朝立国之初，便曾经对官员子弟参加科举作出过严格的规定。但需要注意的是，这里规定的只是担任考官的官员不得在考试中取中自己的亲眷，却没有对其他官员的子弟作出类似的限制。

事实上，明朝的乡试、会试实行一整套极为严密的防范舞弊措施：考官在阅卷之前，收上来的考卷首先要“弥封”，将写有考生姓名、籍贯等个人信息的部分都密封起来；其次要由专人“誊录”，也就是说将每张考卷另外誊写一份，供考官批阅，以防止考官认识考生的字迹；再次还要进行“对读”，也便是另有专人逐字逐句地核对原来的考卷以及誊录后的考卷，防止誊录中出现错误，或是誊录生在考卷中做手脚。并且考生的试卷用墨笔写就，誊录

---

〔1〕据《明史·选举志二》：“至万历十一年，诏定科场事宜。部议复举张璁之说，言：‘彼时因主考与监临官礼节小嫌，故行止二科而罢，今宜仍遣廷臣。’由是浙江、江西、福建、湖广皆用编修、检讨，他省用科部官。”《明史》，第1699页。

〔2〕《弇山堂别集》，第1541页。

的试卷却是用朱笔，也是为了防止誊录中可能出现的诈伪。[1]此外，负责誊录的誊录生用文化程度不高的“书手”，负责对读的对读生在文化水准较高的秀才中取用，亦是为了防弊。[2]

这一整套较为完善的机制，使得试官的阅卷可以在一种类似“射覆”[3]的状态下进行，考官无法从评阅的试卷上看到甚至是猜到考生的任何个人信息，也多少可以防止考官不是靠试卷的质量，而是凭借关系的亲疏决定考生的去取。这实际上也是从制度的层面防止其他不是考官的官员利用请托，让与自己交好的考官取中其子弟。但对于那些上层官员来说，即便是“射覆”，他们似乎也能够运用自己的权势，从中找到缝隙，从而获得足够的科举利益。

在明代，尽管通过各种制度的保障，已经在很大程度上解决了公平性的问题，但由于财势在社会资源方面的优势，科举还是有向钱财或是权势倾斜的趋势。而对于那些身居高位的人来说，利用手中的权力为自己的子孙谋得优越的科举出身，较之普通官员，无疑更为便利。

事实上明代对于上层官员子弟参加科举考试的约束，很大程度上不是通过制度层面的约束来实现，而是借助类似“清议”的舆论力量来完成。万历年间，当时担任御史的魏允贞曾上疏，表达了自己对于内阁大学士的子弟屡屡登第之事的愤怒。这次上疏，看似没有取得什么实质性的成果，魏允贞自己也被贬官，但内阁大学

〔1〕据洪武十七年所颁发之《科举程序》：“收掌试卷官一人，弥封官一人，誊录官一人，对读官四人，受卷官二人”，“弥封者编号作三合字，誊录者用朱，考试官用墨，以防欺伪。”《弇山堂别集》，第1544页。

〔2〕“誊录用书手，对读用生员，以防洗改。”《国朝典汇》，第6328页。

〔3〕“射覆”是古代的一种猜谜游戏。如明人李明睿曾曰：“数十年积学不售之士，余以射覆元之，亦可以谢天下士矣。”梁章钜：《制义丛话·试律丛话》，上海书店2001年版，第241页。

士利用手中的权力为子弟谋求科名的现象此后却未再出现〔1〕。

这应该不只是魏允贞一个人的功劳，内阁学士之子登第在当时已经成为众人共同指摘的对象〔2〕，迫于舆论的压力，这些内阁学士才不得不有所收敛。甚至有的内阁学士为了避嫌，想方设法让自己的儿子不要参加科举，以致原本极有才学，能够凭借自己的本事获得科名的内阁学士之子终生郁郁，并因此“视其父为深仇”〔3〕的。而这种制度与舆论的结合所形成的强大的廉政效力，似乎更应引起注意。

三、内外帘官的平衡

嘉靖十年（1531 年），巡按浙江御史李佶上书朝廷，建议加强外帘官在科举考试中的作用，在出题以及最后的录取程序上掌握更多的权力。〔4〕礼部针对李佶的建议回应道：“今复令外帘官参之墨卷，不惟非祖宗糊名易书之法，亦非今日补偏救弊之意。宜照先奏钦依事例，未出榜以前，监临官不许干与，以挠职守。出榜之后，内帘果有不公等弊，据实纠举。”〔5〕

其实，无论是李佶的建议还是礼部的回应，都反应了明代科场中一个异常重要的问题，即外帘官与内帘官的权力如何分配以

---

〔1〕 据《明史》所载：“允贞虽谪，然自是辅臣居位，其子无复登第者。”《明史》，第 6056 页。

〔2〕 如《万历野获编》所载：“自江陵诸子鼎甲以来，政府象贤，例为建言者所议。至娄江公子之才，亦指摘及之。盖以触权之名甚美，不问其无忝科第否也。”《万历野获编》，第 420 页。

〔3〕 参见《万历野获编》第 420 页之“宰相子应举”一条。

〔4〕（嘉靖十年）巡按浙江御史李佶言：“各省乡试官宜会同监临等官捐书出题。考试官取应试卷先期将号数发出，听监临官参之墨卷，以定去处。”《国朝典汇》，第 6298—6299 页。

〔5〕《国朝典汇》，第 6299 页。

及怎样制衡。在明代，主考与同考合称“内帘官”，负责批阅试卷，决定考生录取与否，而提调、监试以及掌管弥封、誊录、对读、受卷等官员则被统称为“外帘官”，维持考场的正常秩序是他们的职责所在。从理论上说，在内帘官与外帘官中，只有内帘官拥有凭借试卷决定考生去取的资格，但实际状况却又并非如此。

早在弘治四年（1491年），礼部给事中林元甫等人便上书奏言外帘官侵犯内帘官阅卷职权之事。明孝宗对此事的批示是：“今后乡试务遵依定制，事该帘内官管理者，帘外官不许干预。”[1]但整整一百年后，到了万历十九年（1591年），礼部还是需要重申：“阅卷属之内帘，不许外帘干预。”[2]由此可见在明代，外帘官争夺原属于内帘官的阅卷权应是一个比较常见的现象。据张瀚记载，嘉靖四十年（1561年）的福建乡试，“侍御李公廷龙为监临，檄余入院提调”，除了“内外扃键，一以委之”之外，“及参阅文艺，亦命余品骘高下”，而其也“殚精竭力”，“昼夜不寝者历二旬余”[3]。在张瀚的叙述中，对于能以外帘官的身份参与评阅试卷大是自得，而明代阅卷的实际状况也不难从中想见。

外帘官参与考卷的批阅，乃至干涉考生是否被录取，其中的弊窦显而易见：在乡试中，外帘官多由本省的地方官担任，与本地的各种势力有着复杂的利益纠葛，也就增加了凭借手中的权力舞弊的可能性。同时，明代对于内帘官的选择比较慎重，大家的注意力都在内帘官的身上，而外帘官的任用则相对来说没有那样严格，也较易受到舆论的忽视，这也成为外帘官更易于舞弊的一

〔1〕《明实录》，第二十九册，第1090页。
〔2〕同上书，第4300—4301页。
〔3〕张瀚：《松窗梦语》，中华书局1985年版（下同），第15页。

个原因。此外，如本节第一部分所论，在很长时间里，能够批阅试卷的内帘官的品秩非常低微，而外帘官则要高得多，这也导致了外帘官可以凭借在官场上更高的地位，在科场上压迫内帘官，抢夺原本属于内帘官的出题、批阅、录取等权力。

从上面所举的引文中可以看到，礼部还是一如既往地在声称外帘官不得阻挠内帘官的职权，认为这是科举制度中防止舞弊、补救弊窦的一个重要方面。但同时，也安抚了在这场科举权力争夺战中处于下风的外帘官：强调他们虽然没有出题权和录取权，在维持考场秩序之外，却还可以拥有监督内帘官的权力，一旦内帘官评阅不公，外帘官可以举报和弹劾。这实质上正是在分配科举权力的同时，进行两种权力之间的制衡。

而从根本上说，内帘官与外帘官的矛盾并没有因此解决，外帘官既然获得了监督内帘官的权力，他们就势必不会让这种权力仅仅停留在事后举报与弹劾的层次上，干预出题、批阅甚至录取等行为似乎也变得更为轻松便利。

四、考官的地域回避

嘉靖四十三年（1564 年），南道御史官上书谈论两京乡试革除弊端的事情，礼部对其上书回复曰："今后两京主考不用本省人，如资序挨及，南人用北，北人用南，以别嫌疑。"[1]这里所说的是以后应天府和顺天府两省的乡试，主考官不由本省的人担任，倘若论资排辈，轮到某人非要担任主考官不可的时候，籍贯在南

[1]《国朝典汇》，第 6327 页。

方省份的官员担任顺天府（北京）的主考，而籍贯是北方省份的官员则出任应天府（南京）的主考。

这虽然是嘉靖四十三年（1564 年）时的规定，但其实在嘉靖四十年（1561 年）的时候就已经初步形成。嘉靖四十年的时候，吴情担任了应天府的主考。他是无锡人，而此次应天乡试，无锡籍的考生中举的竟然有十三人之多，舆论因此大哗。最终吴情被贬，调任广东市舶提举之职，因为年纪大了，没有前去赴任，也就此结束了自己的仕宦生涯。朝廷由此规定“自是南畿之在翰林者不得入南试，以为例”〔1〕，就是说籍贯为应天府的翰林院官员不得成为应天乡试的主考官。而两相比较，嘉靖四十三年的礼部回复中的“南人用北，北人用南”，无疑更为详细并且规范。

事实上，从这一规定中也可以看到明代科举中存在的异常尖锐的地域矛盾。洪武三十年（1397 年）所爆发的“南北榜”事件，可以视为这一矛盾最初的体现。〔2〕在此之后，洪熙元年（1425 年）“九月令会试分南北取士”〔3〕，到了景泰五年（1454 年）的时候，会试又分为南、北、中卷，“南卷，应天及苏、松诸府，浙江、江西、福建、湖广、广东；北卷，顺天、山东、山西、河南、陕西；中卷，四川、广西、云南、贵州及凤阳、庐州二府，滁、徐、和三州也。”〔4〕也就是说，会试不是所有士子统一在一处，择优选取，而是按照地域分成南、北、中三个部分，按照固

〔1〕《国朝典汇》，第 6326 页。

〔2〕“南北榜”又称“春夏榜”。洪武三十年二月举行会试，翰林学士刘三吾等人主考，取中了宋琮等五十一人，全是南方人，是为春榜，又名南榜。落第的北方举人因此联名上疏，告考官刘三吾等人有所偏私。明太祖朱元璋对各个考试官严加治罪。六月，朱元璋亲自策问，取中任伯安等六十一人，是为夏榜。因为所录取的都是北方人，所以又称为北榜。

〔3〕《国朝典汇》，第 6323—6324 页。

〔4〕《明史》，第 1697—1698 页。

定的名额，在三个部分中分别录取。

从根本上说，科举中的地域矛盾是由于地区之间的教育水准和文化水准的不同而产生的。南、北、中卷分别取士，既保证了教育和文化落后地区的士子也能够拥有凭借科举获得任官资格的可能，也避免了这些地区的士子落第后对科举公平性的抱怨和怀疑。上面所说的是大的地域矛盾存在于会试中，而更小些的地域矛盾，则更多地体现在乡试中。嘉靖四十年（1561 年）的时候，吴情未必一定有什么科场舞弊的行为，因为无锡本身就是教育和文化都颇为发达的地区，其他地区落第士子的不满和指责更像是一种嫉妒。但无锡籍的考官取中了十三个无锡籍考生这一事实，就足以授予这些落第士子足够的口实。因此，“南人用北，北人用南”正是用地域回避制度来解决这种由于地域矛盾而产生的科场纠葛。

而换个角度说，考官的地域回避制度对于维护科举的公平性仍是一件有益之举。吴情或许并没有利用乡籍关系舞弊，但却不能保证其他的官员不会如此。因此，从廉政的角度着眼，嘉靖四十三年（1564 年）之后实行的“南人用北，北人用南”这一措施值得肯定。

五、对于“冒籍”的限制

所谓冒籍，“也就是冒充行政户籍所在地”[1]。按照规定，考生的户籍在某地，便只能参加某地所属省份的乡试，倘若离开本

〔1〕 钱茂伟：《国家、科举与社会——以明代为中心的考察》，北京图书馆出版社 2004 年版，第 189 页。

省去他处应试，便算冒籍。上一部分曾经说到科举考试中的地域矛盾，而这一矛盾同样是引起“冒籍”的主要原因。

明代科举考试的会试，是根据考生籍贯不同，按照南、北、中卷各自分配的名额分别取士。而每个省的乡试，也有固定的名额分配，这也就是所谓的“解额”。早在洪武三年（1370 年），就初步规定了每省乡试所能够取中的人数，而这一规定在洪熙元年（1425 年）正式确定下来：“南京国子监并南直隶共八十名，北京国子监并北直隶共五十名，江西五十名，浙江、福建各四十五名，湖广、广东各四十名，河南、四川各三十五名，陕西、山西、山东各三十名，广西二十名，云南、交趾各十名，贵州愿试者就试湖广。”〔1〕

从表面上看，这个规定既照顾了教育和文化落后地区的考生，给予他们一定的名额，又没有忽视发达地区士子的利益，在名额上向他们倾斜，显得很为合理，但实际上，却依然存在着相当程度的不公平。这是因为，由于各地的教育水平并不一致，在此地没有中举希望的生员，换一个地方却可以很轻易地通过乡试；而在一地中举之人，实际的才能很可能远低于他处没有中举的生员。在明代，以江苏、江西、浙江三省应举生员的材质最优，南直隶、江西、浙江三处的乡试也就自然成为竞争最为激烈的考场。而与之形成鲜明对比的是，总体而言，北地考生的应试能力不如南方，但正统以后，北直隶却拥有全国最高的解额。

不仅是乡试，会试中的地域名额分配问题同样突出。会试中，南、北、中卷分别取士，南卷虽然中进士的比例最高，却几乎荟

〔1〕《续文献通考》，第 2728 页。

萃了所有最擅举业的省份，属于南卷的生员首先要从竞争激烈的乡试中胜出，再在与其他他省举子的比拼中出头，相当于再进行一次更为不易的“乡试”，可谓难上加难。而中卷、北卷的取士比例虽然不及南卷，但由于避开了应天、浙江、江西诸省单独取士，其举子中进士的几率自是大增。

正是由于这种不甚公平的名额分配，直接导致了“冒籍”这一种特殊的舞弊行为的产生，南边省份的人想方设法伪造籍贯，到北卷或是中卷所属的省份去考试。

因此嘉靖二十二年（1543 年），礼部对科举中冒籍行为的泛滥提出了一番建议，而这一建议最终也被朝廷所采纳：“人才之生其地者，多寡不同，故解额因之而异。至于会试则分为南、北、中卷，取之各有定数，所司不得增损。奈何法久禁疏，遂有游学矫诈之徒，见他方解额稍多，中式颇易，往往假为流移，冒籍入试。至有脱逃罪犯，变易姓名，奔徙营求，靡有不至。会试举人报籍印卷亦有假托族属改附籍贯，朦胧开具，以南作北，国法罔存，士习大坏。乞于明年会试严加核究，但系先冒籍，尝经恩赦者，许其归正。其他籍贯不明，妄报中卷、北卷者，本部指名参退。仍行两京各省，凡遇乡试开科，提学考选生儒，不得将留移附籍之徒一概滥收，以玷科目。违者奏请治罪。”〔1〕

从科举制度本身来看，冒籍显然是一种舞弊，因为这种行为与朝廷的规定截然相背。可从公平性的角度来说，冒籍又有其自身的合理性，它反映了教育发达地区的士子对于获得更为公平的竞争环境的诉求。正因为如此，明代对于冒籍的认定与处罚，也

〔1〕《国朝典汇》，第 6308—6309 页。

就处于不断的摇摆和犹豫中。

在明代，对于官宦子弟、医士医生以及医官子弟、天文生、监生、流寓人口等特殊人群的冒籍都有详细的规定，这些规定也都有一个从相对宽松到比较严格的过程。而争议最多，也最为耐人寻味的，则是对于冒籍士子的处罚。

沈德符在《万历野获编》中说："国初冒籍之禁颇严，然而不甚摘发。"〔1〕可见明初时虽然明禁冒籍，但因冒籍而受处罚的士子并不多。在明代与冒籍有关且处罚较重的事件多发生在嘉靖年间：嘉靖二十二年（1543 年）顺天乡试有张汝濂、陆光祚等十余人被论冒籍；嘉靖四十三年（1564 年）"查革京学冒籍生员"，"清查当革者五十余人"，生员任子玉等竟与执委官发生冲突〔2〕；同是嘉靖四十三年，"给事中辛自修、邓楚望，御史罗元佑交章摘发科场奸弊冒籍生员章礼等五人"〔3〕。而对冒籍处罚最重的是万历十三年（1585 年）的"乙酉京试冒籍"事件，冒籍者冯诗等八人被"斥为民"，其中冯诗与章维宁"罪至荷校（以肩荷枷，即颈上带枷）"，"被三木（古代加在犯人颈、手、足上的三件刑具）于京兆门前，僵冻几死"〔4〕。

上面所举引文，礼部建议对于冒籍者奏请治罪也是一个显例。而万历以后，冒籍之禁又松弛下来。总之，有明一代，相对于实际存在的冒籍状况，被指摘出来的冒籍者并不多，而与其他的科场舞弊手段相比，冒籍者所受的处罚也并不重。

---

〔1〕《万历野获编》，第 374 页。
〔2〕《国朝典汇》，第 6387 页。
〔3〕 同上书，第 6329 页。
〔4〕《万历野获编》，第 418 页。

正因为如此，明代的冒籍者大多能够得逞，即使被发觉，所受的处罚也不过是发回本学而已，日后还拥有继续参加科举考试的资格。这点风险与冒籍中举乃至中进士的巨大利益比起来，简直可以忽略不计。相对更为严密也更为严格的，对于其他舞弊行为的防范和处罚而言，明代科举考试对于冒籍的手下留情，为严格刻板的科举制度保留了一丝弹性，也在事实上为进身颇难的士子尤其是南省的士子增加了些许中式的可能性。

六、对于“关节”的防范

嘉靖六年（1527 年），当时担任兵部左侍郎兼学士的张璁，向朝廷上了一个名为“慎科目三事”的条陈，其中的建议也被朝廷所采纳。条陈中有一条为“慎考官”：“请各省乡试宜两京事例，择翰林院科部官为之主考，毋令权归外帘，得以预结生徒，暗通关节。”〔1〕这句话中所说的各省乡试选用翰林等京官为主考，以及评阅的权力不应落到外帘官手里这两点，前面都已经谈到。而在此处，尤为值得重视的则是“预结生徒，暗通关节”这八个字。

明人杨士奇曾撰写一副对联：“号列东西，两道文光齐射斗；帘分内外，一毫关节不通风。”据说这副对联直到清朝的时候，还挂在科举考试的贡院中。〔2〕从这副对联中可以看出，除了考生自身的才能之外，考场之中最关键的便是内帘、外帘是否有暗通关

〔1〕《国朝典汇》，第 6293—6294 页。

〔2〕商衍鎏：《清代科举考试述录及有关著作》，百花文艺出版社 2004 年 7 月第 1 版（下同），第 67 页。

节的行为。

张璁在条陈中所说的“暗通关节”，主要指的是外帘官，这是因为外帘官多由地方官员担任，这些官员与地方上的各种财势都有着密切的联系。比如很多士人会在考试之前拜这些官员为老师，而一旦这些士子参加考试，担任外帘官的这些官员也就可以通过夺取内帘官批阅试卷的权力，来为自己的这些“学生”谋取科名。这也就是弘治十四年（1501 年），掌国子监礼部右侍郎谢铎上书中所说的“以外帘之官而专去取，关节相通，人图侥进”[1]了。

但事实上，能够通关节的不仅是外帘官，内帘官也可以通过关节作弊。并且外帘官的关节之弊得到了朝野上下足够的重视，也可以通过这样的方式予以解决：将他们的权力仅仅限制在维持考场秩序上，与评阅、录取等程序隔绝。而相对说来，内帘官通过关节来舞弊，则更为隐密和难以防范。[2]

内帘官通过关节舞弊的具体方式，可以是泄漏题目[3]，也可以是预先和考生约定好暗号，然后将出现暗号的考卷予以录取。明代科举制度较为完备，如前面所说的誊录、对读等程序，已经最大限度地避免了这些关节舞弊的产生。但百密难免一疏，一些官员还是能够找到足够的缝隙。

---

〔1〕《国朝典汇》，第 6282 页。

〔2〕 参见《制义丛话》中的记载：“前明吾乡长乐林总宪（廷选）主某科会试，先一日，招同乡公车亲昵者数人饮，众皆知其必司文柄，而难于自媒。公但于纵饮尽欢，将撤席，乃亲执壶遍酌众宾曰：‘尽此壶。’众皆唯唯而散，翼日，公果入闱，诸公车于首艺末段各用‘尽此乎’三字，榜发皆得隽，惟其婿不能悟意，独落孙山。后有以蜚语举发者，公曰：‘若果有此关节，何以吾婿独不与闻？’事因得寝。”《制义丛话·试律丛话》，第 455 页。

〔3〕 冯公梦祯会试年，有贵介子弟预购闱题，闻某公与某公议，但曰：“斗筲字，要之何用？”贵介字遂知为“行己有耻”章矣。冯亦知之，遂邀一契友入西山静养，半月得一破曰：“圣人与贤者论士，而其所重者可知矣。”得意甚，曰：“我会元矣。”已而出闱，遍讯同袍文，但闻其破，曰不及我也。榜发，果魁多士。《制义丛话·试律丛话》，第 240 页。

以在试卷中做暗号为例，八股制义最后一部分名为“大结”，而这一部分也是最容易容纳暗号的一个所在。[1]梁章钜的书中就曾记载道：“前明制义，每篇之后多有大结，明之中叶，每以此为关节。”这是由于特殊的文体所产生的特殊的作弊方式，而问题的解决，也与文体的变化密切相关，“后因文日加长，此调渐废”[2]。

从这一事例也可以看出，就如同考官自身优越的道德操守并不能避免舞弊的产生一样，看上去再细致完备的制度也不能完全起到纠弊补偏的作用。所有的制度都必须在运用中不断地调试，而即便不从属于制度本身，例如八股文这一“文体”自身的发展，当其与制度产生某种关联的时候，也应该引起足够的注意和警惕。

七、对于“怀挟”等行为的防范

上一部分所说的关节，指的是考官与考生之间的协同作弊，而这里所谈的对各种舞弊行为的防范则是指考生单方面的舞弊，主要包括冒名、换卷、怀挟等行为。嘉靖四十四年（1565 年）御史李邦珍的上书，提出了一些应对之策：“一试卷礼部印钤送提调收领，临期举人入场至大门内验票领，以防洗改脚色及彼此交换之弊。一请留朝觐二司及府县官，临期督集所属举人，照依省分次第挨次典验序进，以防冒替之弊。一举人有不服搜检及不循序进如新规者，轻则扶出，重则参奏以防喧竞抗违之弊。一请增军三百余名，严密搜检场外，仍选差参将一员带领官军昼夜巡逻，

〔1〕 参见《清代科举考试述录及有关著作》，第 82 页。
〔2〕《制义丛话·试律丛话》，上海书店出版社 2001 年版（下同），第 16 页。

俟揭晓乃止，以防怀挟透漏之弊。”〔1〕其主要讲的是负责维持考场秩序的官员以及相关人等应该如何避免这些舞弊行为的产生。这些建议也被朝廷采纳并予以实行。

此外，景泰四年（1453年）的时候，礼部祠祭司主事周骙也曾经上言：“今后科场知贡举、监试、提调等官务在防范严切，不许容情冒名、换卷、截卷、传递文字并说话作弊。监门、搜检、巡绰、监试官军敢有如前容隐不举作弊者，俱治以重罪。”〔2〕

其中历数了各种舞弊的手段，并且特别强调外帘官以及负责维持考场秩序的相关人等应该加强自己的责任感，努力避免这些舞弊行为的产生，否则就应当被治以重罪。

对于考生这些单方面的舞弊行为，明代科举中其实也有足够的措施加以防范。例如，在考生进场的时候，必须经过严格的搜检，以防其夹带与考试有关的文字入场。李邦珍的建议主要说的便是这一层。如果有人不服搜检的话，或是被逐出考场，情节严重者则要被治罪。在进场时，考官还要详细检查入场考生的年纪、体貌等和报名时候的记录是否一致，防止有人冒名顶替前来考试。

入场后，每一个考生都根据考官给予的号码找到自己的号房，不能坐错，当然更不允许彼此之间交头接耳，这也便是《续文献通考》中所记载的“场中编号令监试、提调官亲自掣签，一面登记号簿，一面楷书卷面。待其入坐，令军人各验看字号，如有不同即时扶出”〔3〕。

在这些严密的防范措施的制约下，考生单方面的舞弊行为自

〔1〕《国朝典汇》，第6330页。
〔2〕同上书，第6252页。
〔3〕《续文献通考》，第2743页。

然难以进行。但科场中从不缺乏铤而走险的人，因为严密的防范措施而舞弊败露的人自然也不在少数。明代对于舞弊的士子，会采用多种处罚的方式：如罚科，也就是几年之内不得再参加科举考试；又如罚做吏，也就是取消生员或是举人的功名，降级成为小吏，也同时取消其以后参加科举考试的资格。在诸多处罚方式中，“枷号”算是比较严酷的一种：受罚的士子要带上木枷示众，这一示众便有可能是一个月之久，不仅颜面扫地，还会有性命之忧。

需要指出的是，同样是对于冒名、换卷、怀挟等舞弊行为的防范，乡试时要比会试时严格得多。这或许是因为当时人觉得会试的考生是乡试中脱颖而出的佼佼者，无论是文化水准还是道德水准都应有一定的保证，因此不用多加搜检。但如同考官不能仅靠文化和道德标准去选取一样，科举制度的严密永远不能靠文化或道德水准去维持，会试中考生的舞弊现象也并不少见。正因为如此，李邦珍才会特意提出那些建议，而朝廷也最终做出了“申严怀挟、传递之禁，犯者执送法司问罪，仍于礼部前枷号一月”的决定。

第三节　官员铨选制度

明代的官员铨选制度主要有科举、荐举、捐纳等数种，在这几种方式中，科举是最为重要的，同时也是明代中高级官员的主要来源。正因为其特别重要，因此单列一节加以详细讨论，而这里则探讨其他几种铨选方式。相对说来，科举出身的官员无论是在官场的地位还是仕宦的前途上都必比其他途径出身的官员要好得多，但荐举、捐纳等方式也在不同的历史阶段或多或少地影响了明代的政治局势。

其次，还有两种类型的制度也值得探究。一是明代后备高级官员的选拔制度即馆选制度，其建立于科举制度之上，可谓优选中的优选。二是官员的实习制度，主要是监生历事和进士观政，这些制度使得处于工作岗位上的官员都是有一定经验的干练之才。

除此之外，明代在官员选拔中实行的“廷推”和“掣签法”也颇具价值：前者体现了某种集体的意志，而后者则将官员铨选中朝廷的为难和无奈体现得淋漓尽致。

一、荐举

荐举又称察举，“是三公九卿、地方郡守等高级官员根据考察，把所谓品德高尚、才干出众的平民或下级官吏推荐给朝廷，授予他们官职或提高其官位。”〔1〕洪武二十六年（1393 年）曾颁布一道诏令，主要说的便是“荐举”这一种官员的选拔方式：“二十六年，令凡各府、州、县每选拔容止端谨、无过人材一名，申送布政二司，考覆勘充岁贡送部。应有贤良方正及山林岩穴隐逸之士并通晓经书儒士、秀才、孝廉者各访求送部选用。如将鄙陋不堪之人一概朦胧滥举，原举官吏依贡举非其人律问罪。”〔2〕

察举制度产生于汉代，在科举制度出现以后，渐渐被其取代。察举实际上是一种“自上而下的‘以贤选贤’”，显著特点是“人

〔1〕 许树安：《古代选举及科举制度概述》，天津人民出版社 1985 年版，第 21 页。
〔2〕《国朝典汇》，第 3196 页。

对人”[1]，这与科举考试的“一切以程文为去留”形成了鲜明的对比。

需要注意的是，尽管荐举早已被科举制所取代，但在科举制度极为兴盛的明代，却仍有察举制的残余[2]，即如《明史·选举志一》起首便曰“选举之法，大略有四”，而“荐举”正在四者之中[3]，便是一个显例。甚至有研究认为“明太祖曾把历史悠久的荐举选官方式运用到极致，从而，使洪武时期成为中国古代荐举史上最后一个辉煌时期”[4]。但这只是明初的状况，所谓“国初用人，荐举为重，贡举次之，科举为轻”，明初以后则是“科举为重，贡举次之，荐举不行矣”[5]。

有学者曾在其书中叙及了“荐举”在明代的大致状况：“明代荐举制以洪武年间为盛，建文、永乐时期犹有遗风。宣、正以降，科举日隆，荐举入仕之途明显收窄。天顺后，徒具形式，流为朝廷礼贤的姿态。惟崇祯一朝，事亟求变，复行保举之制，卒无实效。”[6]

总的说来，除了明初以外，在势头极为强劲的科举制度的映衬下，“荐举”显得极为萎靡。其中的一个重要原因便是，和科举制度相比，荐举在严密程度上有很大差距，这也就直接导致了荐举过程中的弊窦丛生，以及荐举出来的官员难以胜任。

以崇祯年间为例，由于国是日非，“屡用人不效”，明朝廷决

---

〔1〕 何怀宏：《选举社会及其终结——秦汉至晚清历史的一种社会学阐释》，三联书店1998年版，第93页。

〔2〕 潘星辉：《明代文官铨选制度研究》，北京大学出版社2005年版（下同），第51页。

〔3〕 《明史》，第1675页。

〔4〕 郭培贵：《明史选举志考论》，中华书局2006年版（下同），第264页。

〔5〕 邓士龙辑：《国朝典故》，北京大学出版社1993年版，第1035页。

〔6〕 《明代文官铨选制度研究》，第66页。

定重用荐举而来的人才，但“初所举者，犹知名士以数奇困场屋者，最后皆铜臭”[1]。也就是说，起先还有被科举遗落的豪杰之士能够被荐举上来，但发展到后来，却成了有钱人凭借钱财贿买，才能获得被荐举的资格。

事实上，早在明初，对于荐举中所可能出现的问题就制定了相应的防范措施，主要是两个。其一是“举主连坐制度”，也就是上面引文中所举“如将鄙陋不堪之人一概朦胧滥举，原举官吏依贡举非其人律问罪”，意思是说，如果所举用的人不合格的话，荐举他的官员会因此而获罪。其二是“荐举”人才的考核制度。为了证明荐举而来的人有真才实学，在任用之前，朝廷还要给他们举行一场考试。[2]

这些制度虽然都有明文规定，但执行力度却很值得怀疑，并且，与至为严密的科举制度比起来，其漏洞也异常明显。总之在明代，荐举作为一种选官制度，倘若使用得当的话，或许可以成为科举制度的有效补充，但却不具备凌驾于科举之上甚至取而代之的实力。

二、捐纳

据《明史·选举志一》记载：“例监始于景泰元年，以边事孔棘，令天下纳粟纳马者入监读书，限千人止。行四年而罢。成化二年，南京大饥，守臣建议，欲令官员军民子孙纳粟送监。礼

〔1〕 李清：《三垣笔记》，中华书局1982年版，第9页。
〔2〕 上述两点可参见《国朝典汇》第6209页：“每举者至京，上亲校阅，不称旨辄坐举主，往往有谪戍者。”

部尚书姚夔言：‘太学乃育才之地，近者直省起送四十岁生员，及纳草纳马者动以万计，不胜其滥。且使天下以货为贤，士风日陋。’帝以为然，为却守臣之议。然其后或遇岁荒，或因边警，或大兴工作，率援往例行之，讫不能止。”[1]这里说的是国子监生的一种，即“援例监生”的由来。除了这一点以外，也可以从中看到明代选官中“捐纳”制度的一些详情。

也就是说，时人可以通过纳粟，就是向朝廷交纳一定的粮食，或是纳马，意即交纳一定马匹的方式，获得进入国子监学习的机会，成为监生，除了粟和马之外，如果直接折换成银钱交纳，当然也在允许之列。严格说来，这种方式与卖官鬻爵还有一定的差别，因为监生并不是一种官职。但在明代，成为监生至少有两种好处，其一是绕过了烦琐的岁考、科考等程序，可以直接参加乡试，其二便是可以直接参加选官，因此，可以视监生为预备役的官员。从这一角度看，纳贡与买官在本质上颇为一致。

从引文中可以看出，这一制度始于景泰元年（1450 年），其目的是解决朝廷财用的不足。而在当时人的眼里，这只是权宜之计，并非正途，便如礼部尚书姚夔所评论的那样，且被视为“季世苟且之敝政”[2]，因此屡屡受到朝野上下的一致抨击。但由于国家总是会遇到这样或那样的困难，如岁荒、边警等，因而尽管总是受到抨击，这一制度在明代却还是颇为畅行。

可以用交纳财物的方式进入国子监，带来的最为直接的后果是，国子监生素质的下降。在这一制度出现以前，国子监作为国家的最高学府，其生源有比较严格的选择程序和一定的标准；而

---

〔1〕《明史》，第 1682—1683 页。
〔2〕《续文献通考》，第 3069 页。

在此之后，从理论上说，只要有足够的钱财，都可以成为监生，这也就造成了监生数量上的泛滥和质量上的急剧降低。考虑到监生都有可能成为官员，这就会间接造成官员水准的下降。

而对于这一点，明代也有一些基本的防范措施。

首先，在制度实行的初期，即便有钱，也不是任何人都能交纳财物成为监生。景泰年间规定的是只有生员也就是秀才才能通过这种方式进入国子监。由于秀才的文化水准相对较高，这也就在一定程度上保证了监生这一预备役官员的素质。

但到了弘治以后，渐渐开始出现普通的平民也可以交纳财物成为监生的现象〔1〕，而据《明实录》所载万历四年（1576 年）孙应鳌的奏言："至隆庆间遂令停廪、降增及降附、发社并黜退者，皆得纳银入监矣。"从中可知到了隆庆年间已明确规定，即使不是生员，但只要曾经有过生员身份，便可以纳银入监。由于制度上的这一具有决定意义的松动，普通平民很快也便拥有了援例的资格："至于民间俊秀子弟，原令赴提学告准附学名目，故谓之新附，与两京见任官随任子弟未入学者并纳银入监，亦隆庆以来复定事例也。"〔2〕由此带来的后果可想而知。在名目上，秀才和普通百姓交纳钱财入监也有所不同，前者称之为"纳贡"，后之名之为"例监"。

其次，同样是监生，纳贡与例监在选官的时候与其他的监生都有所区别，对此可以参照《明史·选举志一》中的一段话：

---

〔1〕 弘治十一年（1498 年），吏部尚书王恕的奏疏中有："近年以来，各边并腹里少有灾伤，所在守土等官辄便奏开生员、吏典人等纳粮草、纳银两等项事例，遂为长策。是以在学无志生员及未入学富家子弟捏作生员名色，不分贤否，有无学识，一概入监以图出身，将来入仕岂不误事殃民？"《国朝典汇》，第 4485—4486 页。

〔2〕《明实录》，第五十二册，第 1122 页。

迨开纳粟之例，则流品渐淆，且庶民亦得援生员之例以入监，谓之民生，亦谓之俊秀，而监生益轻。于是同处太学，而举、贡得为府佐贰及州县正官，官、恩生得选部、院、府、卫、司、寺小京职，尚为正途。而援例监生，仅得选州县佐贰及府首领官；其授京职者，乃光禄寺、上林苑之属；其愿就远方者，则以云、贵、广西及各边省军卫有司首领，及卫学、王府教授之缺用，而终身为异途矣。〔1〕

从中可以看到，与其他的监生比起来，交纳钱财得来的监生，即“援例监生”，在选官上要差很多，通常都授予他们一些低微的、边远地区的或是不重要的官职。这也是明代控制素质不高的监生成为朝廷官员的一个重要举措。

三、馆选

在明代，进士已经是科名的顶峰，但还有比进士更为尊崇，也更为受到士人艳羡的一种身份，这就是翰林。要想成为翰林，通常有两种方式：其一，殿试的一甲三人，自动进入翰林，“状元授修撰，榜眼、探花授编修”〔2〕；其二，在考中进士后，再参加另外一场考试，考中者进入翰林院学习深造，其也便成为庶吉士，而这场考试称之为馆选。据《明史》记载：

---

〔1〕《明史》，第1679页。

〔2〕同上书，第1695页。这也是就最为普遍的情形而言，其中亦有特例，参见《弇山堂别集》第143页之“首甲不授翰林”条。

> 庶吉士之选，自洪武乙丑，择进士为之，不专属于翰林也。永乐二年既授一甲三人曾棨、周述、周孟简等官，复命于第二甲择文学优等杨相等五十人，及善书者汤流等十人，俱为翰林院庶吉士，庶吉士遂专属翰林矣。复命学士解缙等选才资英敏者，就学文渊阁。缙等选修撰棨，编修述、孟简，庶吉士相等共二十八人，以应二十八宿之数。庶吉士周忱自陈少年愿学。帝喜而俞之，增忱为二十九人。……是年所选王英、王直、段民、周忱、陈敬宗、李时勉等，名传后世者，不下十余人。其后每科所选，多寡无定额。永乐十三年乙未选六十二人，而宣德二年丁未止邢恭一人，以其在翰林院习四夷译书久，他人俱不得与也。〔1〕

这段话所说的就是明代馆选制度的由来。从中可以知道，在明初，庶吉士的待遇就已经非常优厚：“司礼监月给笔墨纸，光禄给朝暮馔，礼部月给膏烛钞，人三锭，工部择近第宅居之。帝时至馆召试。五日一休沐，必使内臣随行，且给校尉驺从”〔2〕，不仅生活上有丰足的保证，还有着其他进士所难以企及的荣耀。正因为如此，考中庶吉士，从而进入翰林院，是明代士人的一个普遍梦想。

而地位的优越不仅仅体现在待遇上，更表现为庶吉士在仕宦道路上的远大前途：“成祖初年，内阁七人，非翰林者居其半。翰林纂修，亦诸色参用。自天顺二年，李贤奏定纂修专选进士。由是，非进士不入翰林，非翰林不入内阁，南、北礼部尚书，侍郎

〔1〕〔2〕《明史》，第1700页。

及吏部右侍郎，非翰林不任。而庶吉士始进之时，已群目为储相。通计明一代宰辅一百七十余人，由翰林者十九。盖科举视前代为盛，翰林之盛则前代所绝无也。”〔1〕也就是说，进士是成为翰林的先决条件，而只有成为翰林，才有资格在日后进入内阁，成为大学士。事实上，其中最有名的是“非进士不入翰林，非翰林不入内阁”这一句话，但这句话不完全确切，如《弇山堂别集》的“内阁不由翰林”条便在“内阁不由翰林凡八人”〔2〕之后一一列举。《万历野获编》之“词林大拜”一则也历数非翰林出身的内阁。〔3〕郭培贵亦在其书中引用《明实录》以及《明史》的相关记载，认为“概言‘非进士不入翰林，非翰林不入内阁’，不妥”〔4〕。然而以上诸书所举都是例外的情形，这也便是说，作为一种常例，“非进士不入翰林，非翰林不入内阁”之说应当并不为过，而“翰林之盛则前代所绝无”则更是显现出“翰林”在明代显赫一时的独特地位。可以说，在明代的仕宦体系中，翰林是高级官员最为主要的来源。

同据《明史·选举志二》：“弘治四年，给事中涂旦以累科不选庶吉士，请循祖制行之。大学士徐溥言：‘自永乐二年以来，或间科一选，或连科屡选，或数科不选，或合三科同选，初无定限。或内阁自选，或礼部选送，或会礼部同选，或限年岁，或拘地方，或采誉望，或就廷试卷中查取，或别出题考试，亦无定制。自古帝王储才馆阁以教养之。本朝所以储养之者，自及第进士之外，

〔1〕《明史》，第1701—1702页。
〔2〕《弇山堂别集》，第130页。
〔3〕《万历野获编》，第187—189页。
〔4〕《明史选举志考论》，第223页。

止有庶吉士一途，而或选或否。且有才者未必皆选，所选者未必皆才，若更拘地方、年岁，则是已成之才又多弃而不用也。请自今以后，立为定制，一次开科，一次选用。令新进士录平日所作论、策、诗、赋、序、记等文字，限十五篇以上，呈之礼部，送翰林考订。少年有新作五篇，亦许投试翰林院。择其词藻文理可取者，按号行取。礼部以糊名试卷，偕阁臣出题考试于东阁，试卷与所投之文相称，即收预选。每科所选不过二十人，每选所留不过三五辈，将来成就必有足赖者。' 孝宗从其请，命内阁同吏、礼二部考选以为常。"〔1〕

这段话详细讲述了庶吉士的考选方式，从中我们还可以知道在弘治四年（1491 年）以前，无论是考选的时间还是考选的方式都不是很严格，而只有在此之后馆选制度才基本确定下来。说及馆选的具体方式，新进士要把自己平日所做的论、策等文字送到翰林院，被看中了以后，才有机会参加进一步的糊名考试。对于这一点，《谷山笔麈》中也写道："绍圣初年，尽复熙、丰之政，又令进士纯用经义，而改置宏词一科，于进士登科后试之，所取不过数人，即今之馆选也。"〔2〕用宋代的宏词科的考试来比拟明代的馆选，从中正可以看出，与科举考试主要考的是八股经义有所不同，馆选所选拔的标准不是举业的精通程度，而是士人是否具有诗赋等方面的文学才能。

进入翰林院学习的庶吉士，其学习时间大概是三年，三年学成后，成绩最好的留在翰林院担任编修、检讨之职，成绩次一些的则离开翰林院担任给事中、御史这些职务，但即便如此，他们

〔1〕《明史》，第 1701 页。
〔2〕于慎行：《谷山笔麈》，中华书局 1987 年版（下同），第 92 页。

在官场上的待遇也比没有成为庶吉士的官员要好。

馆选对于明代的官员选拔体系有着非常的意义，如研究者所说："明中叶后，庶吉士成为翰林官的主要来源，而翰林官又成为阁臣的主要来源；这不仅保证了高级官员具有深厚的文化素养，更重要的是把传统社会选拔高级官员的公平原则在形式上贯彻到极限。"〔1〕

与当时的其他制度一样，尽管馆选有着非常重要的作用，但也存在着不少的弊端。尤其到了明末，更是积重难返："庶吉士不仅所学非用，而且，在正统以后，其培养制度本身也日渐松弛，往往流于形式"〔2〕，而明代末期政治上的危局也正可以从中找到些许原因。

四、监生历事

明代的监生可以分为举监、贡监、荫监、例监等数种，无论是哪种监生，都具备了参与选官的资格，因此，说监生是国家的预备役官员并不为过。但监生担任官员有一个直接的问题，即监生都是从学校中出来的学生，一旦为官，便很可能因为缺乏经验而难以胜任，同时也会因不熟悉情况而被底下办事的人员所愚弄，以致产生各种弊窦。

为了解决这个问题，明太祖才制定了"监生历事"的制度，也就是"通过分派监生到各衙门'历练政事'，以使其在正式入仕之前就能具备一定的行政经验和官场知识，授职后能尽快地适

〔1〕《明史选举志考论》，第211页。
〔2〕同上书，第224页。

应履职需要和防止‘为滑吏所侮’”〔1〕。

《明史》称：“监生历事，始于洪武五年。建文时，定考核法上、中、下三等。上等选用，中、下等仍历一年再考。上等者依上等用，中等者不拘品级，随才任用，下等者回监读书。”〔2〕

从中可以知道，监生历事的时间视历事时候的表现而定，表现最好的，也就是上等，历事一年以后就可以参加选官成为官员，表现差一些的，即中等和下等则需要再历事一年，到时间后仍旧依据表现划分等级，最好的可以授予好的官职，中等的则根据他的才干而授予官职，下等的则不能被授官，而是要回到国子监继续学习，直到下次历事合乎要求为止。此外，在《明史》中还详细列举了监生历事的种类、名额以及时间等：

> 凡监生历事，吏部四十一名，户部五十三名，礼部十三名，大理寺二十八名，通政司五名，行人司四名，五军都督府五十名，谓之正历。三月上选，满日增减不定。又有诸司写本，户部十名，礼部十八名，兵部二十名，刑部十四名，工部八名，都察院十四名，大理寺、通政司俱四名，随御史出巡四十二名，谓之杂历。一年满日上选。又有诸色办事，清黄一百名，写诰四十名，续黄五十名，清军四十名，天财库十名，初以三年谓之长差，后改一年上选；承运库十五名，司礼监十六名，尚宝司六名，六科四十名，初作短差，后亦定一年上选。又有随御史刷卷一百七十八名，工部清匠六十名，俱事完日上选。又有礼部写民情条例七十二名，光禄寺

〔1〕《明史选举志考论》，第85页。
〔2〕《明史》，第1683页。

> 刷卷四名，修斋八名，参表二十名，报讣二十名，赍俸十二名，锦衣卫四名，兵部查马册三十名，工部大木厂二十名，后府磨算十名，御马监四名，天财库四名，正阳门四名，崇文、宣武、朝阳、东直俱三名，阜城、西直、安定、德胜俱二名，以半年满日回监。[1]

可以说，监生历事制度对于整个明代的吏治有着非常重要的意义。众所周知，明代的科举制度异常发达，科举考试的最高级功名的拥有者，也就是进士，在朝廷中有着凌驾于其他官员之上的地位，是官员队伍的主流。但有学者曾考证每年通过历事进入吏部参加选官的监生人数，竟有一千名上下，也就是说，仅仅从数量上看，出身监生的官员是“进士出身者的十倍以上，成为明代文官最主要的来源”[2]。正因为监生官员的数量庞大，其能力如何、是否廉洁等都会对明朝政权产生根本性的影响。从这一角度说，监生历事制度有其合理性，对于吏治，也应该能产生正面的作用。

但问题在于，制度的本意和其日后的实行之间往往会产生极大的背离，而监生历事制度也正是如此，便如研究者所说的：“太祖创‘历事’制度，旨在使监生通过‘历练政事’提高施政能力。但至后来，此意尽失。在监生，仅把它作为获得入仕的‘资格’，在诸司，则把它作为补充劳动人手的途径。故据《会典》卷二二〇《禁令》和李乐《见闻杂记》卷二，嘉靖时，监生历事

[1]《明史》，第1685页。
[2]《明史选举志考论》，第98页。

就出现了‘雇人代替者’，万历时，竟有‘纳银而免历者’。”[1]原本为了澄清吏治而设的“监生历事”竟然可以使用钱财免去，本身也成为腐败现象的一种，这肯定是明太祖在设立此项制度之初所始料未及的。

五、进士观政

前面已经说过监生历事制度，这一制度的出发点是为了增加监生官员的施政经验，提高他们的施政能力，减少因为对于政事的不稳熟而滋生弊窦的可能性。就此而言，另外一种制度也与之有些类似，这就是“进士观政”制度。进士是整个科举科名的最高一级，通常说来，进士出身的官员之地位也远非监生官员可以比拟，其对于国计民生有着更为显著的影响，因此，提高进士官员的施政能力比之监生官员也就更具迫切性。

进士观政，顾名思义，也就是在正式授予进士官员以前，把他们分配到各个部门去熟悉情况，等到这些进士积累了一定的经验后，再给予他们正式的官职。《明史》有载：“十八年廷试，擢一甲进士丁显等为翰林院修撰，二甲马京等为编修，吴文为检讨。进士之入翰林，自此始也。使进士观政于诸司，其在翰林、承敕监等衙门者，曰庶吉士。进士之为庶吉士，亦自此始也。其在六部、都察院、通政司、大理寺等衙门者仍称进士，观政进士之名亦自此始也。”[2]由此可知，进士观政的制度始于洪武十八年(1385年)。从这一年开始，进士出身者也开始有了分别：一部分

---

〔1〕郭培贵：《明史选举志笺正》，内蒙古大学出版社1997年版，第51页。
〔2〕《明史》，第1696页。

进入翰林院，也就是我们之前所说的庶吉士，成为日后高级官员的备选者；另一部分则进入其他的政府部门，如六部、都察院、通政司、大理寺等，在这些地方熟悉政务，为日后的为官做好准备。

这些分到六部等各个部门的进士称“观政进士”，观政期满未授官之前称“某部办事进士”〔1〕。据《典故纪闻》记载：“旧制，进士于各衙门观政，不佥署文案。宣德七年，以都御史顾佐言，始令照永乐年例，进士于刑部、都察院理刑者，与御史、郎中、主事分理，谙练政务。”〔2〕由此可见，在宣德七年（1432 年）以前，观政进士不参与一些处理文件、处理政事的事情，很可能只是简单地观摩、学习而已。从这一意义上说，“观政”之名正当其实。但在宣德八年以后，观政进士也可以进行一些实际的处理政务的工作，在实际的工作中学习，并历练自己的施政能力，这可以视为进士观政制度的一大发展。

在观政结束以后，观政的进士一般有两种出路，一是留在京城做京官，二是外放到京城以外的地方做地方官。观政的进士一般都愿意留京，而视外放为畏途。〔3〕

进士观政制度有其合理之处：“新进士‘观政于诸司’，有助于其在正式入仕前获得一定的行政知识和相关经验，为其任官后尽快适应履职要求创造了条件；其创立，既是明太祖务实政风的

〔1〕《万历野获编》第 248 页：“书办为管文书者通称，以故秘殿内阁，凡带衔中书科，俱以入衔，本不足讳。如辅臣大拜，奉旨则曰入阁办事；甲科各衙门观政期满，未授官者，曰某部办事进士，盖俱以政务所自出也。”

〔2〕《典故纪闻》，第 177 页。

〔3〕《万历野获编》第 290—291 页：“成弘之间，进士避外官者，多营求三法司观政。久之名曰‘理刑三年后堂官’，以刑名精熟上闻，即授御史。”

体现，也是对此前已有的监生历事做法的直接借鉴。”[1]但到了明朝后期，进士观政制度却成了一纸空文，甚至有论者发出了“观政仅参谒之虚文，不知所观何政”[2]的感叹。

六、推升与廷推

《明史》中写道：“凡升迁，必满考。若员缺应补不待满者，曰推升。内阁大学士、吏部尚书，由廷推或奉特旨。侍郎以下及祭酒，吏部会同三品以上廷推。太常卿以下，部推。通、参以下，吏部于弘政门会选。詹事由内阁，各衙门由各掌印。在外官，惟督、抚廷推，九卿共之，吏部主之。布、按员缺，三品以上官会举。”[3]其中所说的是明代官员铨选中的“推升”制度。所谓推升，指的是“当官职有缺当补，由吏部奉旨会廷臣，或由吏部依例单独推举相应人选，奏请皇帝钦定的制度。重要官员，每缺举二人或二人以上，单独奏请皇帝裁定；一般官员，则每缺推一人，通过引选方式奏请皇帝钦准”[4]。

---

[1] 《明史选举志考论》，第 192 页。

[2] 《明熹宗实录》天启五年（1625 年）四月癸未，兵科给事中陆文献疏言：“进士观政各衙门三月，乃始选除。近科以来，观政仅参谒之虚文，不知所观何政。为大臣者，除卯簿画押而外，亦不可言何政当观，而有所指示、有所省试也。无何而请假归里矣，无何而谒选之任矣。臣请自今伊始，观政令典宜实实举行者。曰询事考言，或进相质辩而得之，或退悉敷陈而得之，嘿察其品，曲尽其材，一一别识之，而密致之阁部。阁部再加咨讯，而登之选除。酌量于成例之中，转移于选法之内，将使博雅者就馆职，心计者主钱谷，文理者典仪章，谋断者司兵务，明辨者析刑名，精敏者督工作，丰采才猷可以率属励俗刬繁理剧者任州守。及各郡岩邑之推知，其间或才有余而凌厉过当，德有余而强干不足者，器使之，令得各见所长。傥更有大识力、大风节，能排大难、决大疑、扶植大纲常者，另储以待破格下次擢用。如蒙正之夹袋、允文之才馆，陶铸而简任之。庶几，皇上崇重养成之意不为具文，而祖宗责实求才之典可收成效矣。上曰：‘观政进士，部堂不时省试考核，选法仍照旧额行。’”《明实录》，第七十册，第 2671—2672 页。

[3] 《明史》，第 1716 页。

[4] 《明史选举志考论》，第 317 页。

由此可见，推升是先由大臣举出适宜的为官人选，然后由皇帝最终确定下来的一种制度。大臣的推举显现了铨选中具有一定的民主成分，而最终由皇帝确定，又体现了一种权力的集中，推升制度可以说具备了近代以来民主集中制的雏形。

推升可以分为廷推和部推等数种。其中又以廷推制度最为重要。廷推又可称为会推、会举，“即当大臣员缺应补之时，吏部奉旨会廷臣推举铨补人选、奏请皇帝裁定的制度”[1]。之所以廷推在推升制度中最为重要，就是因为属于廷推范围之内的都是朝廷中最为重要的一些官员，大致有三个层次：“一是‘阁臣和吏、兵二部尚书’，由吏部‘会大九卿五品以上官及科道廷推’。一是陕西三边、宣大总督，由吏部会五府、大九卿堂上官及科道廷推；蓟辽、两广总督由吏部会大九卿堂上官及科道廷推……一是其它四部尚书、六部侍郎及都御史、通政使、大理卿，由吏部会‘六部、都察院、通政司、大理寺三品以上官廷推’；嘉靖十四年，又令巡抚和两监祭酒，亦由吏部会九卿三品以上官廷推。”[2]

从上面所举可以看出两点：其一，基本上所有中高级文武官员包括京官和外官，在缺员时都由廷推产生；其二，参与廷推这一官员铨选程序的人也都是一些中高级的官员，推举出来的人选可以说代表了这一众官员的集体意志。

推升制度是与代表了皇帝个人意志的“传奉升官”相对立而存在的。《万历野获编》中便曾经记载道：“传奉升官，本非治朝佳事，至于传升大僚，尤为非体。先朝正德间不必言，即成弘两朝，号称盛世，亦不免此。如倪文僖（谦）之为南大宗伯，王端

〔1〕《明史选举志考论》，第 317 页。
〔2〕 同上书，第 317—318 页。

毅（恕）之以尚书抚南直隶，屠襄惠（滽）之得太宰，徐宫保（琼）之得宗伯，皆是也。至于辅臣以中旨入阁，虽先朝皆有之，惟世宗朝为多，而臣下不敢议。”[1]从中可以看出，所谓传奉升官，就是皇帝根据自己的喜好，不经过大臣的商议，便从宫中下达旨意，升迁某些人的官职。传奉升官明显是君权极度膨胀的产物，两相比较，体现了公众意志的推升无疑要更为合理，所选出的官员相对而言也应当更为合适。

到了明朝末期，推升制度也渐渐流于形式，出现了一些弊端。如在廷推之前，吏部会先把人选告诉主持廷推的相关大臣，以至于廷推仅仅成了走过场；又如，倘或推选出来的人选不合皇帝的意思，皇帝便会让大臣再行推选，以至于三推、四推，直至满意为止。[2]这种情形下的推升和唯君主意志独尊的传奉没有什么太大的区别了。

七、掣签法

《万历野获编》中有一段话，详细讲述了明代官员铨选中“掣签法”这一制度的由来及其弊端：

吏部掣签之法，始自迩年孙富平太宰，古今所未有也。孙以夙望起，与新建张相，寻端相攻，虑铨政鼠穴难塞，为张所持，乃建此议，尽诿其责于枯竹。初行时，主者既以权衡弛担，幸谢揣摩；得者亦以义命自安，稍减怨怼，亦便计

[1] 《万历野获编》，第243页。
[2] 刘渝龙《明代文职大臣廷推制度探略》，《湘潭大学学报》1992年第1期，第96页。

也。然其时有一陕西老明经，以推官掣得浙江杭州府，震栗求免。富平公大怒，谓："若敢以乡曲私情，首挠吾法？"叱令送法司治罪，其人抆泪而出。比抵任，则首郡刑官，百责所萃，果不克展布。抚按为题一浙东甲科，互相更调，富平心知其故，佯不悟而允之。此后则记认分别，阳则曰南北有分，远近有分，原籍有分，各为一筒。遇无径窦者，任其自取，而阴匿其佳者以待后来。其授绝域瘴乡之人，涕泣哀诉，筒已他授矣。初犹同胥吏辈共作此伎俩耳，至其后也，选司官每遇大选前二三日，辄扃其火房，手自粘帖地方，暗标高下，以至签之长短、大小、厚薄，靡不各藏隐谜，书办辈亦不得与闻，名曰做签。公然告人，不以为讳。于是作奸犯科，反不在曹掾矣。其或先有成约，而授受偶误者，则一换、二换、三换，必得所欲而止。他有欲言，则叱詈扶出矣，曰统、曰均，如斯而已乎！[1]

所谓掣签法，也就是把官职的名号做成竹签放在签筒中，由参加选官的人前来抽取，然后授予其抽中的官职。需要注意的是，以掣签法所选任的是一些中下层的官员，也就是《明史·选举志三》中所说的："在外府、州、县正佐，在内大小九卿之属员"[2]等外官、京官。

掣签法开始实行于万历二十二年（1594 年），初行者是当时担任吏部尚书的孙丕扬，也就是引文中所说的"孙富平太宰"。据《明史·孙丕扬传》："二十二年拜吏部尚书。丕扬挺劲不挠，百

[1]《万历野获编》，第 288—289 页。
[2]《明史》，第 1716 页。

僚无敢以私干者，独患中贵请谒。乃创为掣签法，大选急选，悉听其人自掣，请寄无所容。一时选人盛称无私，然铨政自是一大变矣。”〔1〕由此可见，掣签法的创立是为了对付“中贵请谒”的弊端，也就是防止宦官利用自己的权势干预官员的铨选。在掣签法实行之后，所选的究竟是什么官员，仅仅听凭于抽签者自己的手气，这也便在一定程度上杜绝了宦官等利用权势进行请托的可能性。

实行掣签法是为了防止权势对于官员铨选的干预，保持铨选的独立性和公平性，上面所举《明史·孙丕扬传》也说“一时选人盛称无私”，似乎是一种既公平公正又颇受时人赞誉的制度，但事实上却又并非如此。

在明代朝野上下的评论中，时时可见对掣签法的不满和批评。如《谷山笔麈》一书中便说：“又患内人请托，难以从违，大选外官，立为掣签之法，一时宫中相传以为至公，下逮小民闾巷翕然称诵，而不知其非体也。……至于人才长短，各有所宜，员格高下，各有所便，地方烦简，各有所合，道里远近，各有所准，而以探丸之智为挈瓶之守，是掩镜可以索照，而折衡可以悬决也。从古以来，不闻此法。”〔2〕

其反对掣签法的理由主要在于，官员铨选是一件非常复杂的事情，将一个合适的人选放到一个合适的官职上，绝非易事，这牵扯到多方面的因素，如官员才性的高下、品格的优劣、地方政务的繁简等。掣签法虽然在一定程度上避免了请托，却也漠视了官员铨选中必然会出现的这些复杂因素，将本来应该多方权衡、

〔1〕《明史》，第5901页。

〔2〕《谷山笔麈》，第54—55页。

审慎处理的官职铨选变为了一场比试手气的赌博。这也就会导致掣签法选出的官员难以称职，而上面所说的那名担任了杭州推官的陕西老明经正属于这一情形。

此外，虽然掣签法的创立是为了防止请托之弊，但其中却又滋生了新的弊端，在上面所举《万历野获编》中便详细列举了如何在掣签中舞弊的方法：如在签上做记号，将好签收起留待有门路者抽取，甚至抽到不满意的签还可以再换等。这些舞弊的方法都进一步降低了掣签法在时人口中的评价，其原因也不难想见：用赌博的方式决定授予何种官职已足够让人无语，而在这样的赌博中还要使诈则显得更为不堪。

第四节 任官回避制度

所谓任官回避就是指朝廷在任命官员的时候，对于某些官员不能出任什么职位有特殊的规定。任官回避制度是历朝各种政治制度中比较重要的一项，始于汉代的“三互法”，而到了明代，任官回避制度又有了新的发展，主要体现在“地域回避”和“亲属回避”这两个方面。除了这两种任官回避之外，明代还有一种“王亲回避”，也就是限制出任过各王府的官员再去担任其他官职。这完全是为了对王室宗亲潜在的篡位行为的防范，保护皇帝的统治地位不受威胁，而这也再一次显露了明代的廉政制度依附于君主集权之下的尴尬地位。

一、地域回避

《太祖实录》洪武十三年（1380年）正月乙巳有一段记载："上御奉天门选官，命吏部以北平、山西、陕西、河南、四川之人于浙江、江西、湖广、直隶有司用之；浙江、江西、湖广、直隶之人于北平、山东、山西、陕西、河南、四川、广东、广西、福建有司用之；广西、广东、福建之人亦于山东、山西、陕西、河南、四川有司用之。"〔1〕此外，在《明史·选举志三》中有一段话："洪武间，定南北更调之制，南人官北，北人官南。其后官制渐定，自学官外，不得官本省，亦不限南北也。"〔2〕这两段话意思相同，都是明初时便已制定下来的任官时的地域回避制度，但两相比较，《明实录》中所说得更为详尽。

中国古代注重血缘和地缘关系，倘或一人在其籍贯所在地为官，其亲眷同乡必然会利用这一层关系进行种种请托，而官员也会利用地方的势力服务于自己的私欲，这也就必然导致了地方政治的腐败。因此，禁止为官者在其籍贯所在地为官，便是一项异常重要同时也是非常必要的制度。可以从引文中看出，相对于不得在原籍为官，明代关于地域回避的措施更为细致，其地域回避的区域不仅在行省，更扩展到了南、北这两个大的地理范畴。而后人多以"南人官北，北人官南"这八个字来指代明代任官中的地域回避制度，可见其影响之大。

又据《穆宗实录》卷五十九："国家用人不得官于本省。盖

〔1〕《明实录》，第三册，第2054页。
〔2〕《明史》，第1716页。

以亲族所在，难于行法；身家相关，易于为奸；此惟有民社之责者则然耳。若夫学、仓、驿、递、闸、坝等官，其所司者不过训诲出纳之常，供应启闭之役，初非有民社之寄者也；而又其官甚卑，其家甚贫，一授远地，或弃官而不能赴，或去任而不能归，零丁万状，其情可矜。近例，教官系边远人者，得授本省地方，甚以为便。乞令前项杂流，得视此以例，酌量隔府近地铨补。”〔1〕这是隆庆五年（1571 年）吏部的一道上疏，而这一建议也最终被采纳。

从中可以看到，地域回避所针对的只是一些“有民社之责者”，也就是一些掌握地方行政实权的官员，而对于一些学官等没有多少权力又往往较为清贫的低级官员来说，地域回避非但没有什么实际的意义，还会给这些人的生活造成极大的不便，因此这些低级的官员都不在地域回避的范围之内。

地域回避会给那些低级官员造成不便，这样的不便在那些品秩较高的官员的身上同样存在。按常理度之，很少有人会愿意到离家千里之外的地方去为官，这也就导致了虽然制度上有明文的规定，但一些官员还是会想出一些办法来应付地域回避的制度。如《太祖实录》便记载：“是时，吏部铨选，南、北更调，已定为常例，而有厌远喜近者，往往以南籍改冒北籍，以北籍冒南籍。上闻之曰：‘凡治人者，必先自治。此辈立身先已如此，其能治人乎？’谕吏部禁绝之。”〔2〕这条记载说的是洪武四年（1371 年）的事，从中可以看出早在地域回避制度实行之初，官员就已经利用篡改籍贯的方法作为对策，则其在日后政令渐渐松弛时的实行情

〔1〕《明实录》，第五十册，第 1451 页。
〔2〕同上书，第 1299 页。

况也就可想而知了。

二、亲属回避

“亲属回避”的制度在前代便已有之，如“宋初规定官吏亲属于职务有统摄关系的或相妨关系的，一律回避。宋仁宗康定二年又具体规定本族缌麻（五服中最轻的一种）以上的亲及有服外亲无服亲统统回避。这样亲属回避由直系血亲和姻亲扩大到旁系亲属”〔1〕。由此可见早在宋代，任官中亲属回避的制度便有两点值得注意：其一，亲属的含义从直系亲属扩大到了旁系亲属；其二，不仅是亲属不得在同一地区、同一部门任职，官职之间有妨碍关系的，也在亲属回避的范围之列。

明代洪武元年（1368 年）就制定了亲属回避制度：无论是中央官员还是地方官员都要执行，并且凡是有父、兄、伯、叔之类的亲属担任南、北两京的堂上官，相应的子、弟、侄等任科道官的都要改任其他官职。如果是其他互相有统属关系的衙门官员之间有这样的亲属关系，官职低的那名亲属应该回避。这归结到《明史·职官志一》中，也就是“大臣之族不得任科道，僚属同族则以下避上”〔2〕，所谓“以下避上”应该是指在亲属回避中，官职低的官员应该回避官职高的那名官员。

从中可以看到，亲属的范围主要仍是以父子、兄弟、叔侄等直系亲属为主，而回避的区域则包括了相互之间有统属关系的衙门以及堂上官和科道官。

---

〔1〕 隋亮：《试论任官回避制度》，《沧州师范专科学校学报》2005 年第 9 期，第 85 页。
〔2〕《明史》，第 1735 页。

对于前者不难理解，亲属同属上下级的部门，自然应该回避。而对于后者，正体现了宋代以来官职之间有妨碍关系的也应该回避的惯例。所谓科道官，便是指御史以及给事中等对堂上官有监督之责的官员，倘或堂上官与科道官之间没有亲属回避，则科道官的监督职能自然无法实施，失去了监督的吏治也会随之而产生腐败。因此，堂上官与科道官之间的亲属回避是非常必要的。

但是，这一“堂上官与科道官之间的亲属回避”也产生了新的问题。如据《玉堂丛语》卷六记载：“故事，父任京堂而子为科道者，例得回避改他官。耿裕、许诰俱以父任冢卿故得改授翰职。嘉靖九年，御史胡效才以父琏任都御史，奏当回避，上曰：‘近年科道改翰职，此阴厚私弊，效才准于在京别衙门相应职事改授。’以后俱照此例行，凡回避者，不得改翰职矣。”〔1〕

《万历野获编》也说：“故事，父兄现任在京三品大臣，其子弟为科道言事官者，俱改任别衙门，照例循资外补。然弘治以前，俱改授行人，此后夤缘恩宠，遂改翰林编检等史官，识者不以为然。”〔2〕

在明代，翰林的地位十分特殊，虽然其品秩不高，也没有什么实权，但有过翰林的经历，便可以在日后出任最高级的官员，而这一资格是科道官所不具备的。因此，翰林成了人人梦寐以求的一个官职。结合上面两则材料可以看出，堂上官与科道官之间的亲属回避竟然成了臣子获得翰林身份的一条捷径：原本不具备进入翰林资格的官员，却可以通过回避成为翰林，其中的不合理之处显而易见。而“以后俱照此例行，凡回避者，不得改翰职

〔1〕 焦竑：《玉堂丛语》，中华书局1985年版，第208页。
〔2〕《万历野获编》，第505页。

矣”，也正说明了朝廷也看到了这里存在的弊端，这一句话正是对于亲属回避制度的有效弥补。

三、王亲回避

在明代任官的回避制度中，还有一种特殊的回避制度，即“王亲回避”。《明史·职官志一》记载：“凡王官不外调，王姻不内除。”〔1〕也就是说，既“限制王府官员迁调为朝廷官员——不仅不能升任京官，也不能升调地方官员”〔2〕，也不许王室的姻亲出任京职。

这一王亲回避的制度大约形成于明英宗、明宪宗以后〔3〕，其原因也不难想见，明成祖就是以燕王的身份通过“靖难之役”夺得了王位，明宣宗时又有汉王朱高煦的叛乱，因此，此后的历任明代君主都对亲王深怀戒心：虽然给予他们优厚的俸禄，同时又通过种种方式将这些皇亲与政治隔绝，减少他们夺取权力的可能性。例如，在相当长的一段时间内，明代的宗室子弟都没有参加科举考试的资格，这也就在实际上取消了他们为官的可能。直到万历年间，宗室子弟才与普通人一样，获得了参加科举考试的权利。〔4〕在这一点上，王亲回避的制度也正与之有相同的用意。

《万历野获编》载：“先朝亲王出阁，例选翰林二人侍讲读。

〔1〕《明史》，第1735页。

〔2〕《明史选举志考论》，第329页。

〔3〕《万历野获编》第114页又道：“初未尝锢之也。英、宪以后，始渐不然矣。”

〔4〕“旧制：宗室无就试者。万历二十三年，郑世子载堉请宗室得儒服试，视才器使。始诏奉国中尉以下入试，辅国以上爵尊不得与。继而礼臣言：‘封爵科目，原自两途。彼既愿从科目入仕，应照士子出身资格铨除。’从之。”龙文彬：《明会要》，中华书局1998年版，第877页。

天顺初，英宗从李贤议，改用进士二人，授翰林检讨。及之国，即升其国左右长史。从行岁久，加服俸，终身不得他迁。士人苦之。弘治间进士十人被选，至与太宰耿文恪相诟詈，互呼为畜生。嘉靖间，吴秀水（鹏）秉铨，亦以选藩僚为中书刘芬所窘辱，虽皆受重谴不顾也。及万历戊寅，潞王出阁，辅臣始议定：既授史官，效劳年久，俸满升参议以出。诸进士始免曳裾之忧，此江陵公曲体人情处也。是时先人同年董樾、徐联芳，俱以此官外转藩臣，遂为本朝创典。然二公俱不振。至万历壬寅，福王讲读，用韩孙爱、陈翔龙拜检讨，亦遵董、徐往例，需次参藩。然在都下时，虽隶人亦以假翰林呼之，又绝望华要，居平多邑邑。至于长史，皆于藩封定期之顷，吏部乘间奏用进士部郎充之，膺此选者，如长流安置，举家哀恸。因思史官为王官，固为失意。”〔1〕

这段话主要说的是王府的官员如长史等担任王官后，就不能再担任中央或地方的其他官职。这显然也是因为王官都曾与亲王有密切的接触，如若他们再担任其他官职，无形中便会扩大亲王的影响和势力。从廉政的角度看，王官不能出任其他官员，也就减少了亲王干预中央或地方政治的可能性，在一定程度上有利于政治的清明。

但需要注意的是，这样的制度是以损害“王官”的前途为代价的，一旦身为王官，就永远不会在仕途上有所发展，与终身禁锢没有两样，这也必然招致被选为王官之人的强烈反对。因此“膺此选者，如长流安置，举家哀恸”，不像是做官，倒如同就死一般，甚至出现了上面所举“弘治间进士十人被选，至与太宰耿

〔1〕《万历野获编》，第113页。

文恪相诟詈，互呼为畜生”这样极端的事例。

对于这一问题，明朝也有一定的对策。《松窗梦语》中说：“王官长史以下，递许保升本府员缺。其保升服俸，惟进士举人年深，亦得荐升三四品服色。自隆庆中参究一二，今后皆属抚、按查访贤否，比照有司事例，一体举劾，听部黜叙。但王官名曰辅导，实则闲散。本部填补，皆以才品稍劣者处之，为其职不亲民。若欲照荐外迁，前此并无举行，不能破例以开径窦也。”〔1〕从中可见其应付“王官”不满情绪的方法主要有二：其一是“升服俸”，虽然王官的职务不可能变化，但却可以提升他们的品秩和俸禄；其二是在选官员的时候，让才能和品行稍微差一些的人去担任“王官”。相对于才品优越的人来说，此举不仅会减少一些非议和埋怨，这些人也似乎更适合待在王官这个没有多少前途也不需要有多少能力的职位上。

第五节 俸禄制度

元代是中国历史上官俸较薄的朝代，这也成为其吏治败坏的一个原因。有鉴于此，明朝调整了自己的在俸禄方面的做法，基本取消了在元代颇多弊端的“职田制”，并在洪武年间就制定了上至文武百官，下至学校师生的非常细致的俸禄制度。但明代却依然没有逃脱“自古官俸之薄，未有若此者”〔2〕的负面评价。这主要是因为明代采取了包括纸钞、银子、布、米等多种形式在内的俸禄发放方法，由于物价的变动，官员实际得到的俸禄逐渐降低，

〔1〕《松窗梦语》，第152页。
〔2〕《明史》，第2003页。

而这也与明代日渐衰颓的国势一样，成为其不可解决的问题。

一、俸禄制度的形成

早在洪武四年（1371 年），就已经初步确立了俸禄制度，据《太祖实录》记载："庚戌，命中书省、户部定文武官岁禄：正一品九百石，从一品七百五十石，正二品六百石，从二品五百石，正三品四百石，从三品三百石，正四品二百七十石，从四品二百四十石，正五品一百八十石，从五品一百六十石，正六品一百石，从六品九十石，正七品八十石，从七品七十五石，正八品七十石，从八品六十五石，正九品六十石，从九品五十石。"〔1〕

而《明史》亦云："明初，勋戚皆赐官田以代常禄。其后令还田给禄米。公五千石至二千五百石，侯千五百石至千石，伯千石至七百石。百官之俸，自洪武初，定丞相、御史大夫以下岁禄数，刻石官署，取给于江南官田。十三年重定内外文武官岁给禄米、俸钞之制，而杂流吏典附焉。正从一二三四品官，自千石至三百石，每阶递减百石，皆给俸钞三百贯。正五品二百二十石，从减五十石，钞皆百五十贯。正六品百二十石，从减十石，钞皆九十贯。正从七品视从六品递减十石，钞皆六十贯。正八品七十五石，从减五石，钞皆四十五贯。正从九品视从八品递减五石，钞皆三十贯。勒之石。吏员月俸，一二品官司提控、都吏二石五斗，掾史、令史二石二斗，知印、承差、吏、典一石二斗；三四品官司令史、书吏、司吏二石，承差、吏、典半之；五品官司司

〔1〕《明实录》，第二册，第 1182 页。

吏一石二斗，吏、典八斗；六品以下司吏一石；光禄寺等吏、典六斗。教官之禄，州学正月米二石五斗，县教谕、府州县训导月米二石。首领官之禄，凡内外官司提控、案牍、州吏目、县典史皆月米三石。杂职之禄，凡仓、库、关、场、司、局、铁冶、递运、批验所大使月三石，副使月二石五斗，河泊所官月米二石，闸坝官月米一石五斗。天下学校师生廪膳米人日一升，鱼肉盐醯之属官给之。宦官俸，月米一石。”〔1〕

这一俸禄制度到了洪武二十五年（1392 年）的时候正式确立下来：“二十五年更定百官禄。正一品月俸米八十七石，从一品至正三品，递减十三石至三十五石，从三品二十六石，正四品二十四石，从四品二十一石，正五品十六石，从五品十四石，正六品十石，从六品八石，正七品至从九品递减五斗，至五石而止。自后为永制。”〔2〕

两相比较，《明实录》中的记载用的是年俸计算，而《明史》中用的是月俸。可以看到，明代的俸禄制度制定得比较细致，上至勋戚、下至不入流的官员以及吏员，都有明确的规定。尤其值得注意的是学校的老师和学生也有俸禄。严格说来，学校学生也就是秀才并不是朝廷官员，只能通过科举考试或是各种贡途获得做官的资格，因此只是官员的预备人才，但他们也在这一为官员制定的俸禄制度中，足以看出明朝对于秀才的重视。

俸禄几乎是官员合法收入的全部来源。俸禄制度的形成，对于官员队伍尤其是中下层官员的稳定，有积极的意义，也解决了以清廉自处的那一部分官员的基本生计。特别是对于生活比较贫

---

〔1〕《明史》，第 2001—2002 页。
〔2〕同上书，第 2002 页。

苦的秀才来说，这些俸米在使得他们安心读书方面，更是有着重要的作用。

二、俸禄的发放形式

《明史》有曰："洪武时，官俸全给米，间以钱钞兼给，钱一千，钞一贯，抵米一石。成祖即位，令公、侯、伯皆全支米；文武官俸则米钞兼支，官高者支米十之四、五，官卑者支米十之六、八，惟九品、杂职、吏、典、知印、总小旗、军，并全支米。其折钞者，每米一石给钞十贯。永乐二年乃命公、侯、伯视文武官吏，米钞兼支。仁宗立，官俸折钞，每石至二十五贯。宣德八年，礼部尚书胡濙掌户部，议每石减十贯，而以十分为准，七分折绢，绢一匹抵钞二百贯。少师蹇义等以为仁宗在春宫久，深悯官员折俸之薄，故即位特增数倍，此仁政也，讵可违？濙不听，竟请于帝而行之，而卑官日用不赡矣。正统中，五品以上米二钞八，六品以下米三钞七。时钞价日贱，每石十五贯者已渐增至二十五贯，而户部尚书王佐复奏减为十五贯。成化二年从户部尚书马昂请，又省五贯。旧制，两京文武官折色俸，上半年给钞，下半年给苏木、胡椒。七年从户部尚书杨鼎请，以甲字库所积之布估给，布一匹当钞二百贯。是时钞法不行，一贯仅直钱二三文，米一石折钞十贯，仅直二三十钱，而布直仅二三百钱，布一匹折米二十石，则米一石仅直十四五钱。自古官俸之薄，未有若此者。"[1]

这里有一句话特别值得重视，即"自古官俸之薄，未有若此

---

〔1〕《明史》，第2003—2004页。

者”，而顾炎武更是把“官俸之薄”视为明朝吏治败坏的一条重要原因：“今日贪取之风，所以胶固于人心而不可去者，以俸给之薄而无以赡其家也。”〔1〕从上面一部分的引文中可以知道，明代官俸制度制定得比较细致，中高级的官员不用说了，不入流的官员甚至学生都有一定的收入保障，而官员中品秩最低的从九品每个月也有五石米的俸禄，似乎维持基本的生活并不成问题，但为何会造成“官俸之薄”的问题呢？这就要说到俸禄的发放形式了。虽然官员的俸禄是以“米”来计算的，但早在洪武年间，就已经出现了偶尔用“钱钞”发放俸禄的现象。所谓钱钞是指洪武年间开始印行的纸币“大明宝钞”，但这种纸币很快就大幅贬值。洪武时钞一贯抵米一石，成祖时米一石给钞十贯，而到了仁宗的时候，每石米已经可以抵二十五贯钱钞了。正因为钱钞的迅速贬值，当官俸将米折换成钞发放的时候，官员实际拿到的俸禄便会远远少于其应得的收入，这也就无形之中减低了官俸。

正因为如此，不将米折换成钱钞，而是以全米的形式发放俸禄，就成了朝廷对于官员的一种优待。在成祖即位之初，公、侯、伯拿的都是“全米”，此外，九品以下的小官也是以全米支俸。对此不难理解，前者多是成祖为了优待在“靖难之役”中有功的勋臣，而后者则是因为小官的俸禄本就有限，再行折换他们就难以生存了。

事实上，不仅是米折换钱钞会产生实际得到的官俸降低的问题，米折换成布、银子，也就是以布、银子等形式发放官俸也同样如此：“十六年又令以三梭布折米，每匹抵三十石。其后粗阔棉

〔1〕《日知录集释》，第707页。

布亦抵三十石，梭布极细者犹直银二两，粗布仅直三四钱而已。久之，定布一匹折银三钱。于是官员俸给凡二：曰本色，曰折色。其本色有三：曰月米，曰折绢米，曰折银米。月米，不问官大小，皆一石。折绢，绢一匹当银六钱。折银，六钱五分当米一石。其折色有二：曰本色钞，曰绢布折钞。本色钞十贯折米一石，后增至二十贯。绢布折钞，绢每匹折米二十石，布一匹折米十石。公侯之禄，或本折中半，或折多于本有差。文武官俸，正一品者，本色仅十之三，递增至从九品，本色乃十之七。武职府卫官，惟本色米折银例，每石二钱五分，与文臣异，馀并同。其三大营副将、参、游、佐员，每月米五石，巡捕营提督、参将亦如之。巡捕中军、把总官，月支口粮九斗，旗牌官半之。”〔1〕

顾炎武也曾说道：“盖国初民间所纳官粮皆米麦也，或折以钞、布。百官所受俸亦米也，或折以钞。其后钞不行，而代以银。于是粮之重者愈重（崇祯中粮一石至折银二两），而俸之轻者愈轻。其弊在于以钞折米，以布折钞，以银折布，而世莫究其源流也。”〔2〕由于布、银子等相对于米的对换比例都处在不断的变化中，而粮食又通常比较昂贵，布、银子相对价贱，因此就形成了顾炎武所说的“粮之重者愈重，而俸之轻者愈轻”的问题。

正因为以上所说的原因，虽然洪武二十五年（1392 年）以后，百官的俸禄就已经确定，看似各有保障，官员可以衣食无忧，但由于发放俸禄的形式存在很大的问题，官员实际拿到的俸禄远远低于其法定额度，也就因此导致了两个最为直接的后果：其一是比较清廉的官员入不敷出，退休后甚至为官时都只能在贫穷中

---

〔1〕《明史》，第 2003—2004 页。
〔2〕《日知录集释》，第 712 页。

度日；其二是不甚清廉的官员就开始利用手中的权力为自己谋取好处，吏治因此而腐败。

平心而论，“俸禄之薄”并非绝对就会导致吏治腐败，因为即便俸禄足以支撑开销乃至有所余裕，但无休止的欲望还是会促使一部分官员去贪腐。但重要的是在明代，俸禄并没有成为一种对于廉洁的保障或是奖励，当官员凭借官俸连最基本的生活也无法维持下去的时候，其对于廉洁的信念和朝廷的信心都要大打折扣，而这或许是明代“官俸之薄”所带来的最大伤害。

第六节　与廉政相关的中央机构设置

除了与廉政直接相关的一些部门，如科、道之外，明代的中央机构的设置中还有不少与之有所联系的部门，其中最主要的有以下几个：其一是成为最高统治者与其下属官员百姓沟通渠道的通政司；其二是对司法审判进行覆核的大理寺；其三是没有多少实权，但由于地位较为重要，因此可以代表士林清议的詹事府和翰林院。这些机构一般来说不在廉政讨论的范围之内，但由于其在廉政方面的特殊作用，也应当纳入讨论的范围。

一、通政司

通政司是从明代起开始设立的一个机构，《明史》中详细叙述了通政司中的官员设置及其功能：

> 通政使司。通政使一人，正三品，左、右通政各一人，

誊黄右通政一人，正四品，左、右参议各一人，正五品。其属，经历司，经历一人，正七品，知事一人，正八品。通政使掌受内外章疏敷奏封驳之事。凡四方陈情建言，申诉冤滞，或告不法等事，于底簿内誊写诉告缘由，赍状奏闻。凡天下臣民实封入递，即于公厅启视，节写副本，然后奏闻。即五军、六部、都察院等衙门，有事关机密重大者，其入奏仍用本司印信。凡诸司公文、勘合辨验允当，编号注写，公文用"日照之记"、勘合用"验正之记"关防之。凡在外之题本、奏本，在京之奏本，并受之，于早朝汇而进之。有径自封进者则参驳。午朝则引奏臣民之言事者，有机密则不时入奏。有违误则籍而汇请。凡抄发、照驳诸司公移及勘合、讼牒、勾提件数、给繇人员，月终类奏，岁终通奏。凡议大政、大狱及会推文武大臣，必参预。[1]

虽然通政司始于明代，但前代也有功能相同的机构，如《四友斋丛说》中便道："门下省则古唐虞纳言之官，今之通政司是也。"[2]将通政司视为前代三省六部中的门下省，所看重的正是二者在"纳言"这一功能上的相类。

尤其值得注意的是通政司"纳言"的功能。其所纳之言，不仅是大臣的章疏，即便是来自民间的"四方陈情建言，申诉冤滞，或告不法等事"也都在其收纳之列。这些"陈情建言"送到通政司后，还会抄录一个副本留在通政司存档，然后再把正本上奏给朝廷。如果有大臣的奏章不经过通政司就想直接上交给朝廷，则

---

〔1〕《明史》，第1780—1781页。
〔2〕《四友斋丛说》，第58页。

会被驳回。也就是说，通政司是下情上达的重要的也是唯一合法的途径。从廉政的角度说，理论上讲，民间的疾苦、冤屈等都可以借由通政司上达给朝廷，这使得通政司成为表达民意的一个渠道，有助于政治的清明。

同据《明史》，可以看到通政司沿革的一些情况："初，洪武三年置察言司，设司令二人，掌受四方章奏，寻罢。十年置通政使司，以曾秉正为通政使，刘仁为左通政，谕之曰：'政犹水也，欲其常通，故以"通政"名官。卿其审命令以正百司，达幽隐以通庶务。当执奏者勿忌避，当驳正者勿阿随，当敷陈者毋隐蔽，当引见者毋留难。'"[1]其中提到了通政司名字的由来，即"政犹水也，欲其常通，故以'通政'名官"。在这里，明太祖所说的这句话即可以视为他对于通政司的勉励和期望，也点明了通政司所可能存在的隐忧："审命令以正百司，达幽隐以通庶务。当执奏者勿忌避，当驳正者勿阿随，当敷陈者毋隐蔽，当引见者毋留难。"

也就是说，通政司虽然担负着沟通上下层的重要职责，但在日常的工作中，仍然会由于种种原因而产生诸如有些事情应当上奏的不上奏、应当驳回的却不驳回、应当公布出来的却隐蔽起来等种种问题。而后来的历史证明，明太祖的这些担心也并非过虑。

如据《典故纪闻》卷七所载："通政司所受四方奏疏，凡非重务，悉不以闻，径送六科。"成祖对此就很不满意，要求"凡书奏关民休戚者，虽小事必闻"[2]。又如《典故纪闻》卷八记载，

〔1〕《明史》，第1781页。
〔2〕《典故纪闻》，第120页。

"四方奏报雨泽章疏，旧皆贮通政司"[1]，皇帝却见不到，以至于仁宗要让通政司将这些奏报送上来给他亲阅。由这两个事例可以看到，虽然通政司无论是大臣的建言，还是普通民众的陈情都要收纳，但选择什么样的建言陈请上奏，他们却自有一番取舍，而这也多少有悖于通政司要沟通上层与下层，使得最高统治者能详细地知道政治得失、民间疾苦的本意。

二、大理寺

《明史·刑法志二》记载："三法司曰刑部、都察院、大理寺。刑部受天下刑名，都察院纠察，大理寺驳正。"[2]由此可见，大理寺是明代负责刑法的三个中央机构之一。而作为"三法司"中的一员，大理寺与都察院、刑部在职能上的区别，便在于大理寺所负责的是"驳正"的工作。也就是说大理寺要对刑部等机构的审判结果进行覆核审议，如果觉得有不当的地方，就要反驳回去，让这些机构重新审判或是拟定判词。

《明史》有曰："大理寺。卿一人，正三品，左、右少卿各一人，正四品，左、右寺丞各一人，正五品。其属，司务厅，司务二人，从九品。左、右二寺，各寺正一人，正六品，寺副二人，从六品，后革右寺副一人。评事四人，正七品。初设右评事八人，后革四人。卿掌审谳平反刑狱之政令。少卿、寺丞赞之。左、右寺分理京畿、十三布政司刑名之事。凡刑部、都察院、五军断事官所推问狱讼，皆移案牍，引囚徒，诣寺详谳。左、右寺寺正，

[1] 《典故纪闻》，第141页。
[2] 《明史》，第2305页。

各随其所辖而覆审之。既按律例，必复问其款状，情允罪服，始呈堂准拟具奏。不则驳令改拟，曰照驳。三拟不当，则纠问官，曰参驳。有牾律失入者，调他司再讯，曰番异。犹不惬，则请下九卿会讯，曰圆审。已评允而招由未明，移再讯，曰追驳。屡驳不合，则请旨发落，曰制决。凡狱既具，未经本寺评允，诸司毋得发遣。误则纠之。"〔1〕

第一部分便介绍了大理寺的官员设置，第二部分则叙述了大理寺工作的大致程序。从第二部分中可以知道，驳正的内容相当繁复，首先是大理寺让刑部等机构重新审理或是拟定判词，这叫做"照驳"；而如果第三次报到大理寺的审判结果还难以令其满意，就会追查审判官员的责任，这便叫做"参驳"；甚至还会将一些与法律不合的案件交到原审机构之外的其他部门审理，这叫做"番异"；如果还审理不清，会让朝廷的高级官员一同会审，叫做"九卿会讯"或是"圆审"；即便是大理寺已经同意定案，但还有可疑之处，可以再行审问，叫做"追驳"；到了最后，屡次的"驳正"都不能获得令大理寺满意的结果，就只能请皇帝亲自下旨进行裁决，这就称之为"制决"。

从这一系列繁复的驳正内容可以看出，大理寺对于案件审判的覆核其实是非常审慎的，而这也与明太祖的相关认识密切相关。据《太祖实录》记载，明太祖曾经"命天下诸司刑狱皆属刑部、都察院，详议平允，又送大理寺审覆，然后决之。其直隶诸府州刑狱自今亦准此令，庶几民无冤抑"。并且说道："夫王良善御，岂在于策？周公善治，岂在于刑？所谓刑者，辅治之具。是以用

〔1〕《明史》，第1781—1782页。

之不可不详，故每令三审五覆，无非求其生而已。”[1]

由此可见，大理寺设置的本意是为了使“民无冤抑”，并且使普通百姓能够在细密的刑法之内求得最大程度的生机。而从廉政的角度看，由于大理寺担负了覆核审判结果的职能，这也就成为司法公正的一大保证，照驳、参驳等程序势必使审判人员依法、审慎地处理案件，可以有效地减少司法程序中种种弊端的产生。

但大理寺的驳正仍然不能绝对避免冤抑的产生。如据《典故纪闻》记载，成化年间，给事中白昂曾经向朝廷进言：“大理寺审录，有词称冤，人犯驳回在外衙门再问，多偏执己见，不与辩明，或用非法重刑，锻炼成狱。囚人虑其驳回，必加酷刑，虽有冤枉，不敢再言。今后有问招不明拟罪不当者，俱乞改调相应官员问理，不许锻炼成狱，违者虽无赃，亦依律问罪，送吏部改调。”[2]从这段记载可见，虽然有种种驳正的程序，但由于害怕在驳正时遭受酷刑，囚犯即使有冤屈，也只能默默承受罪名。这种情形的存在也多少化解了大理寺自身的职能。

三、詹事府和翰林院

詹事府是辅佐太子的机构，其官员有詹事、少詹事等。这些官员的职责可以参看《明史·职官志二》：“詹事掌统府、坊、局之政事，以辅导太子。少詹事佐之。凡入侍太子，与坊、局翰林官番直进讲《尚书》、《春秋》、《资治通鉴》、《大学衍义》、《贞观政要》诸书。前期纂辑成章进御，然后赴文华殿讲读。讲读毕，

---

〔1〕《明实录》，第四册，第2559页。

〔2〕《典故纪闻》，第264页。

率其僚属，以朝廷所处分军国重事及抚谕诸蕃恩义，陈说于太子。凡朝贺，必先奏朝廷，乃具启本以进。凡府僚暨坊、局官与翰林院职互相兼，试士、修书皆与焉。通事舍人典东宫朝谒、辞见之礼，承令劳问之事，凡廷臣朝贺、进笺、进春、进历于太子，则引入而举案。春坊大学士掌太子上奏请、下启笺及讲读之事，皆审慎而监省之。庶子、谕德、中允、赞善各奉其职以从。凡东宫监国、抚军、出狩，及朝会出入，覆启，画诺，必审署以移詹事。诸祥眚必启告。内外庶政可为规鉴者，随事而赞谕。伶人、仆御有改变新声、导逢非礼者，则陈古义，申典制，纠正而请斥远之。司直、清纪郎掌弹劾宫僚，纠举职事。文华殿讲读毕，诸臣班退，有独留奏事及私谒者，则共纠之。司谏掌箴诲鉴戒，以拾遗补过。凡有启事于东宫，与司直、清纪执笔纪令旨，规正其伪缪者。洗马掌经史子集、制典、图书刊辑之事。立正本、副本、贮本以备进览。凡天下图册上东宫者，皆受而藏之。校书、正字掌缮写装潢，诠其讹谬而调其音切，以佐洗马。”〔1〕

也就是说詹事府官员的职司主要在以下几个方面：其一，教导太子，这既包括了向太子讲授《尚书》、《春秋》、《贞观政要》等有助于其道德品行、执政能力的经典著作，也包括朝廷处理的一些时政等；其二，太子所涉及的一些军国之大事，如监国、抚军等，都要有詹事府的官员辅佐；其三，让太子远离一些可能将之引入歧途的事情，及时对这些事情进行防御和制止；其四，禁止官员利用向太子讲授的时候，私下启奏事情；其五，对于太子言行中的错谬之处进行规劝，让其改正；其六，收藏供太子阅览

---

〔1〕《明史》，第1783—1784页。

的图书。

从以上詹事府官员的这些主要职责中可以看出，设置詹事府就是为了将太子培育为一个有资格、有能力成为一国之君的人，使得太子在日后登上君主之位时可以尽快掌握国家大政，以避免政权交接时国家出现不必要的混乱。而从廉政的角度考虑，詹事府的这些职责不仅使太子的职权被限制在一定的范围之内，避免了争权、干权之类事情的产生，有利于政治的清明，也使太子在成为君主后有一定的道德修养，也有一定的执政经验，减少了君主专制中由于皇帝个人品行不端或能力不足而产生的政治问题。

翰林院的官员有学士、侍读学士、侍讲学士等，他们的职责也可参见《明史·职官志二》的记载："学士掌制诰、史册、文翰之事，以考议制度，详正文书，备天子顾问。凡经筵日讲，纂修实录、玉牒、史志诸书，编纂六曹章奏，皆奉敕而统承之。诰敕，以学士一人兼领。大政事、大典礼，集诸臣会议，则与诸司参决其可否。车驾幸太学听讲，凡郊祀庆成诸宴，则学士侍坐于四品京卿上。侍读、侍讲掌讲读经史。《五经》博士，初置五人，各掌专经讲义，继以优给圣贤先儒后裔世袭，不治院事。史官掌修国史。凡天文、地理、宗潢、礼乐、兵刑诸大政，及诏敕、书檄，批答王言，皆籍而记之，以备实录。国家有纂修著作之书，则分掌考辑撰述之事。经筵充展卷官，乡试充考试官，会试充同考官，殿试充收卷官。凡记注起居，编纂六曹章奏，誊黄册封等咸充之。庶吉士读书翰林院，以学士一人教习之。侍书掌以六书供侍。待诏掌应对。孔目掌文移。"〔1〕

〔1〕《明史》，第1786页。

大致说来，翰林院的用处在于“备天子顾问”。此外，前面已经说过，翰林院还要给皇帝授课，即负责“经筵”和“日讲”的工作。如果说，詹事府是通过讲授、规劝、辅佐等种种方式帮助太子成为一个合格的储君的话，那么翰林院就是通过授课、顾问等方式帮助皇帝成为一个称职的君主，两者的作用正相仿佛。

而从廉政的层次说，之所以将詹事府与翰林院这两个机构放在一处讨论，就是因为这两个机构都代表了一种“清议”。与六部以及大理寺、都察院这些处理具体政务的部门不同，詹事府和翰林院的官员所起的作用多是辅佐和顾问，没有多少实际的权力，本身的品秩也并不太高。但是，一般来说，有过詹事府和翰林院经历的官员，前途都比较远大，尤其是翰林院，是明代储备中高级官员的地方。

这种特殊的地位使得詹事府和翰林院官员虽然不会对政治事件产生直接的影响，但他们的意见和看法却能够成为一种有效的舆论，主导政治事情发展的态势，成为不可忽视的一股政治力量。而由于这些官员自身有较高的文化素质和道德修养，多以“清流”自居，常常抨击官场上的种种负面现象，因此，这股政治力量也就能够起到维护政坛清正廉明风气的作用。

第七节　科道制度

在各种制度中，最能体现廉政之意的，无疑是监察制度，而这恰恰是明代制度中较为发达的一个方面。明代担负监察之责的主要是科道官员。“道”指的是都察院的御史，负责对于官员的监督和纠察，同时其内部还有分管各省的十三道御史，使得从中央到地方形成了一个比较高效的监察系统。“科”指的是六科给事中，他们主管对于朝政的进谏和官员的弹劾。由于科道官员职责较为重大，明代在科道官的任用上也就极为谨慎，比一般的部曹或是外官的任用都要严格得多。除此之外，在明代的科道官中还有“风闻言事”这一饱受争议的传统，其更像是把双刃剑，既增加了科道官行使职权的便利，又将其权力引向了歧途。

一、御史制度

都察院是明代专门负责对官员的监督、纠察等职能的部门。明代都察院的官员设置以及相关职责参见下面的记载：

> 都察院。左、右都御史，正二品，左、右副都御史，正三品，左、右佥都御史，正四品。其属，经历司，经历一人，正六品，都事一人，正七品。司务厅，司务二人，从九品；初设四人，后革二人。照磨所，照磨，正八品，检校，正九品。司狱司，司狱，（从九品，初设六人，后革五人，）各一人。十三道监察御史一百十人，正七品，浙江、江西、河南、山东各十人，福建、广东、广西、四川、贵州各七人，陕西、湖广、山西各八人，云南十一人。……
>
> 都御史职专纠劾百司，辩明冤枉，提督各道，为天子耳目风纪之司。凡大臣奸邪、小人构党、作威福乱政者，劾。凡百官猥茸贪冒坏官纪者，劾。凡学术不正、上书陈言变乱成宪、希进用者，劾。遇朝觐、考察，同吏部司贤否陟黜。大狱重囚会鞫于外朝，偕刑部、大理谳平之。其奉敕内地，

> 拊循外地，各专其敕行事。
>
> 十三道监察御史，主察纠内外百司之官邪，或露章面劾，或封章奏劾。……凡朝会纠仪，祭祀监礼。凡政事得失，军民利病，皆得直言无避。有大政，集阙廷预议焉。盖六部至重，然有专司，而都察院总宪纲，惟所见闻得纠察。诸御史纠劾，务明著实迹，开写年月，毋虚文泛诋，讦拾细琐。出按复命，都御史覆劾其称职不称职以闻。凡御史犯罪，加三等，有赃从重论。
>
> 十三道各协管两京、直隶衙门；而都察院衙门分属河南道，独专诸内外考察。[1]

其第一段介绍了都察院的属员。除了都御史、副都御史、佥都御史等主要官员之外，最为主要的就是分管各省的一百一十名监察御史。此外，在外担任总督、提督等职位的官员，也会加上“御史”的头衔，而这就意味着其在本身的职权之外，也同时能够享有御史的相关权力。

下面几段介绍的则是都御史、十三道御史等官员的具体职责。都察院的御史职权极重，“凡大臣奸邪、小人构党、作威福乱政者，劾。凡百官猥茸贪冒坏官纪者，劾。凡学术不正、上书陈言变乱成宪、希进用者，劾”。也就是说，只要大臣有任何品行、言语、行止甚至思想不端的地方，都在御史的弹劾范围之内。除了监督大臣，都察院还有两个重要的职能：其一是协同吏部考察官员，以决定官员是否贤能，究竟是该升职还是罢黜；其二是与刑

---

〔1〕《明史》，第1767—1769页。

部、大理寺掌管司法要务。据前面部分所说，都察院也是“三法司”之一，遇有重大的或是疑难的案子，便需要都察院参与进去，三司一同审理。

从上面的介绍可以看到，都察院是汇集纪律监察、官员任用、司法要事等重要职权于一身的一个重要部门，这也就决定了御史的品秩虽然不是特别高，也不像六部那样掌有实权，但御史在朝廷中的地位却极为显赫，其权势可以和六部之首、负责官员铨选的吏部相抗衡，都察院的地位可见一般。

十三道御史也负责纠察京官、外官。他们有两种主要的弹劾方式，一是在朝堂之上当面弹劾，一是写成奏章，以书面的形式弹劾。除了监督官员之外，御史还同时兼有向朝廷进谏的责任，这也就是引文中所说的“凡政事得失，军民利病，皆得直言无避”，与朝廷大政、国计民生相关的所有事情，都在御史进谏的范围之内。

可以说，都察院手握重权，是对于其他官员权力的一个重要监督和制衡，其在廉政方面的重要性也就不言而喻。但在这里，还要提出一个都察院官员自身权力如何监督和纠察的问题。“都御史覆劾其称职不称职以闻。凡御史犯罪，加三等，有赃从重论”，意思是指，作为都察院最高长官的都御史，有着监督其他御史的权力，而不仅于此，倘或御史触犯刑法，罪加三等，从重处罚，这也可以视为对职权颇重的御史的一个约束。

都御史管理着众多御史，那都御史又有谁来制约呢？《明史》称：“御史与都御史，例得互相纠绳，行事不宜牵制。”[1]也就是

〔1〕《明史》，第4978页。

说，御史也可以监督都御史的言行举止，但在现实中，都御史被弹劾的事情却并不多见。《万历野获编》中便称："左都御史，汉以为亚相，唐为副相，元尤雄剧，秩从一品。本朝洪武初亦一品，后与尚书同正二品，而六曹之事无所不预闻，且提挈十三道，为风纪之长，未有反遭弹射者。今上御极三十余年，掌都察院者凡十余人，其间两公被劾，事出创见。"[1]可见监督者能否被有效地监督，在明代仍然是一个问题。

二、给事中制度

在前面有关封驳制度的部分中，已经说到六科给事中，所谓六科，正与吏、户、礼、兵、刑、工六部相对，每一部皆有各自对应的一科。同为科道官员，给事中的品秩比起御史来又有不如，最高的都给事中只有七品，左右给事中以及给事中更是只有从七品。尽管品秩极低，但给事中的权力却很大，这从前面介绍的封驳制度，也就是给事中可以封还皇帝的批示中可见一斑。

《明史·职官志三》载："六科，常侍从、规谏、补阙、拾遗、稽察六部百司之事。凡制敕宣行，大事覆奏，小事署而颁之；有失，封还执奏。凡内外所上章疏下，分类抄出，参署付部，驳正其违误。吏科，凡吏部引选，则掌科（即都给事中，以掌本科印，故名，六科同,）同至御前请旨。外官领文凭，皆先赴科画字。内外官考察自陈后，则与各科具奏。拾遗纠其不职者。户科，监光禄寺岁入金谷，甲字等十库钱钞杂物，与各科兼莅之，皆三月而

〔1〕《万历野获编》，第491页。

代。内外有陈乞田土、隐占侵夺者，纠之。礼科，监订礼部仪制，凡大臣曾经纠劾削夺、有玷士论者纪录之，以核赠谥之典。兵科，凡武臣贴黄诰敕，本科一人监视。其引选画凭之制，如吏科。刑科，每岁二月下旬，上前一年南北罪囚之数，岁终类上一岁蔽狱之数，阅十日一上实在罪囚之数，皆凭法司移报而奏御焉。工科，阅试军器局，同御史巡视节慎库，与各科稽查宝源局。而主德阙违，朝政失得，百官贤佞，各科或单疏专达，或公疏联署奏闻。（虽分隶六科，其事属重大者，各科皆得通奏。但事属某科，则列某科为首。）凡日朝，六科轮一人立殿左右，珥笔记旨。凡题奏，日附科籍，五日一送内阁，备编纂。其诸司奉旨处分事目，五日一注销，核稽缓。内官传旨必覆奏，复得旨而后行。乡试充考试官，会试充同考官，殿试充受卷官。册封宗室、诸蕃或告谕外国，充正、副使。朝参门籍，六科流掌之。登闻鼓楼，日一人，皆锦衣卫官监莅。（洪武元年以监察御史一人监登闻鼓，后令六科与锦衣卫轮直。）受牒，则具题本封上。遇决囚，有投牒讼冤者，则判停刑请旨。凡大事廷议，大臣廷推，大狱廷鞫，六掌科皆预焉。”〔1〕

包括封驳在内，给事中主要有以下几项重要的职能：“侍从、规谏、补阙、拾遗、稽察六部百司之事。”而具体到六科中的每一科，由于职司的不同，具体职责也有所不同。吏科要在官员的选用以及考察中发挥作用，并弹劾不称职的官员；户科要监察税收、库藏等事务，并弹劾有经济问题的官员；礼科监督吏部制定朝廷礼制、核查官员谥号等工作，同时要将曾犯有过失的大臣记录在

---

〔1〕《明史》，第1805—1806页。

案；兵科监察武官的封赠等事务，其职责与吏部相似，而有文、武之别；刑科负责上奏每年的罪犯数量；工科则负责稽查武库等。

虽然六科有这样明确的分工，但也不是绝对的。在弹劾官员、进谏朝政这些事情上，六科之间并没有截然的分野；尤其是在遇到一些重大事情的时候，六科还可以一同上奏，并依照这件事属于哪科管辖，就将哪一科列在首位。

此外，六科还负责一些上朝时记录旨意、管理章奏、注销、考试、册封之类的事情。六科给事中没有统一的最高领导，但历来以吏科都给事中的地位最高，正所谓“吏科都给事中，为谏官领袖，责既宏巨，职复雄峻”〔1〕。

总的说来，六科给事中与都察院御史在职能上有相同的地方，主要表现在对于官员的监督和纠察上，这也是人们往往将科、道并称的原由所在。但明人对此也有微言，如有人便道：“宋孝宗时，因补阙薛叔似论列时相，谓曰：‘卿等以补阙、拾遗为名，专主规正君上，不任纠劾，今所奏乃类弹击，甚非设官命名之意。’盖拾、补两省僚属，官为侍从，与台谏不同，故孝宗以此谕之。本朝六科给事中，沿门下旧僚，主于封驳，各道御史，沿台官之旧，主于弹击，今皆以纠劾为事，亦非设官意也。”〔2〕其认为给事中的主要职责还在于封驳，而御史则是弹劾官员，两者职能相混，都有纠察、弹劾的功能，并非设立这两个官职的本意。

六科给事中有严格的工作程序，如《典故纪闻》中便记载了一件事情：“宣德时，有中官奉旨传之六科，辄令径行诸司，宣宗闻之，即下法司治，因谕给事中曰：尔官近侍，职在记注，凡朕

〔1〕《万历野获编》，第501页。
〔2〕《谷山笔麈》，第112页。

一言一令，或令内使传出者，尔当备录覆奏，再得旨而后可行，庶几关防欺弊，不然必有诈伪者。尔等自今恪谨乃职，不许依阿随附。”[1]按照惯例，由宦官传达出的皇帝的旨意，都要由六科向皇帝覆奏后才能交由相关部分执行，而宦官传达出来的旨意直接就被执行下去显然是不合规范的。从这个事例中也可看出六科工作程序的严格，以及这种工作程序确实能够防止一些欺弊事情的发生。

三、科道官的选任

御史与给事中合称科道官。由于科道官肩负监督、纠察其他官员等重要职责，因此，明代在科道官的任用上也就极为谨慎，相对而言，比一般的部曹或是外官的任用都要严格得多，也有一些特殊的规定，而这都是为了使科道官有比较良好的资质，能够履行朝廷赋予他们的责任。

当然科道官的选任标准也有一个变化的过程。大致说来，成化以前还比较宽泛，进士、举人、贡生、监生等具有做官资格的人，都可以成为科道官；而在成化以后标准就渐渐严格起来。首先是监生和一般的新科进士都不能成为科道官：前者很好理解，朝廷官员中，监生官员的文化水准是相对较低的，也较受到歧视，不能出任科道官正体现了这一点；对于后者，则应该是科道官需要有一定的政治经验，才能有效地进行劝谏、封驳、监督、纠察等工作，这是新科进士所欠缺的，因此也不能担任。

---

〔1〕《典故纪闻》，第155页。

而新科进士要想成为科道官，主要有两种方式：其一是考选庶吉士，在散馆后有部分便可成为科道官；其二是先担任其他官员，如外官中的知县和推官，京官中的六部主事等，三年考满或经特荐后，也有资格考选科道。除了进士之外，举人或是贡生出身的官员也可考选科道官，但其比例不会超过四分之一，甚至更少。还需要注意的是考选后，给事中立刻可以上任，而除非是有过庶吉士的经验，否则需要试用一年后才能正式出任御史之职。

至于科道官的考选也有两个主要的步骤，一是临时的考试，二是访单。访单有些类似于民意调查表，由九卿、台省诸臣填写。比较起来，在决定科道官人选的时候，访单应当比考试更具有决定性的作用。

《明史·选举志三》记载："给事中、御史谓之科道。科五十员，道百二十员。明初至天顺、成化间，进士、举贡、监生皆得选补。其迁擢者，推官、知县而外，或由学官。其后监生及新科进士皆不得与。或庶吉士改授，或取内外科目出身三年考满者考选，内则两京五部主事、中、行、评、博，国子监博士、助教等，外则推官、知县。自推、知入者，谓之行取。其有特荐，则俸虽未满，亦得与焉。考选视科道缺若干，多寡无定额。其授职，吏部、都察院协同注拟，给事皆实补，御史必试职一年始实授，惟庶吉士否。……考选之例，优者授给事中，次者御史，又次者以部曹用。虽临时考试，而先期有访单，出于九卿、台省诸臣之手，往往据以为高下。崇祯三年，吏部考选毕，奏应擢给事、御史若干人，而以中书二人，访单可否互异，具疏题请。帝责其推诿，令更确议，而不责访单之非体也。京官非进士不得考选，推、知则举贡皆行取。然天下守令，进士十三，举贡十七；推、知行取，则进士十九，举贡才十一。举贡所得，又大率有台无省，多南少北。御史王道纯以为言。帝谓用人当论才，本不合拘资格，下所司酌行之。初制，急缺风宪，不时行取。神宗时，定为三年，至是每年一举。帝从吏部尚书闵洪学请，仍以三年为期。此选择言路之大凡也。”[1]从中可以看到科道官考选的一些大致情形。

除了在引文中介绍的这些考选方法之外，科道官还需要具备另外一个条件，即身体相貌要比较端厚好看。据《菽园杂记》卷七记载：“翰林编修张元祯尝建言，选六科给事中不必拘体貌长大，惟当以器识远大，学问赅博，文章优赡者充之。其言最当。徒以不拘体貌一言有碍，竟托之空言而已。盖六科系近侍官，兼主奏对。必选体貌端厚，语言的确者以壮观班行，表仪朝宁。但在前居此地者，体貌非不端厚，而其器识学问文章，往往过人。盖出自精选，号为得人，如姚夔、叶盛、林聪、尹旻、张宁辈是已。以后则专以体貌为主，而其所重者反不之计。所谓出题考选，亦不过虚应故事耳。揆其所以，其时典选者相继多北人，大率专主体貌，则其类得以并进。况学识兼备者，必思举其职，而屡有纠弹，不若安静简默者之易制也。”[2]

从这则记载中可以知道，不仅考试并不那样重要，科道官的考选本身也不过是走走过场，真正决定性的因素不是学问和器识，而是体貌。而这其中的一个重要原因也是极为耐人寻味的“况学识兼备者，必思举其职，而屡有纠弹，不若安静简默者之易制也”。既然科道官有监督、察纠百官之责，那选择学识兼备的，无疑会给其他官员增添麻烦——而这不仅说明了科道官自身的重要

[1] 《明史》，第1717—1719页。
[2] 陆容：《菽园杂记》，中华书局1985年版（下同），第90页。

性，也正证明了设置科道官的必要性。

四、风闻言事

“所谓‘风闻言事’，指监察官可以不必根据任何书面告发材料，根据一些传言之词，即可弹纠举事。”〔1〕关于“风闻言事”起于何时，说法不一。明人于慎行云：“今制，相传台谏风闻言事，考之令典，无所证据，心窃疑之。后读唐史，武后以术制群下，谏官御史得以风闻言事，自御史大夫至监察御史，得互相弹劾，率以隐诐相倾覆，此风闻言事之始也。夫人之功罪必有其实，按名责实，犹恐不称，况以风闻？武后之令，盖罗织告密之别名耳，而承平之世习为典故，不知其出于此也。”〔2〕便是认为源自武则天。而亦有论者认为其出现应该更早些，自晋朝以来便一直存在，“此后为历代封建统治者沿用，并不断加以完善，使之成为封建监察机关的一项重要的弹劾制度”〔3〕。

尽管风闻言事对于科道官来说非常重要，但对它的评价却历来褒贬不一。如上面所举这段话，便对之持反对意见，认为风闻言事使得大臣之间罗织罪名、互相告密、彼此倾覆，并不是什么善政。

但亦有人赞同风闻言事的实行，如明人李文祥针对弘治登基之初便下旨不许“风闻言事”，认为：“古圣王悬鼓设木，自求诽谤。言之纵非其情，听者亦足为戒，何害于国，遽欲罪之。昔

〔1〕〔3〕 刘长江：《略论明代科道官的“风闻言事”》，《黑龙江社会科学》1999年第5期（下同），第64页。

〔2〕《谷山笔麈》，第111—112页。

李林甫持此以祸唐，王安石持此以祸宋。远近骤闻，莫不惊骇。愿陛下再颁明诏，广求直言，庶不堕奸谋，足彰圣德。大率君子之言决非小人之利，谘问倘及，必肆中伤。如有所疑，请试面对。”[1]其之所以持赞成的态度，就是认为“风闻言事”是朝廷广开言路、从善如流的一种表示。即便“风闻言事”中有说得不对的地方，但本着有则改之、无则加勉的态度听取意见，势必对国家有极大的好处，而倘若不许“风闻言事”，则只会闭塞言路，给国家造成损失。

平心而论，作为一种备受争议的制度，“风闻言事”本身便有正反两方面的特质。从正面着眼，“风闻言事”至少有以下几个方面的好处。其一，在拿不到实据或是无法拿到实据的状况下，“风闻言事”允许科道官员就此提出弹劾，这在针对一些位高权重的贪官的廉政举动中，便有十分重要的作用；其二，“风闻言事”不必拿出真凭实据，这便可以保护揭发者的权益不受侵犯[2]；其三，在进谏一些关乎宫闱之内大臣难以明言之事时，“风闻言事”也可以成为一个很好的借口。

而从负面来看，“风闻言事”容易使得科道的弹劾和进谏陷入捕风捉影、凭空捏造、罗织罪名、莫名陷害、刺探隐私以及斤斤计较于琐屑小事等问题中，而对于“风闻言事”的不满也多从这些缺陷而来。

对于“风闻言事”的缺点，明代也有一些补救之法，如有时候会强调“诸御史纠劾，务明著实迹，开写年月，毋虚文泛诋，

[1] 《明史》，第5008页。
[2] 参见《略论明代科道官的“风闻言事”》，第65页。

讦拾细琐"[1]便是一个显例。此外，明代也会严厉处罚诬告的人，"按所诬情节判罪之轻重，分别给予诬告者加所诬罪二至三等。被诬者所受的损失，全部由诬告者给予赔偿"[2]。这些措施都可以保证"风闻言事"在一个合乎规范的秩序下合理地进行。

最后不得不指出的是，"风闻言事"最大的缺憾还在于其容易沦为朝廷党争的工具，当权者往往利用科道官彼此攻伐，"风闻言事"也是其中颇具杀伤力的一种利器。特别在明末东林党与阉党的争斗中，则更是如此。这便不仅是"风闻言事"的悲剧，更是科道制度的悲剧。

第八节　司法制度

在明代的司法制度中，有几项特别值得注意，即热审、朝审、大审、在外恤刑会审，这几项制度都可看做对司法审判的覆核审理，体现了明代君主"慎刑狱"和"重民命"的思想。同时，这几项制度也是对于司法体制的一种监督，有利于减少司法审判中误判、错判之类事情出现的几率。

一、热审

所谓热审，就是在夏天的时候，由刑部向皇帝请命，审问关押在监狱中的犯人，凡是罪行较轻的，都可以立即释放，即便是罪行较重的犯人也可以从轻处罚。明代之所以会产生热审的制度，

[1]《明史》，第1769页。

[2]《略论明代科道官的"风闻言事"》，第65页。

就是担心天气酷热，监狱中人多，容易引发传染病，因此减少羁押在狱中的犯人数量，避免疫病的流行。

据《万历野获编》记载："今制遇暑月，则刑部请上命，审情罪之轻者释之，稍重减等，恐狱狭人众以致疫。此实本朝圣政，前代未有。文皇之初，其时止苏轻罪，或出狱听候而已。至宣德二年七月，上谕三法司：'今盛暑，朕与卿等深居静处，犹觉可畏。罪囚郁蒸烦懑，安得无病？宜为检看，即具所犯来奏，勿得久淹。'三法司刑部尚书金纯等，上奏疏决。上阅之，凡决遣二千四百六十五人。三年五月，尚书金纯以疾在告，上令太医往视药。时上以天气炎热，敕法司疏决滞囚。纯不加意，屡从朝贵宴饮。上闻之怒，下纯锦衣狱治之。上乃亲阅狱囚，决遣五百七人，然犹间岁一行。至孝宗登极，始令遇夏月凡监犯可矜疑者，俱上闻减等，或竟释放。岁岁行之，自是热审为故事，圣人如天之泽远矣。按《会典》载永乐以来，热审但用三法司官，至正统末年，始以大珰一人会审。又至成化间，定五年一大恤，命司礼掌印内臣主之。出则张盖列骑，正坐于棘寺堂，秋卿以下俱列侍，遂循行不改，以至于今。又据王弇州所纪，以为始于英宗朝，遣司礼太监金英是矣。但英之遣热审，在正统十四年，此见之《实录》者，与《会典》所记正合，其说似无可疑。惟《王毅愍传》云：'正统六年，命大珰兴安，同王文审重囚。'则不始于十四年，并不始于金英矣。先朝典制俱付之传疑，非史官之责欤?"[1]

热审是明代所创，在孝宗朝的时候，由前朝的不定期举行，改为一项"岁岁行之"的制度。除了每年一次的热审之外，每五

---

〔1〕《万历野获编》，第455—456页。

年还有一次“大审”。至于热审的时间，《明史》中有“热审岁举，俱在小满前”[1]之语，可见是在二十四节气中的小满之前进行。

热审原本只由三法司官主持，即由刑部、大理寺、都察院的官员负责，正统后却开始有宦官参与，甚至担任主审，以至于出现上面所说的“出则张盖列骑，正坐于棘寺堂，秋卿以下俱列侍”的状况。明代的宦官权势颇重，从热审一事中也可见一斑。

明代之热审制度体现了朝廷对于司法审判的审慎态度，其间贯穿的是“慎刑狱”的思想，也就是明太祖所说的“所谓刑者，辅治之具。是以用之不可不详，故每令三审五覆，无非求其生而已”[2]。同时，热审既有大赦的性质，挽救了一部分因冤入狱的民众，也有覆审的特点，可以促使司法部门在初审时谨慎行事，避免一些司法腐败事件的产生。

但从全国范围来看，热审制度执行的力度并不一致。如《明史·杨守随传》记载，正德元年（1506 年）四月，守随曾经上奏：“每岁热审，行于京师而不行于南京，五岁一审录，详于在京而略于在外，皆非是。请更定其制。”[3]也就是说，无论是每年举行的热审，还是五年一次较大规模的审录，都是在北京执行得较为严格，而连南京在内，其他地方都不能得到很好的实施。这也可以视作颇可称为“圣政”的热审制度的一点儿瑕疵。

---

〔1〕《明史》，第 1769 页，第 2338 页。
〔2〕《明实录》，第四册，第 2559 页。
〔3〕《明史》，第 4921 页。

二、朝审、大审

《明史·刑法志二》记载："天顺三年令每岁霜降后，三法司同公、侯、伯会审重囚，谓之朝审。历朝遂遵行之。成化十七年命司礼太监一员会同三法司堂上官，于大理寺审录，谓之大审。南京则命内守备行之。自此定例，每五年辄大审。初，成祖定热审之例，英宗特行朝审，至是复有大审，所矜疑放遣，尝倍于热审时。内阁之与审也，自宪宗罢，至隆庆元年，高拱复行之。故事，朝审吏部尚书秉笔，时拱适兼吏部故也。至万历二十六年朝审，吏部尚书缺，以户部尚书杨俊民主之。三十二年复缺，以户部尚书赵世卿主之。崇祯十五年命首辅周延儒同三法司清理淹狱，盖出于特旨云。大审，自万历二十九年旷不举，四十四年乃行之。"〔1〕

其实，前文已经谈到了大审，大审每五年举行一次，从成化十七年（1481 年）开始实行，与后来的热审相同。大审也由宦官即司礼太监主持，在大理寺进行。之所以由太监主持，应该是由于大审是善政，因此由内官来代表皇帝行使善政。除了北京，作为南都，南京也有五年大审的制度。而大审与热审的不同之处在于，大审所释放的犯人要远远多于热审。

在大审之外，性质类似的还有朝审。朝审所针对的应该是一些较为重大的案件，参与者除了三法司，还有公、侯、伯等朝廷重臣，一般由吏部尚书主持。朝审的一般程序是："朝审时，三法

---

〔1〕《明史》，第 2307—2308 页。

司、九卿、詹事、科道入座，当堂命吏对于应死人犯朗读罪状及定拟实、缓意见。……有异议，再行签商。如有争执，由刑部回奏听候皇帝裁决。如发现原审失实，直接扣除再讯。情实者，一放减为流、徒，在本年内分别执行。"[1]朝审的时候，一般采取宁愿宽纵也不苛罚的态度。在遇到有疑窦、证据不充分的案件时，一般都会从轻处置。这也就是《明史》中所说的"朝审时，重囚情可矜疑者，咸得末减"[2]。

朝审和大审也都有对案件覆审的性质，体现的仍然是前面所说的"慎刑狱"的思想。对此，明宣宗说的一句话便尤其值得关注，他说："古者断狱，必讯于三公九卿，所以合至公，重民命。卿等往同覆审，毋致枉死。"[3]值得关注的是两点：一方面是"重民命"，也就是尽最大可能保存百姓的生命；另一方面则是"合至公"，也就是说只有集合三公九卿的集体意见，审理出来的案件才会达到公平、公正。这也是出现朝审、大审等"会官审录"式的司法制度的最大缘由。

由此可以说，朝审和大审体现了明代司法制度中的审慎态度和民主精神，不仅可以有效地减少冤狱的产生，也避免了司法制度仅仅垄断在相关人员的手中，从而具有了一种透明性和公开性的特质。因此，朝审和大审也可以看做非司法官员通过参与的方式而实行的一种对于司法制度的监督。

---

〔1〕 黄幼声：《朝审制的缘起——兼谈中国法制史上一个被遗忘的人物》，《求是》1986年第5期，第41页。

〔2〕《明史》，第5685页。

〔3〕 同上书，第2307页。

三、在外恤刑会审

前面谈到的热审、大审、朝审主要都是在两京即北京和南京进行，而在地方州县，明代也有类似的制度，这就是“在外恤刑会审”之制。

《明史·刑法志二》载：“在外恤刑会审之例，定于成化时。初，太祖患刑狱壅蔽，分遣御史林愿、石恒等治各道囚，而敕谕之。宣宗夜读《周官立政》：‘式敬尔由狱，以长我王国。’慨然兴叹，以为立国基命在于此。乃敕三法司：‘朕体上帝好生之心，惟刑是恤。令尔等详覆天下重狱，而犯者远在千万里外，需次当决，岂能无冤？’因遣官审录之。正统六年四月，以灾异频见，敕遣三法司官详审天下疑狱。于是御史张骥、刑部郎林厚、大理寺正李从智等十三人同奉敕往，而复以刑部侍郎何文渊、大理卿王文、巡抚侍郎周忱、刑科给事中郭瑾审两京刑狱，亦赐之敕。后评事马豫言：‘臣奉敕审刑，窃见各处捉获强盗，多因仇人指攀，拷掠成狱，不待详报，死伤者甚多。今后宜勿听妄指，果有赃证，御史、按察司会审，方许论决。若未审录有伤死者，毋得准例升赏。’是年，出死囚以下无数。九年，山东副使王裕言：‘囚狱当会审，而御史及三司官或逾年一会，囚多瘐死。往者常遣御史会按察司详审，释遣甚众。今莫若罢会审之例，而行详审之法，敕遣按察司官一员，专审诸狱。’部持旧制不可废。帝命审例仍旧，复如详审例，选按察司官一员与巡按御史同审。失出者姑勿问，涉赃私者究如律。成化元年，南京户部侍郎陈翼因灾异复请如正统例。部议以诸方多事，不行。八年，乃分遣刑部郎中刘秩等十四人会巡按御史及三司官审录，敕书郑重遣之。十二年，大学士商辂言：‘自八年遣官后，五年于兹，乞更如例行。’帝从其请。至十七年，定在京五年大审。即于是年遣部寺官分行天下，会同巡按御史行事。于是恤刑者至，则多所放遣。嘉靖四十三年定坐赃不及百两，产绝者免监追。万历四年敕杂犯死罪准徒五年者，并两犯徒律应总徒四年者，各减一年，其他徒流等罪俱减等。皆由恤刑者奏定，所生全者益多矣。初，正统十一年遣刑部郎中郭恂、员外郎陆瑜审南、北直隶狱囚，文职五品以下有罪，许执问。嘉靖间制，审录官一省事竣，总计前后所奏，依准改驳多寡，通行考核。改驳数多者听劾。故恤刑之权重，而责亦匪轻。此中外法司审录之大较也。”〔1〕

这一段话，对于在外恤刑会审在明代的演变状况叙述得十分详细。在外恤刑会审的制度正式形成于成化年间，但早在洪武年间就已经有了类似的情形出现。而从宣宗皇帝“惟刑是恤”的话中便可看出，对于百姓生命的重视以及“慎刑狱”的思想仍然是这一制度出现的重要原因。

从重要性的角度来看，在外恤刑会审可能不如大审、朝审等制度，尤其是朝审所面对的都是一些要案、重案；但就影响的广泛程度而言，“在外恤刑会审”却要大得多，这从上举引文中“出死囚以下无数”这句话中便可以看出来。而且相对于天子脚下的京城而言，“天高皇帝远”的地方出现司法弊窦的几率应该高得多，受冤屈的百姓的数量也势必要更多。就这一层次而言，“在外恤刑会审”更为紧要，对于明代的司法制度也便具有更为显著的

〔1〕《明史》，第2310—2311页。

廉政效力。

在外恤刑会审之制与大审一样，也是五年实行一次，即上面所说的“在京五年大审。即于是年遣部寺官分行天下，会同巡按御史行事”。不仅是释放了许多囚犯，负责在外恤刑会审的官员还提出了许多切实的建议，并被朝廷采纳，这也挽救了许多人的身家性命。

负责在外恤刑会审的官员权力极重。正统十一年（1446 年）便曾规定，文官五品以下有罪的，恤刑会审的官员可以将其直接关押审问，由此可见其权力之大。而相应的，负责恤刑会审的官员的权力也会受到一定的监督和制约。在回到京城后，这些官员要把所审案子上报朝廷，如果有审得不合适的案件，会被“改驳”。如果改驳的案件过多，负责恤刑会审的官员就会被弹劾，这也就必然会促使这些权力极重的官员在外审案的时候，审慎地行使自己的权力，在纠正司法腐败、体恤百姓性命的同时，防止自己手中的权力走入歧途。

第九节　巡按制度

除了加强对中央官员的监督之外，明代也没有放松对地方吏治的管理，而这主要就体现在巡按制度上。巡按御史名义上是“代天子巡狩”，因此拥有极大的职权，地方的一切事务，如军事、行政、司法、教育、民政、财务以及官员的管理等，无不在其统摄之下。明代也有一定的制度对巡按手中过大的权力进行约束，但还是不能从根本上遏制巡按御史权力的膨胀，以及由此带来的负面影响。

一、巡按御史的职责

“巡按”指的是朝廷派遣都察院的御史到地方去监督一些事情的执行。巡按制度在明代以前便已出现，如“唐代即以监察御史巡按诸道。巡按之官名，随任使而异：纠察驿传的，叫馆驿使；纠察祠祭的，叫祠祭使；随事立名，称谓不一”〔1〕。明代的巡按御史大致可以分为两种，一种是去南北直隶、各省等处监督地方事务的，另一种则是专管某项事务，如负责盐务的巡盐御史、负责茶马之务的茶马御史以及负责漕运事务的巡漕御史等。

《明史·职官志二》载：“在外巡按，北直隶二人，南直隶三人，宣大一人，辽东一人，甘肃一人，十三省各一人。清军，提督学校，两京各一人，万历末，南京增设一人。巡盐，两淮一人，两浙一人，长芦一人，河东一人。茶马，陕西。巡漕，巡关，宣德四年设立钞关御史，至正统十年始遣主事。儹运，印马，屯田。师行则监军纪功，各以其事专监察。而巡按则代天子巡狩，所按藩服大臣、府州县官诸考察，举劾尤专，大事奏裁，小事立断。按临所至，必先审录罪囚，吊刷案卷，有故出入者理辩之。诸祭祀坛场，省其墙宇祭器。存恤孤老，巡视仓库，查算钱粮，勉励学校，表扬善类，翦除豪蠹，以正风俗，振纲纪。”〔2〕

关于巡按御史的职责，派到两直隶以及各省监督地方事务的，所负责的事情极多，如对地方官员进行考察、审录监狱中的囚犯、吊刷案件审判的卷宗、祭祀各处的坛场、抚恤孤寡老人、巡视仓

---

〔1〕 刘融：《明朝巡抚与巡按辨略》，《广西社会科学》2004 年第 2 期（下同），第 164 页。
〔2〕《明史》，第 1768—1769 页。

库、查看钱粮收支的情况、勉励学校的生员等等，可以说是几乎囊括了司法、行政、礼仪、教育、民政等所有的地方事务。而负责专项事务的巡按御史，其分内的盐务、茶马、漕运等当然是其主要任务，而上面的这些职责也会涉及。

简单说来，“表扬善类，翦除豪蠹，以正风俗，振纲纪”这句话可以涵盖巡按御史的职责，其惩恶扬善的对象不仅是普通的百姓，也包括地方的官员。正因为如此，贤能的巡按御史一般都能够对地方的弊政拨乱反正，因此被百姓视为“青天大老爷”。与之相应，在明代的小说中，也不乏这样的形象。

巡按御史能够行使这些职责，与他们的权力颇大也是密不可分的。从名义上说，巡按御史是“代天子巡狩”，因此可以“举劾尤专，大事奏裁，小事立断”。也就是说在惩恶扬善的时候，他们拥有足够的权力，只有重大的事情才需要向朝廷上奏、请示，一般的事情他们便可以当机立断，仅凭自己的意志便能解决了。

巡按制度是中央对于地方行政、司法等事务进行监督的一项有效机制，其在澄清地方吏治、监督和纠察地方官员等方面都有着重要的意义。

二、巡按权力的制约及巡按制度的消极面

巡按御史的权力极大，正所谓“御史巡按，祖宗成宪也。一方得一人，则一方倚赖之，一年得一人，则一年倚赖之”[1]。也正由于这一原因，明代对于巡按御史也有一些限制。

---

〔1〕 叶盛:《水东日记》，中华书局1980年版，第329页。

首先就是任职时间上的限制。巡按御史不是地方官，而是中央派到地方的监察人员，其任期只有一年。因此，明人刘大夏才会说道："巡按御史一年一换，无久交，不掣肘，故事多责成之。"也就是说，一年的任期可以保证巡按御史在地方行使职权时，不会有较长的时间结交地方的官府和豪强势力，也不会受到这些势力的影响，因此可以做成一些事情。

其次是一些具体的规定。曾有论者将这些规定归纳为以下几个方面："其一，巡按按治州郡，必须遍历，不拘期限，不得走马观花似的敷衍。其二，巡按出巡，除拨弓兵防护，按规定关支廪给，应付脚力，陆路给驿马，水路备船及买办心红纸札之外，不许擅令官府和买物货，私役夫匠，多用铺陈，违者治罪。其三，出巡到地方，不得纵容官吏出城迎送，亦不得大摆酒宴铺张浪费。其四，巡按所到地方，凡官吏某事，除公务外，不得问此地出产何物，以防下人窥伺作弊。其五，巡按不得令亲戚人等于各所属衙门嘱托公事。其六，本籍回避。巡按分巡地面果系原籍，或有仇嫌并宜回避。其七，地域回避。凡北方人如北直隶、山东、山西、陕西、河南不差两广、云、贵；南方人如福建、广东、广西、云南、贵州不差蓟镇、宣府、大同三边。"[1]这些制度都是针对巡按御史行使职责时可能出现的问题而制定的，尤其是最后一条，看似与明代官员任职中地域回避制度相悖，实则比较合理：明朝疆域辽阔，北方的官员难以了解南方的民情、语言、文化、习俗等等，南方的官员也同样如此，这一特殊的回避制度可以避免巡按过程中因为不了解而产生的错失。

---

〔1〕 高春平：《试论明代的巡按制度》，《山西大学学报》1990年第1期，第79页。

再次是朝廷也会对巡按御史进行考核。“如果称职，则准予回道任职，不称职分别酌情予以处罚。如巡按御史容许地方各衙门官吏出城迎送，不进行查问的，与迎送者同罪，如有逃避责任的，从重论处。”[1]

但即便有这些规定，仍然不能保证巡按御史绝对的廉洁奉公、清正廉明。《治世余闻》记载有一件事情：“上召左都御史戴珊与刘大夏至榻前论：‘尔等各衙门，凡事都奏行巡按御史勘报，岂以此官公道可托耶?’珊顾大夏未敢对，大夏进曰：‘无他，以巡按御史一年一换，无久交，不掣肘，故事多责成之。’上曰：‘责之固是，但权之所在，惟有识量者能不移其心。不然则恃权，好承奉，任喜怒，将或以是为非，以贤为不肖，使民不被其泽。尔珊今后遇差巡按御史，务拣老成有识量者，毋用轻躁新进之人。仍以此意，行与各巡按御史知道。’珊承命叩头谢罪，退与刘公俱叹曰：‘圣论谆谆，俱切中时病，明见万里之外，惜我辈犹不能悉记其详耳。’戴即通行以警各处巡按云云，钦遵。”[2]

明孝宗所说的“权之所在，惟有识量者能不移其心。不然则恃权，好承奉，任喜怒，将或以是为非，以贤为不肖，使民不被其泽”，也正是基于这一担心。

任何制度在显示其出众的效力的同时，也往往意味着其会具有同等的潜在威胁，巡按制度也是如此。巡按御史固然可以凭借手中的权力做很多有益于地方百姓的事情，但这样多的权力汇集到一个人的手中，倘若此人道德有亏或是能力不足，其负面影响会同样巨大，做出贪赃枉法、为非作歹的事情也同样容易。从根

---

〔1〕 侯觉非、周鹏飞：《明朝的巡按制度》，《中国监察》2001 年第 8 期，第 59 页。
〔2〕 陈洪谟：《治世余闻》，中华书局 1985 年版，第 21 页。

本上说，巡按制度虽然是一种制度，但其行使在很大程度上要依赖于巡按个人的品行，而不能保证无论个人素质如何，此项制度都能得到有效的实施。

例如，《典故纪闻》中便记载道：“其在外巡按御史，往往以进士推官知县有科道之望，引为私人，阴授以廉访之柄，二司贤否，悉出唇吻，少有不悦，遂成萋菲。二司畏惧，奉承之不暇，而何暇问其政事之得失乎？体统既乖，法度尽废，害政莫甚于此。”〔1〕因为一己的私心，而置国家的法度于不顾，相信这在明代也并不是一个特例。

除此之外，到了明代中后期，巡按的权力越来越膨胀。“这种过度膨胀的权力对地方政治也产生了严重的负面影响：一方面，干扰、妨碍了地方行政机关正常职能的发挥；另一方面，巡按御史以权谋私、贪赃枉法，影响十分恶劣，使明中后期的地方政治更加腐败和黑暗。”〔2〕

第十节　地方政府的廉政机制

与中央政府高度的君主集权相应，明代地方政府的机构设置也体现出了官员之间互相制衡，没有绝对权威的特点。最显著的例子便是省级机构的三司制：承宣布政使司、提刑按察使司和都指挥使司，分管行政、司法以及军事，三司之间相对独立，互不统摄。此外，府、州县的设置上也体现了这一点。这固然可以避

〔1〕《典故纪闻》，第339页。

〔2〕宋纯路：《明代中后期巡按御史权力的膨胀及其原因》，《牡丹江师范学院学报》2003年第5期，第40页。

免地方势力的权力过大，伤害中央政治决策在地方的贯彻力度，却也使得地方行政难以形成统一的合力，权力往往耗散在彼此的制衡中。因此，明代又实行了督抚制度对其进行补充。同时，督抚还有弹劾地方官员的权力，这对于地方官员也是一种有效的监督。

一、督抚制度

明代沿用元制，设立行省统辖各府州县。全国除南北直隶以外，共有十三个行省。每个行省都有承宣布政使司、提刑按察使司和都指挥使司，合称三司，分管每一省的行政、司法和军事。而在三司之上，则又有总督、巡抚对之进行统率，可以说总督、巡抚是地方的最高长官："其在外加都御史或副、佥都御史衔者，有总督，有提督，有巡抚，有总督兼巡抚，提督兼巡抚，及经略、总理、赞理、巡视、抚治等员。(巡抚之名，起于懿文太子巡抚陕西。永乐十九年遣尚书蹇义等二十六人巡行天下，安抚军民。以后不拘尚书、侍郎、都御史、少卿等官，事毕复命，即或停遣。初名巡抚，或名镇守，后以镇守侍郎与巡按御史不相统属，文移窒碍，定为都御史。巡抚兼军务者加提督，有总兵地方加赞理或参赞，所辖多、事重者加总督。他如整饬、抚治、巡治、总理等项，皆因事特设。其以尚书、侍郎任总督军务者，皆兼都御史，以便行事。)"〔1〕

自洪武九年（1376 年）以后，三司便成为明代地方政府的固

〔1〕《明史》，第 1767—1768 页。

设机构，而总督和巡抚的设立经历了一个从临时派遣到相对固定的过程。“总督为督理一两省军政之大员，此官号起于明初用兵时派都院官总督军务，但事讫即罢。成化五年（1469 年）为加强镇压徭汉等族农民起义，乃专设两广总督，以后便逐渐普遍设置。”〔1〕“巡抚”之名始于懿文太子巡抚陕西，此后屡屡有朝廷的大臣被派到地方行使巡抚之责，事情完毕之后回朝复命，其巡抚的职责也告结束，直到“明中后期巡抚逐渐演化成不常置地方大员”〔2〕。

明代的督抚一般有两种，一是本身为御史，再加上六部的头衔，又或者是本身在六部的官员，在任命为督抚时再加上御史的头衔。因此，其既与作为行政部门的六部有关联，也与负责监察的都察院有联系。督抚的职责主要有考察纠劾地方文武百官，整顿吏治；征解赋税及相关事权；巡抚提督军务，修饬封疆等〔3〕，可以说既囊括了三司所负责的所有事务，还包括了巡按御史的某些职能，权力颇大。而这正是其本身兼有六部、都察院官职的体现。

总督和巡抚之间亦有区别，大致说来，“明代的总督是在巡抚制度普遍推行的前提下逐渐形成的，一般因事特遣，偏重军事以及节制地方文武等。但总督的辖区比巡抚广，级别及权力比巡抚大，各地巡抚多受总督节制，少数地区亦有总督兼巡抚的”〔4〕。

需要注意的是，督抚与上面所说的巡按在职权上有一些相

---

〔1〕〔2〕 张步天：《明代地方行政区制度》，《益阳师专学报》1996 年第 3 期（下同），第 86 页。

〔3〕 参见范玉春《明代督抚的职权及其性质》，《广西师范大学学报》1989 年第 4 期（下同），第 49—54 页。

〔4〕 王德金：《浅析明代的督抚》，《河北大学学报》2001 年第 4 期，第 40 页。

似之处，但其实两者在任命方式、任期具体职责方面仍有很多不同[1]。明朝也采取了一定的措施避免二者之间产生重叠："为了避免和克服抚、按因事权交叉重叠而造成的互相推诿和越权行为，明统治者作了一系列规定，除了确立巡抚都御史正坐前班、巡按御史旁坐后班的尊卑秩序外，在职权上也有明确分工。"[2]这些规定无疑使得督抚制能够得到更为切实和合理的实行。

明代地方政府所采用的三司制的目的是权力制衡，三司各司其责，相互之间没有统属关系，这样做的好处是避免地方官的权力过大，便于中央对地方进行掌控。但其缺点也显而易见：由于没有统属关系，三司之间在权力制衡的同时，也在消耗着彼此的权力，难以形成统一的合力，尤其是在地方出现一些大事，需要各方协调，共同应对的时候，则更是如此。而督抚制，正是对三司制的一种纠偏。由于督抚的地位在地方之上，对其有统属关系，因此，地方政府的各项事务都能在其统筹下较为协调地进行。同时，督抚还有弹劾地方官员的权力，这对于地方官可能出现的腐败行为，也是一种有效的监督和纠察。

二、三司制

上面已经提到明代省一级的地方机构实行的是三司制，也就是承宣布政使司、提刑按察使司和都指挥使司，分管行政、司法以及军事，三司之间相对独立，互不统摄。三司的职责可以参见下面的记载：

---

〔1〕《明朝巡抚与巡按辨略》，163—165页。

〔2〕范玉春：《明代督抚的职权及其性质》，第54页。

布政使掌一省之政，朝廷有德泽、禁令，承流宣播，以下于有司。凡僚属满秩，廉其称职、不称职，上下其考，报抚、按以达于吏部、都察院。三年，率其府州县正官，朝觐京师，以听察典。十年，会户版以登民数、田数。宾兴贡，合省之士而提调之。宗室、官吏、师生、军伍，以时班其禄俸、廪粮。祀典神祇，谨其时祀。民鳏寡孤独者养之，孝弟贞烈者表扬之，水旱疾疫灾祲，则请于上蠲振之。凡贡赋役，视府州县土地人民丰瘠多寡，而均其数。凡有大兴革及诸政务，会都、按议，经画定而请于抚、按若总督。其国庆国哀，遣僚贰朝贺吊祭于京师。天子即位，则左布政使亲至。参政、参议分守各道，及派管粮储、屯田、清军、驿传、水利、抚民等事，并分司协管京畿。（两京不设布、按，无参政、参议、副使、佥事，故于旁近布、按分司带管，详见各道。）经历、都事，典受发文移，其详巡按、巡盐御史文书，用经历印。照磨、检校典勘理卷宗。理问典刑名。

……

按察使掌一省刑名按劾之事。纠官邪，戢奸暴，平狱讼，雪冤抑，以振扬风纪，而澄清其吏治。大者暨都、布二司会议，告抚、按，以听于部、院。凡朝觐庆吊之礼，具如布政司。副使、佥事，分道巡察，其兵备、提学、抚民、巡海、清军、驿传、水利、屯田、招练、监军，各专事置，并分员巡备京畿。

……

都司掌一方之军政，各率其卫所以隶于五府，而听于兵部。凡都司并流官，或得世官，岁抚、按察其贤否，五岁考选军政而废置之。都指挥使及同知佥事，常以一人统司事，曰掌印，一人练兵，一人屯田，曰佥书。巡捕、军器、漕运、京操、备御诸杂务，并选充之，否则曰带俸。凡备倭守备行都指挥事者，不得建牙、升公座。凡朝廷吉凶表笺，序衔布、按二司上。经历、都事，典文移。断事，理刑狱。〔1〕

承宣布政使司简称布政司，是洪武九年（1376 年）从元代的行省平章政事改变而来的〔2〕，最高长官是左、右布政使，还有左、右参政，左、右参议等官职。布政司负责一省的行政事务，要将中央布置的相关事务向所统辖的府州县传达，并让其执行。其职责主要包括考评下属地方官员，定期颁发宗室、官吏、师生、军伍等人的禄俸或是廪粮，地方的祭祀典礼，赈灾及赡养孤独等民政事务，收取赋税等。此外，派管粮储、屯田、清军、驿传、水利、抚民等事务也都在布政司的职责范围之内。〔3〕

提刑按察司简称按察司，也是从元代的肃政廉访司演变而来〔4〕，最高长官是按察使，此外还有副使、佥事等。按察司负责一省的司法事务，主要职责是纠察官员、百姓的不法之事，审理案件等。此外，也负责一些兵备、提学、抚民、巡海、清军、

〔1〕《明史》，第 1839、1840—1841、1872 页。

〔2〕“元制，内设中书省，外设行中书省，故旧时移文中多称各省。今既改行省为布政司，而移文奏章，尚有称省者。”《菽园杂记》，第 101 页。

〔3〕关于布政司的职责还可以参见朱元璋所说的一段话：“今布政司，视古之州牧，其任甚重。所以重者何？重在承流宣化，通达民情也。若上德不下究，则郁而不彰，下情不上达，则塞而不通，为政郁塞，则远近乖隔，上下不亲，得失无所闻，美恶无所见，如此则弊政百出，民不可得而治矣。朕所以用卿等，冀儒术之有异于常人也。尚宜勉之。”《典故纪闻》，第 63 页。

〔4〕“今之提刑按察司，即元之肃政廉访司，俗称按察使为廉使，按察司多匾肃政字，皆踵其旧也。”《菽园杂记》，第 101 页。

驿传、水利、屯田、招练、监军等方面的事务。

都指挥使司简称都司，其“设置较为复杂，为地方军事首脑机关”[1]，最高长官是都指挥使，还有都指挥同知、都指挥佥事等官职。其主要职责是练兵、屯田等事务，还负责巡捕、军器、漕运、京操、备御等一些杂务。

三司制的弊和利都比较明显。如前面所说，由于没有统属关系，三司之间容易出现各自为政的局面，难以形成统一的合力，在遇见一些军政大事的时候便难以为继。正因为如此，才会出现督抚制，对三司的职权进行协调和统一。除此之外，三司互不统属，彼此没有上下级的关系，也容易滋生各自内部的腐败现象，不利于吏治的澄清。就此意义而言，作为三司上级和监督的督抚同样是对于三司制的一个重要补充。

而从积极的方面来说，三司之间的权力制衡，避免了某一种地方官员的权力独大，也就消除了地方势力过于强大，以至于朝廷的命令难以向地方下达的隐患。更为重要的是，其对于防止地方官员因为绝对权力而产生的绝对腐败，也具有同样的效力。

三、府州县的官制

府、州、县都是省以下的地方行政单位。从《明史·职官志四》的相关记载中可以知道府、州、县的官员设置和职能：

> 知府掌一府之政，宣风化，平狱讼，均赋役，以教养百

〔1〕《明代地方行政区制度》，第86页。

姓。每三岁，察属吏之贤否，上下其考，以达于省，上吏部。凡朝贺、吊祭，视布政使司，直隶府得专达。凡诏赦、例令、勘札至，谨受之，下所属奉行。所属之政，皆受约束于府，剂量轻重而令之，大者白于抚、按、布、按，议允乃行。凡宾兴科贡，提调学校，修明祀典之事，咸掌之。若籍帐、军匠、驿递、马牧、盗贼、仓库、河渠、沟防、道路之事，虽有专官，皆总领而稽核之。同知、通判分掌清军、巡捕、管粮、治农、水利、屯田、牧马等事。无常职，无定员。推官理刑名，赞计典。经历、照磨、检校受发上下文移，磨勘六房宗卷。"

"知州掌一州之政。凡州二：有属州，有直隶州。属州视县，直隶州视府，而品秩则同。同知、判官，俱视其州事之繁简，以供厥职。计天下州凡二百三十有四。"

"知县掌一县之政。凡赋役，岁会实征，十年造黄册，以丁产为差。赋有金谷、布帛及诸货物之赋，役有力役、雇役、借倩不时之役，皆视天时休咎，地利丰耗，人力贫富，调剂而均节之。岁歉则请于府若省蠲减之。凡养老、祀神、贡士、读法、表善良、恤穷乏、稽保甲、严缉捕、听狱讼，皆躬亲厥职而勤慎焉。若山海泽薮之产，足以资国用者，则按籍而致贡。县丞、主簿分掌粮马、巡捕之事。典史典文移出纳。如无县丞，或无主簿，则分领丞簿职。[1]

首先是府。明初改元代的地方行政单位"路"为"府"。洪

---

〔1〕《明史》，第1849—1850页。

武六年（1373 年）将府分为三等，粮二十万石以上为上府，二十万石以下为中府，十万石以下为下府。自宣德三年（1428 年）弃交阯之后，全国共有一百五十九个府。府的最高官员是知府，此外还有同知、通判、推官、经历、知事等。知府总领一府的各项事务，包括行政、礼教、司法、赋役、教育、祭祀等，还负责属下官员的考察。而知府之下的同知、通判、推官等则是辅佐知府的官员，分管各项事务。

其次是县。县也有三等，粮十万石以下为上县，六万石以下为中县，三万石以下为下县。全国共有一千一百七十一个县。知县是县级的最高官员，其下还有县丞、主簿、典史等。对于一个县的行政、赋役、司法等事务，知县都要负责，作为佐贰官，县丞、主簿各有职司，分管一些粮马、巡捕之类的事务。

再次是州。州有两种：属州和直隶州。属州与县同级，直隶州则与府大致同级。全国共有二百三十四个州。州的最高官员是知州，其职责也根据属州、直隶州的区别，分别与知府、知县相同。

作为基层的亲民官，府州县是维系朝廷与百姓之间的纽带，其重要性不言而喻。正因为如此，从明初开始，明代的君主就对这些“亲民官”极为重视。例如，“洪武元年征天下贤才为府州县职，敕命厚赐，以励其廉耻，又敕谕之至于再”，“三十七年定府州县条例八事，颁示天下，永为遵守”，并且“天下府州县官廉能正直者，必遣行人赍敕往劳，增秩赐金”〔1〕。这一做法在仁宗、宣宗年间都延续了下来，而到了英宗、宪宗以后就很少这样做了。

这一改变事实上也意味着府州县官员在朝廷眼中重要性的下

〔1〕《明史》，第 1851 页。

降。从前面评述中也可以看出，对于一些京官如翰林、科道官等，朝廷的选择都极为审慎，一般来说，也是非进士出身者不能担任。而对于府州县官员的选择，则远没有这样严格，例如援例监生，是靠钱财得来的，其普遍的素质即便在地位远在进士之下的监生中，也是最劣的，却也可以被任用为“州县佐贰及府首领官”[1]，从中可见府州县官员的一般状况。对于其原因，也不难理解，全国的府州县加在一处，单是知府、知州、知县等首领官，便有一千五百多人，这还不算数量几倍于首领官的佐贰官，对其一一进行精选，显然有很大的难度。但即便如此，这种选择时的相对粗疏却显示了明代中后期朝廷对于府州县官员的忽视。而这种忽视也势必导致地方吏治产生严重的弊端。

明代省一级的政府采用的是三个机构互相制衡的“三司制”，而在府州县中，却缺乏这样的权力制衡，知府、知县、知州等首领官在地方拥有相对较大的权力，这便容易在这些地方官中滋生腐败。

此外，前面所说的督抚制度、三司制等也对府州县的吏治有不利的影响，总督、巡抚、布政使、按察使、都指挥使等都是府州县官员的上司，“州县的上司之多，监控之严，不仅导致州县动辄掣肘，而且导致州县馈送之弊”[2]。这也成为明代中后期地方官员腐败的一个重要原因。

第十一节　官员考课制度

有论者称，“严格说明代以前无独立的、纯粹的官员考察制

〔1〕《明史》，第1679页。
〔2〕《中国廉政制度史论》，人民出版社2007年版，第491页。

度，官员考察作为一种制度是在明代确立和完善起来的"[1]，由此足以看到明代考课制度在整个历史上的重要程度。而从明代廉政制度的角度来看，考课制度的重要性也非同一般。考课制度简单说来就是官员定期接受考察，并根据其表现决定其升黜。明代的考课又分为考满和考察两种。两种制度彼此之间有所区别，同时也相互合作，成为对于官员在任时行使职权的有效制约。

一、考察

明代对于官员的考察，可以分为两种，即京察和外察。前者是对于京官的考察，而后者考察的对象则是地方官。

首先是京察。《明史·选举志三》有曰："考察之法，京官六年，以巳、亥之岁，四品以上自陈以取上裁，五品以下分别致仕、降调、闲住为民者有差，具册奏请，谓之京察。"[2]京察原本是十年举行一次，京官六年一次的考察制度，确定于弘治十七年(1504年)[3]，到了正德四年（1509年），每到"巳、亥之岁"进行京察，才成为一种确实的制度[4]。在京察中，四品以上的官员向朝廷自陈政绩、表现等，等待朝廷的裁定。而五品以下的官员则接受吏部、都察院等机构的考察。若被考察为年老、有疾、罢软、不谨、浮躁、才力不及、贪等类的京官，会收到相应的处

〔1〕 刘志坚、刘杰:《试论明代官吏考察制度》,《西北师大学报》2001年5月，第101页。

〔2〕《明史》，第1723页。

〔3〕"京官旧例十年一考察，弘治时以南京吏部尚书林瀚言法太阔略，始定六年一考察之例。"《典故纪闻》，第292页。

〔4〕"至正德四年己巳，吏部尚书刘宇、侍郎张彩等，又请考察，时距弘治考察时止五年，盖逆瑾意也。自是巳亥两年考察，遂为定例。"《万历野获编》，第300页。

分，“其中，老、疾者，致仕；罢软、不谨者，冠带闲住；浮躁、才力不及者，降一级调外任；贪者，罢为民。”〔1〕

其次是外察。“定外官三年一朝觐，以辰、戌、丑、未岁，察典随之，谓之外察。”〔2〕外察的主要程序有：州县官员每月都进行考核，并把考评的结果上报到府里；府一级的官员将这些考核汇总，每年上报到省里的布政司。每到三年，巡抚、巡按就会将每省下属的考核，造册上报到朝廷。〔3〕这是外察的第一阶段。“第二个阶段就是在朝觐仪式结束后，吏部会同都察院根据地方上报的各官的考核材料和考语以及官吏述职的具体情况，确定应查处的官吏和应获得表彰奖励的官吏，具奏皇帝定夺。第二阶段进行考察的主要方式是‘过堂’。所谓过堂就是由吏部和都察院官吏共同组成的考核班子，对来朝官吏进行当堂考评。在考评时，先由被考评的官吏述职，然后由考官就有关事项和问题进行询问，并就地方呈报的考察档案中的有关事实、考语等与被考评官吏进行对质，最后作出考察结论，上奏皇帝决断。”〔4〕所谓的“外官三年一朝觐”也不是指所有的地方官都会每三年到京城一次，其所针对的只是地方各衙门的正官。与京察相同，在外察中，官员若被考核为年老、有疾、罢软、不谨、浮躁、才力不及、贪等，也会受到相应的处分。

从上面所说也可以看到，相对于京察来，外察不仅更为频繁，程序也更为复杂。而其中的原因也不难想见，相对于天子脚下的

---

〔1〕《明史选举志考论》，第 372 页。

〔2〕《明史》，第 1723 页。

〔3〕“州县以月计上之府，府上下其考，以岁计上之布政司。至三岁，抚、按通核其属事状，造册具报。”见《明史》，第 1723 页。

〔4〕暴鸿昌：《明代官员考察制度述论》，《学习与探索》1990 年第 5 期，第 101 页。

京官来说，对于“天高皇帝远”的地方官的监督和纠察无疑更为重要和必要，而外察制度也成为中央强化集权统治，控制地方政治的一个重要措施。

京官六年一次的京察，以及地方官六年一次的外察，也被称为“大计”〔1〕。在大计中，还有一种填写访单进行考察的制度。访单由吏部发出，但填写的官员不用署名，这种匿名访单也可以视为对于官员贤能与否的一种民意调查。〔2〕

明代的考察制度从洪武年间便开始建立，到了弘治以后，不仅越来越严密，而且越来越严格〔3〕，以至有“计处者，不复叙用，定为永制”〔4〕之说。这样严密而且严格的考察制度对于明代整肃内外官员的吏治有着异常重要的作用，但其中也仍然存在着不少弊端。有研究者便曾将明后期考察的消极影响归结为三个主要的方面：其一是考察不公；其二是兴师动众、旷日持久、费用浩大，这主要表现在朝觐考察上；其三是请托贿赂之风日益盛行。〔5〕

除此之外，明代的考察中还有虚应故事以及过于听信传言的倾向。在考察中，所罢黜淘汰的官员通常都有一定的名额，而在名额满了之后，即便还有不称职的官员，考察中也不会过于追究〔6〕，而如果不到名额的话，便会强行塞入一些称职的官员充

〔1〕“明初行之，相沿不废，谓之大计。”《明史》，第1723页。

〔2〕“今制：匿名文书，禁不得行。唯内外大计，吏部发出访单，比填注缴纳，各不著姓名。”《万历野获编》，第301页。

〔3〕“弘治以后，考察之法，始密而严。”同上书，第303页。

〔4〕《明史》，第1723页。

〔5〕参见《明史选举志考论》，第376—377页。

〔6〕“掌吏部事大学士高拱等言：数十年来，考察惩汰之数大较前后不相上下，以是袭为故常。其数既足，虽有不肖，姑置勿论。其数不足，虽无其人，强索以充。可谓谬矣。”《明实录》，第五十册，第1199页。

数。而从前面所说的用匿名访单考核官员中就可以看到明代考察过于听信传言的倾向。明人更有论曰："近时考察，每忽功能而听采访，略事而信传闻，以致贤否未辩，黜陟不明。"[1]这些弊端都不可避免地影响到明代考察制度的实行及其实际的效果。

二、考满

除了考察以外，"考满"也是明代官员考课制度中的一大组成部分。正如《明史·选举志三》所说："考满、考察，二者相辅而行。"[2]所谓考满，就是指"由吏部对任满官员单独进行的任职考核"[3]。官员以任职九年为满，通常每三年考核一次，任职三年时的考核名叫"初考"，任职六年的考核叫"再考"，而到九年之时，则称之为"通考"[4]。

考察可以分为两类，"一是定期考察，即由吏部会同有关衙门按期对内外官员分别进行的统一考核；每逢考察之期，各官无论任职长短，都要接受考察。其中，对外官进行者，称为'朝觐考察'，对京官进行者，称为'京察'"。"二是不定期对官员进行考察，主要实行于明初及万历初年，举行时间及范围皆根据需要由皇帝临时确定。"[5]由于第二类的考察实行的时间不长，因此我们通常所说的考察多指第一类，即定期对官员进行的考察。

官员进行考满，所得到的评价有三种，即"称职"、"平常"

---

〔1〕《明实录》，第四十二册，第3721页。
〔2〕《明史》，第1721页。
〔3〕〔5〕《明史选举志考论》，第365页。
〔4〕"考满之法，三年给由，曰初考，六年曰再考，九年曰通考。"《明史》，第1721页。

和“不称职”，据此分为上、中、下三等。[1]《明史·选举志三》有载：“洪武十一年命吏部课朝覲官殿最。称职而无过者为上，赐坐而宴。有过而称职者为中，宴而不坐。有过而不称职者为下，不预宴，序立于门，宴者出，然后退。此朝覲考核之始也。”[2]洪武十一年（1378年）的这一事件，不仅是“朝覲考核”这种考课方式的开端，其称职并且没有犯过失的人可以坐着享用筵席，有过失但基本称职的人能站着参加宴会，而有过错同时又不称职的人则只能在一边干站。这种大有区别的对待方式也成为后世考满时以“称职”、“平常”、“不称职”来评价官员的源头。

官员在九年考满之后，朝廷根据考核的结果，决定其职位究竟是升还是降，但也有继续担任原官的。这种依据官员的任职表现来决定其职位升降与否的制度，显然比单纯的论资排辈且官员的职位只能随着任职年头的增长上升而不能下降要合理得多。

在考满中还有一项特殊的规定，即“调繁”和“调简”。所谓调繁、调简主要针对府州县的地方官，也就是说，由于各府州县政务的繁简程度并不一样，运用统一的标准进行考满，势必难以达到公平。因此，明代对于繁、简有明确的规定：“其繁简之例，在外府以田粮十五万石以上，州以七万石以上，县以三万石以上，或亲临王府都、布政、按察三司，并有军马守御，路当驿道，边方冲要供给处，俱为事繁。府粮不及十五万石，州不及七万石，县不及三万石，及僻静处，俱为事简。在京诸司，俱从繁

〔1〕“考满，论一身所历之俸，其目有三：曰称职，曰平常，曰不称职，为上、中、下三等。”见《明史》，第1721页。

〔2〕《明史》，第1721页。

例。”[1]在府州县政务繁简不一致的时候，就会将其地方官互换，通过这样的方式使得考满尽量合乎公平、准确的原则。[2]

考满与上面所说的考察是有所区别的，主要在于两个方面："其一，考满只是对任满官员个人进行，而考察则是定期或不定期对官员群体统一进行。其二，考满的目的是以此决定任满官员的黜陟或复职；而考察的目的则是查处各种不能胜任职务的官员，带有明显的监察性质。”[3]但由于考满与考察相类，都属于明代考课制度的一种，考察所附着的优缺利弊，也不可避免地体现在了考满的身上。对此，前一部分已经谈过，此处不再赘述了。

第十二节　致仕制度

对于个体的官员来说，致仕意味着宦途的结束或是告一段落，似乎已经和现实的政治不再发生关联。而对于群体的官员来说，致仕却永远是现实政治的一部分，因为其和俸禄制度一样，不仅影响了官员的生活水准和心理状态，也显现出官员的社会地位，关乎其体面和尊严。明代的致仕制度建立得很早，但这些制度却并没有得到充分的实行；在致仕官员的待遇方面，也谈不上优厚。而发展到后来，致仕制度更成为很多官员以退为进、牟取个人利益的一种手段，而其与现实政治的关联也就越发紧密了。

---

〔1〕《明史》，第1722页。

〔2〕“郡县之繁简或不相当，则互换其官，谓之调繁、调简。”《明史》，第1721页。

〔3〕《明史选举志考论》，第365页。

一、致仕的条件和待遇

官员退休称为致仕，也称致事、告老、归老、休致、致政、乞骸骨等。

早在明初的时候，明太祖就曾下令："凡文职官年七十者，听其致仕。"[1]据此看来，似乎年纪是官员致仕与否的唯一标准，但其实情况又并非完全如此。在明代，致仕至少可以分为下面几种情形：以老致仕、因病致仕、以养亲致仕、被强令致仕以及因为官场失意，自请致仕等。[2]前两种是因为不可抗拒的自然因素，而后三种则是出于官员个人的某些客观原因。就一般情形而言，除了特别交代，这里所说的致仕都指因为老病等自然因素的正常致仕而言。

就年龄来说，虽然明初就曾规定七十岁的文官可以致仕，但这一年龄界限却并没有形成一个确定的标准，在洪武十三年（1380 年）规定官员六十岁以上就可以致仕，到了永乐九年（1411 年），致仕的年纪又被放到了七十岁，而到了弘治四年（1491 年），则规定五十五岁以上的官员可以致仕。[3]在致仕制度中，年龄的界限应该是一个基本同时又非常重要的方面，这些致仕时间上的改变意味着明代的致仕制度也处在不断的调整中。

需要说明的是，尽管有制度上的规定，但明代官员致仕的实际情形与规定并不相符，"一面是大量重臣虽过引年而仍未致仕，

〔1〕《明实录》，第四册，第 2566 页。
〔2〕参见黄秀蓉《明代致仕官员概观》，《五邑大学学报》2005 年第 2 期，第 69—70 页。
〔3〕同上书，第 69 页。

一面是不少文官年富力强而过早悬车”。这“不但说明政策形成过程中的因人、因时、因势而异，更充分显示出政策执行过程中的巨大弹性”，其对于文官致仕的制度化与法制化也是一大损害。〔1〕

在明代，致仕官员都能享受到一定的优待，以保证无论是地位还是物质条件都能延续其在任时候的水准。例如，洪武十二年（1379 年）就有规定：“凡三品以上官致仕者，止从见任品级，四品以下者，递升一等，皆以致仕诰敕给之。”〔2〕这也就是三品以上官员以原来的品秩退休，而四品以下的官员可以升一等级退休。太祖还规定，致仕的官员回到乡里之后，其地位仍在普通的平民之上，在宴席上，不许坐在平民的下面。而在礼仪方面，平民也要以官礼拜见致仕的官员，如果胆敢欺凌或是侮辱致仕官员，就会被治罪。〔3〕

上面说的是地位上的保证，还有物质条件方面的待遇。据《典故纪闻》记载：“成化十五年，太子少保户部尚书杨鼎乞致仕，特赐敕允之，仍给月米二石，岁夫四名。先是，大臣致仕未有给米拨夫例，有之自鼎始。”〔4〕从这一记载可以知道，从成化十五年（1479 年）开始，致仕的大臣每月可以享有禄米，还可以享受每年由国家拨钱雇四个人服侍的优待。除此之外，致仕的大臣时常还有其他类型的一些权利，如参预朝政、恩荫子孙、死后赐

---

〔1〕 龚小峰：《明代文官致仕问题研究》，《东南大学学报》2005 年第 6 期，第 68 页。

〔2〕《明实录》，第四册，第 2567 页。

〔3〕“太祖谕中书省臣曰：‘自今内外官致仕还乡者，复其家，终身无所与。其居乡里，惟于宗族序尊卑如家人礼，于其外祖及妻家亦序尊卑。若筵宴，则设别席，不许坐于无官者之下。如与同致仕官会，则序爵，爵同序齿。其与异姓无官者相见，下次答礼，庶民则以官礼谒见。敢有凌侮者，论如律，著为令。’”《典故纪闻》，第 60 页。

〔4〕《典故纪闻》，第 272 页。

祭葬、免除徭役、赏赐钱物等。[1]这些都保证了官员在致仕后仍然保有原来的生活水准。当然，这里所说的只是由于年龄或是疾病这些自然原因而致仕的官员，如果是因为受到处罚才致仕的官员则没有这样多的优待。[2]

二、致仕制度的利弊

致仕制度对于明朝的政治统治具有非常重要的意义。其主要体现在两个方面：其一，有利于官员队伍的自然流动，使得年纪、身体等方面自然条件更符合要求的官员处在一线岗位上，这也就保证了政治机构的工作效率；其二，官员在致仕以后仍然能够得到比较好的待遇，这也能消除在职官员的后顾之忧，减少官员在职时利用手中权力为自己聚敛财富以备后用的几率。

但明代的致仕制度仍然存在一些问题，如不是特别的制度化、规范化，容易受到皇权的干涉等。而最为关键的是，与前代相比，从整体上说，明代致仕官员的待遇仍然不高。以致仕官员的地位为例，《谷山笔麈》中说："唐时，致仕官朝参之班在本品见任之上，此意甚雅。至宋时，大臣虽隆贵显赫，其考终书衔，以有致仕为荣，故当时致仕大臣，相知为诗贺，其重如此。本朝致仕官居乡，礼体与现任同，而无朝请之文，然犹有古意也。乃迩来世俗薄恶，日趋顽敝，大臣悬车，至不见礼于小吏，而士大夫贪逐名宠，往往以致仕为讳，而有得罢去者，辄曹聚而嗐之，何论贺

〔1〕参见欧磊《明初在京文官致仕情况初探》，《天中学刊》2007年第2期，第89—91页。

〔2〕"有罪降用者，但以本等职事致仕，不给诰敕，宜如旧制从之。"见《明实录》，第四册，第2567页。

矣!”[1]在唐代，致仕官员的班次位列在职官员之上，而宋代官员也以致仕为荣，这样的场景在明代却绝少发生。相反，致仕官员在回到家乡后，竟然还会受到小吏的漠视甚至凌逼，这也就促使明代的官员视致仕为畏途，甚至于将致仕看做一件最为悲哀的事情。这也必然导致官员贪恋禄位，千方百计地推迟致仕的到来。

事实上，明代致仕官员的地位不高，与致仕不仅代表着“荣归”，也有“责退”的意思掺杂其中是分不开的。在上一部分就曾说到，由于年龄或是健康的原因，官员的退休可以叫做致仕，而在不称职而被朝廷罢免时，也可以称为“致仕”。这两种含义混杂在一处，也就减弱了致仕原本应该享有的荣耀。在隆庆六年(1572 年) 正月，吏部就曾上书：“今外官贤否必据抚按举劾，而迩来抚按诸臣往往任意重轻，自相矛盾。或论其操守之败坏，或论其性气之乖方，乃拟曰‘致仕’。既非老、疾，安得致仕乎?”[2]从这一则材料中可以知道，不仅是老、疾，“操守败坏”、“性气乖方”等官员也会被责令“致仕”，这显然是巡抚、巡按在照顾这些受罚官员的颜面，但致仕本身应有的等级却也在无形之中被降低了。

不仅是致仕会与受罚同义，在某些状况下，倘或应用得当，致仕还会成为升官的捷径。《典故纪闻》中称：“正德以来，士多务虚誉而希美官，假恬退而为捷径，或因官非要地，或因职业不举，或因事权掣肘，或因地方多故，辄假托养病致仕，甚有出位妄言弃官而去者，其意皆藉此以避祸掩过，为异日拔擢计。”[3]从

[1] 《谷山笔麈》，第 9 页。
[2] 《明实录》，第五十册，第 1559—1560 页。
[3] 《典故纪闻》，第 300 页。

这里可以看出，致仕不仅没有成为官员仕宦生涯的完美终结，反而变成了官场上一种以退为进、牟取更多好处的手段。这种变质的“致仕”在戕害着明代致仕制度的同时，也必然给明代的吏治造成严重的负面影响。

第十三节　对贪腐官员的处罚制度

对于官员的贪污腐化，明朝制定了相当完备的制度进行防范，以防止吏治的败坏。而当这些廉政措施都不能有效制止官员腐化行为的时候，对相关官员的处罚也就成为了维护廉政制度的重要一环。就此而言，处罚的时机与力度便显得尤为重要，在贪污行为进行到哪一层次才进行处罚，以及对于不同等级的腐化行为采取何种程度的处罚方式，凡此种种，都是明代对贪污官员的处罚制度中所必须涉及的问题。而明代对于官员的处罚也经历了一个变化的过程，其律例层面的规定与具体的实施也都有许多可以探讨的地方。

一、律例的制定

明代承接元代而来，而元代正是由于严重的吏治腐败才导致覆灭。有鉴于此，也可能是受到乱世需用重典思想的影响，在明初的时候，对于贪腐官员的惩处都极为酷烈，尤其是明太祖朱元璋。朱元璋不仅严格控制后宫、宦官、外戚、功臣等权力阶层对于朝廷政治的影响和干涉，还对官员的违法行为采取了异常惨烈的处罚措施，最极端的便是用所谓“人皮袋”的方法处置贪腐的官员，借此给予其他官员以警示。此外，还施用挑筋、刖足、剁指、断手、刑膑、钩肠等种种酷刑严惩犯有过失的官吏。而即便是犯有小过失的官员，往往也会受到颇为严重的处罚，如倘或军官接受公侯勋臣衣物钱财的馈赠，初犯会被充军，再犯则会被处死。正因为此，《明史》中才会说道："始，太祖惩元纵弛之后，刑用重典。"〔1〕

而明初以后，随着社会秩序趋向稳定，相应的法律制度也逐步变得规范而合理，其中最突出的便是《大明律》的制定。据《明史·刑法志》："明太祖平武昌，即议律令。吴元年冬十月命左丞相李善长为律令总裁官"，制定律令，当时定名为《律令直解》〔2〕。统一全国后，朱元璋与手下的大臣一直对律令进行斟酌和增删，并充分吸收了《唐律》以及宋元各朝律中的经验，在洪武三十年（1397 年）正式颁布了修订完整的《大明律》。

《大明律》包括吏、户、礼、兵、刑、工六律，其中尤其值得我们重视的是《吏律》，也就是有关规范官吏行为的法规。《吏律》又分《职制》与《公式》两部分，共计三十三条。《职制》是关于官吏职司的规定，《公式》是官吏应遵循的办事规程。而对于违反这些律令所应该受到的处罚，在《吏律》中也有详尽而细致的规定。

《职制》部分共分为十五条：选用军职、大臣专擅选官、文官不许封公侯、官员袭荫、滥设官吏、贡举非其人、举用有过官吏、擅离职役、官员赴任过限、无故不朝参公座、擅勾属官、官吏给由、奸党、交结近侍官员、上言大臣德政，涉及官员的铨选、任

---

〔1〕《明史·刑法志一》，第 2279 页。
〔2〕《明史》，第 2280 页。

职、管理诸多方面，其中如“奸党”等条目都为前代所没有，可以视为明代律例中的独创。

其中的每一条又都有细则，如“奸党”一条便规定凡是大臣因为进献谗言，以至于有人被杀的，会直接被斩首；如果臣子巧言替有罪的人辩解开脱罪行，也会被处以斩刑；如果是朝中的官员结党营私败坏朝政的，处以斩刑，其家人处罚为奴，财产充公。此外，还规定如果有人不畏权势，敢于告发奸党的，可以将犯人的财产赏给告发之人，并给予升官或赏银的奖励。

这些规定明显带有抑制明初功臣权贵的影子，但对于明初以后企图利用手中的权力违法乱纪、谋取私利的那些官员来说，也具有相当的威慑作用。从这些规定以及细则也可以看到，就制度的角度来说，明代对于违法官员的处罚有律例上的保障，而处罚的力度以及实际的效果不仅在于律例的制定，更在于其具体的实施。

二、处罚制度的实际执行

对于明代的律例，《明史·刑法志一》有一个总体的评价：“大抵明律视唐简核，而宽厚不如宋。”〔1〕也就是说，明代的法律没有唐代的法律那样繁复，但比宋代的法律更为严格。而实际上，在通常的操作中，明代的律例常常有一些体现宽厚、恻隐之心的地方，在对于贪腐官员的处罚上，也同样如此。

例如贪污罪，只有贪污的数额达到法律规定的界限才会被处

〔1〕《明史》，第2285页。

罚。“如监守自盗，赃至四十贯绞”[1]，也便是贪污数额到了四十贯，就会被处以绞刑。但微妙之处在于，如果贪污的数额不足，哪怕只是少一文钱，亦不会被治罪。

据史载：“初制，凡官吏人等犯枉法赃者，不分南北，俱发北方边卫充军。正统五年，行在三法司言：‘洪武定律时，钞贵物贱，所以枉法赃至百二十贯者，免绞充军。今钞贱物贵，若以物估钞至百二十贯枉法赃俱发充军，轻重失伦矣。今后文职官吏人等，受枉法赃比律该绞者，估钞八百贯之上，俱发北方边卫充军。其受赃不及前数者，视见行例发落。’从之。”[2]从中也可以看到，相对于明初时只要贪赃枉法一律充军的斩钉截铁，正统时期以八百贯作为充军与否之界限的做法无疑要松动了许多。

在明代的律例中还有“赎刑”一说：“赎刑本《虞书》，《吕刑》有大辟之赎，后世皆重言之。至宋时，尤慎赎罪，非八议者不得与。明律颇严，凡朝廷有所矜恤、限于律而不得伸者，一寓之于赎例，所以济法之太重也。又国家得时藉其入，以佐缓急。而实边、足储、振荒、宫府颁给诸大费，往往取给于赃赎二者。故赎法比历代特详。凡赎法有二，有律得收赎者，有例得纳赎者。”[3]由此可见，赎刑也就是犯罪之后，犯人可以交纳一定的钱财，用来免除处罚。国家通过这样的方式来解决财政用度上的不足。“赎刑”不始于明代，前代早已有之，也并非仅仅针对官员而言。但对于贪腐的官员来说，钱财绝不是问题，而这样的处罚方式，实际上也就是为饶有财物的他们开启了一条法外开恩的逃生

---

〔1〕《明史》，第 2285 页。
〔2〕同上书，第 2289 页。
〔3〕同上书，第 2293 页。

之路。

又如在明代常常会有大赦。而当大赦之时，那些犯有贪腐罪行的官员也会得到赦免，能够官复原职或是被授予其他官职。

此外，对于犯罪的官员，还会有一些例外的优待，如规定“功臣及五品以上官禁狱者，许令亲人入侍，徒流者并听随行，违者罪杖”[1]。这些犯罪官员的亲眷可以到牢狱中照顾他们的家人，而在官员被流放的时候，他们也可以跟从。

从根本上说，这些体现在官员处罚上的宽厚和恻隐，与明代整个法律制度中珍惜臣民性命、减轻刑罚的思路密切相关。但由于官员本身就握有一定的权力，在现实中，这些宽厚与恻隐也就可能演变为律例上的漏洞，使得对于官员的处罚往往落不到实处。而在“用法者日弛”[2]的明代中后期，随着整体法律制度执行的松懈，官员因为贪腐所受到的惩罚也就更加难以得到切实的保证。这也成为明末吏治越来越趋向腐败的一个原因。

第十四节　厂卫制度

《明史》中曾感叹道：“刑法有创之自明，不衷古制者，廷杖、东西厂、锦衣卫、镇抚司狱是已。是数者，杀人至惨，而不丽于法。踵而行之，至末造而极。举朝野命，一听之武夫、宦竖之手，良可叹也。”[3]而在这几者中，东西厂和锦衣卫又无疑是杀人最多，同时也是最为惨烈的。从根本上说，厂卫制度是“不丽

〔1〕《明史》，第2285页。
〔2〕同上书，第2286页。
〔3〕同上书，第2329页。

于法”，也就是与当时的法律截然相悖的，但在高度的君主集权之下，皇帝的支持和赞许就是至上的法律，这也就导致了厂卫制度成为明代最为酷烈的杀人利器。在这样的映衬下，其本身所具有的些许廉政方面的功能也几乎可以略而不提。

一、锦衣卫

锦衣卫虽是明代特有的机构，可类似的部门前代也曾出现过：“锦衣卫狱者，世所称诏狱也。古者狱讼掌于司寇而已。汉武帝始置诏狱二十六所，历代因革不常。五代唐明宗设侍卫亲军马步军都指挥使，乃天子自将之名。至汉有侍卫司狱，凡大事皆决焉，明锦衣卫狱近之。”而相较汉、唐的诏狱、侍卫亲军马步军都指挥使、侍卫司狱等，明代锦衣卫的名声更大，原由便在于其“幽絷惨酷，害无甚于此者”[1]。

锦衣卫原本是明代的一种军队组织，是皇帝的亲卫军，始建于朱元璋洪武十五年（1382 年），即所谓的“十五年罢府及司，置锦衣卫。所属有南北镇抚司十四所，所隶有将军、力士、校尉，掌直驾侍卫、巡察缉捕”[2]，可见其所负责的主要是侍卫皇帝以及巡察缉捕等司法方面的事情。建立之初，锦衣卫与刑部等司法机构的区别在于，普通的案件都由其他司法机构负责，而只有重大的案件，才会交由锦衣卫处理[3]。但锦衣卫在审理案件的时

〔1〕《明史》，第 2334—2335 页。

〔2〕同上书，第 2185 页。

〔3〕“洪武初，天下官民有犯者，俱命属之法司。其有重罪逮至京者，或令收系锦衣卫，审其情辞。”《典故纪闻》，第 76 页。

候，往往“以非法凌虐”，“太祖闻之，怒曰：‘讯鞫者，法司事也。凡负重罪来者，或令锦衣卫审之，欲先得其情耳，岂令其锻炼也？而乃非法如是！’命取其刑具，悉焚之，以所系囚送刑部审理”〔1〕。但明成祖即位后，又开始重用锦衣卫，并“令治锦衣亲兵，复典诏狱”〔2〕，锦衣卫也由此成为谈及明代政治时避绕不过去的一个话题。

从洪武年间设置锦衣卫的本意来分析，其最为重要的责任有两点：其一是刺探情报，主要是指内外官员以及普通百姓有无违抗朝廷的言行；其二是凌驾于其他司法部门之上，追查、审理一些大案、要案，特别是一些关乎朝廷社稷的案件。正因为如此，直接造成了锦衣卫的三个主要特点：其一是职权极大，其权力在司法部门之上，不仅能审问普通百姓，也能够拘禁、拷问朝廷的官员；其二，耳目众多，情报系统较为发达，民间的一些隐情都能很方便地刺探到；其三是审问案件好用酷刑，而这些酷刑在一般的司法机构都是不被采用的。正是因为以上的这些特点，使得锦衣卫在明朝官民的心目中成为一个令人心恐的物事，往往谈之色变。

从洪武年间朱元璋有所不满，废止其司法的职责开始，明代一直有大臣对于锦衣卫的职权过大、手段过于残酷有所非议，特别是锦衣卫可以拘禁、拷打朝廷官员这一点，更为士大夫所不满。如霍韬便说：“刑狱付三法司足矣，锦衣卫复横挠之。昔汉光武尚名节，宋太祖刑法不加衣冠，其后忠义之徒争死效节。夫士大夫有罪下刑曹，辱矣。有重罪，废之、诛之可也，乃使官校众执之，

〔1〕《典故纪闻》，第76页。

〔2〕《明史》，第2335页。

脱冠裳，就桎梏，朝列清班，暮幽犴狱，刚心壮气，销折殆尽。及覆案非罪，即冠带立朝班。武夫捍卒指目之曰：‘某，吾辱之，某，吾系执之。’小人无所忌惮，君子遂致易行。此豪杰所以兴山林之思，而变故罕仗节之士也。愿自今东厂勿与朝仪，锦衣卫勿典刑狱。士大夫罪谪废诛，勿加箠杖锁梏，以养廉耻，振人心，励士节。”〔1〕他认为锦衣卫肆意用刑罚折辱士大夫，对于官员的廉耻、天下的民心以及士人的气节都是一个沉重的打击。

事实上，不仅是职权本身，锦衣卫行使职权的手段都招来了朝野的不满。由于权力过大，并且较少受到限制，锦衣卫还常常利用手中的职权去谋取私利或是公报私怨。如据《典故纪闻》记载：“景泰时，有言锦衣卫官校缉事之弊者，云多为人复私怨，指无为有，诬致人罪，且例不许辩理。景皇曰：‘官校本以廉阴谋不轨大奸大恶，乃今其弊如此，后有送法司不引伏者，其为辩理之，如肆诬罔，俱重罪不宥。’”〔2〕类似的事件屡见于史册，而这也是锦衣卫权力过于膨胀以后的一种必然。

从维护统治的角度来看，明代的锦衣卫作为最高统治者的耳目与爪牙，掌管刺探情报与拘捕刑讯之事，有助于统治者清除异己的势力，巩固君主专制的政治格局。但从更为广阔的范围来看，锦衣卫作为一种实质上的特务组织，对于官员以及普通百姓的心理、气节以及日常行为都造成了严重的负面影响。与这些弊端比起来，其利处几乎可以忽略不计。以至于后人叹道：“（太祖）末年焚锦衣刑具，盖示永不复用。而成祖违之，卒贻子孙之患，君

---

〔1〕《明史》，第2337页。
〔2〕《典故纪闻》，第215—216页。

子惜焉。”[1]

二、东厂、西厂

在锦衣卫之外，类似的机构还有东厂和西厂。

据《明史·刑法志三》记载：“东厂之设，始于成祖。锦衣卫之狱，太祖尝用之，后已禁止，其复用亦自永乐时。厂与卫相倚，故言者并称厂卫。初，成祖起北平，刺探宫中事，多以建文帝左右为耳目。故即位后专倚宦官，立东厂于东安门北，令嬖暱者提督之，缉访谋逆妖言大奸恶等，与锦衣卫均权势，盖迁都后事也。”[2]从这段记载中可以知道，明成祖不仅重新起用了在洪武年间被禁止的锦衣卫，而且在迁都北京后又设立了东厂，以宦官作为提督，和锦衣卫配合，用来对付反对他的政治势力，以稳固其在“靖难之役”后的统治。

至于西厂，则是建立于成化年间，“至宪宗时，尚铭领东厂，又别设西厂刺事，以汪直督之，所领缇骑倍东厂”[3]。汪直被诛后，西厂也被撤销。直到正德年间，宦官刘瑾当权，又恢复了西厂。刘瑾死后，西厂亦随之取消。

东厂、西厂与锦衣卫最大的不同在于，锦衣卫是由军队系统发展起来的，其指挥使是武官，而统领东厂、西厂的则是宦官。也正由于这一原因，东厂、西厂在多数情形下更能得到皇帝的宠信和重用。而明代几次著名的“宦祸”，如汪直、刘瑾、魏忠贤等人的专权中，东厂、西厂也都成了助纣为虐的最为重要的反面

〔1〕《明史》，第2341—2342页。
〔2〕〔3〕 同上书，第2331页。

势力。

锦衣卫与东厂、西厂的关系，可以参见这段话："然厂卫未有不相结者，狱情轻重，厂能得于内。而外廷有扞格者，卫则东西两司房访缉之，北司拷问之，锻炼周内，始送法司。即东厂所获，亦必移镇抚再鞫，而后刑部得拟其罪。故厂势强，则卫附之，厂势稍弱，则卫反气凌其上。陆炳缉司礼李彬、东厂马广阴事，皆至死，以炳得内阁嵩意。及后中官愈重，阁势日轻，阁臣反比厂为之下，而卫使无不竞趋厂门，甘为役隶矣。"[1]可以看出，总的说来，厂卫之间是互相勾结，互为表里。而厂、卫之间除了勾结之外，也有利益和权势的争夺，并互有消长，但厂的势力要在锦衣卫之上，明代中后期更出现了锦衣卫甘为东厂役隶的现象。

从功能上说，东厂、西厂与锦衣卫颇为相近，也是主要缉查一些比较重要的案件，拘禁、刑讯一些要犯，但在职权上，东厂、西厂还要在锦衣卫之上，并曾出现"自京师及天下，旁午侦事，虽王府不免"[2]的势焰熏天的状况，甚至连锦衣卫也在东厂、西厂的监控之下。

而从手段看，东厂、西厂在刺探情报时可谓无孔不入。《明史》便载有一事："有四人夜饮密室，一人酒酣，谩骂魏忠贤，其三人噤不敢出声。骂未讫，番人摄四人至忠贤所，即磔骂者，而劳三人金。三人者魄丧不敢动。"[3]连喝酒时的偶一骂座，也会落入东厂鹰犬的耳中，其侦测情报的能力可想而知。除此之外，在刑讯时，东厂、西厂所采用的刑罚也以酷烈著称，可谓无所不用

〔1〕《明史》，第2339页。
〔2〕同上书，第2331页。
〔3〕同上书，第2333—2334页。

其极，从“至忠贤益为大枷，又设断脊、堕指、刺心之刑”[1]等记载中都可看到这一点。而这也成为其在明代一直招致朝野上下诸多非议的重要原因。

与锦衣卫相同，由于东厂、西厂权势极大，其不可避免地会产生一系列腐败现象，如借缉查案件之名敲诈勒索，或是借公家之势力报个人之怨仇等，这些也都进一步败坏了东厂、西厂的声誉。

正由于以上原因，虽然明代统治者设置厂卫的本意是为了清除异己，巩固其自身的统治，但其实际的效果却截然相反；而在后世对明代历史的反思中，厂卫更是担负了明代灭亡的主要罪责。

---

〔1〕《明史》，第2339页。

参考文献：

《明实录》，台湾“中央研究院”历史研究所 1962 年版。

《明史》，中华书局 1974 年版。

徐学聚：《国朝典汇》，北京大学出版社 1993 年版。

王世贞：《弇山堂别集》，中华书局 1985 年版。

王圻：《续文献通考》，文海出版社 1979 年版。

邓士龙辑：《国朝典故》，北京大学出版社 1993 年版。

沈德符：《万历野获编》，中华书局 1959 年版。

余继登：《典故纪闻》，中华书局 1981 年版。

焦竑：《玉堂丛语》，中华书局 1985 年版。

何良俊：《四友斋丛说》，中华书局 1959 年版。

李清：《三垣笔记》，中华书局 1982 年版。

于慎行：《谷山笔麈》，中华书局 1987 年版。

陈洪谟：《治世余闻》，中华书局 1985 年版。

陆容：《菽园杂记》，中华书局 1985 年版。

叶盛：《水东日记》，中华书局 1980 年版。

张瀚：《松窗梦语》，中华书局 1985 年版。

顾炎武著，黄汝成集释：《日知录集释》，上海古籍出版社 2006 年版。

赵翼：《陔馀丛考》，河北人民出版社 1990 年版。

梁章钜：《制义丛话·试律丛话》，上海书店 2001 年版。

许树安：《古代选举及科举制度概述》，天津人民出版社 1985 年版。

商衍鎏：《清代科举考试述录及有关著作》，百花文艺出版社 2004 年版。

郭培贵：《明史选举志考论》，中华书局 2006 年版。

郭培贵：《明史选举志笺正》，内蒙古大学出版社 1997 年版。

钱茂伟：《国家、科举与社会——以明代为中心的考察》，北京图书馆出版社 2004 年版。

何怀宏：《选举社会及其终结——秦汉至晚清历史的一种社会学阐释》，

三联书店 1998 年版。

潘星辉：《明代文官铨选制度研究》，北京大学出版社 2005 年版。

本章执笔：叶楚炎

第十一章　清代廉政制度

从官员和公共政治权力关系的角度看，廉政制度分为三个部分：保证官员获得政治权力公正性的事前防范监督制度，保证官员行使政治权力公正性的事中考核管理和监督制度，不正当行使政治权力之后的事后惩戒制度。

廉政制度建设首要的课题就是保证官员选任过程中的公正性。清代官员选任环节的廉政制度可以分为确保选官公正性的制度、确保任官公正性的制度，以及被选任官员出现问题之后对相关荐举者的责任追究制度等三个方面。清代官员选任中的廉政制度在防止选任腐败方面确实有科举制、回避制等若干好的制度，但是在清代泛滥的捐纳政治的冲击下，其正面作用被削弱很多。

清朝在借鉴明代相关制度的基础上，对官员实行京察、大计、军政考察结合起来的文武官员考课制度。清代的官员考课定期举行，是清代对官员队伍进行新陈代谢、激浊扬清、惩恶劝善的基本制度。这一制度可以裁汰庸劣，惩治腐败，激劝群僚，选拔人才，实现执政队伍的系统更新。但是，清代考核制度的公正性和有效性，最终的保障来自于皇权对考核结果的审核。如果中央皇权强大且审核力度大，则制度落实情况就比较好，反之，则制度就会成为具文。清代的考核制度尽管集前代制度之大成，但是由于皇权专制本身难以克服的难题，考核制度也只能在一定程度上发挥作用，制度的漏洞和死角非常明显。

清代实行从明代继承而来的低俸禄制度。由于低俸制不足以养廉，清代在正俸之外又创建了养廉银等增加俸禄的制度，以期通过高薪来养廉。以养廉银制度为代表的清代俸禄制度，是清代少有的制度创新之一，有积极的廉政价值，也有明显的制度缺陷。耗羡归公和养廉银制度减轻了人民负担，部分地澄清了吏治，其积极意义值得肯定。但这两种制度本身存在内在的问题，而且高薪养廉只有和其他廉政制度协调联动，共同发挥作用，才能达到理想的廉政效果。清代在其他廉政制度方面的创建和执行方面力度不够，影响了其高薪养廉制度的实施效果。

清代在中央实行以都察院为主的监察制度，在地方监察方面，是十五道监察御史—督抚—按察使—巡道构成的四级地方监察网络。与中央监察制度的完备和相对有效相比，清代的地方监察制度存在重大的缺陷：康熙以后巡按制度基本废弃，地方监察只剩下两种形式：都察院监察御史分道监察地方官，地方官上级监察下级。这两种监察制度有明显的问题。出于自身利益考虑，都察院监察御史分道监察地方官缺乏力度，督抚臬道集行政权和监察权于一身，行政权力干预监察工作，导致对各级地方官员的监察无法得到保证。拥有重权的督抚是首要监察对象，但却主导地方监察，且没有巡按制度的制约。这样的制度设计在根本上存在重大缺陷。尽管清代的监察制度相对完备和严密，但其自上而下的单向性行政监察难以应对制度异化的反作用。

密折制度是清代帝王在继承前代帝王统治之术的基础上创建的一种文书制度。在密折制度下，由皇帝规定部分被信任的官员本人亲自在密折中撰写皇帝关心的任何信息和观点，秘密直接送达皇帝本人拆阅并用朱笔批示，任何人不得拆看。这种文书制度特殊的功能又使它成为一种监察、信访、君臣沟通制度。

密折最初的功能主要表现为臣子告密和皇帝政治控制，后来不限于告密。密折中的内容主要是重大决策、吏治、民情、用人大计等治国安邦的重要事务，也包括皇帝不愿让臣属们公开了解的其他机密事务。密折制度的告密颇具廉政价值，且在了解舆情、掌控官员、笼络人心等方面效用明显。密折制度将中国封建监察制度中“以下制上，以卑制尊，职卑权重，无所不纠”的监察原则运用到中央各个部门和地方的中高级官员中，乃至被视为亲信的小官中，以无形的密折上奏行为编织了一张锐利的监察网络。密折制度是一种比较有效的权力分配制衡机制、监察机制和举报机制，监察成本小，监察效果较好，将官吏群体整体置于被检举揭发的压力环境中，最高统治者可以依据密折信息有效地震慑和打击贪官。但是，鼓励告密的密折制度导致了奴才人格，损害道德文化，伴生了诬陷等不良后果。由于存在明显的内在缺陷，密折制度只能在特定的历史条件下发挥一定的作用，而不能长期发挥效用。

清代沿用明代的监审合一制度。常规的审计制度主要包括监察官员兼职负责的审计、地方行政官员的逐级审计等制度。在中央负责国家审计的是都察院下的科道官，负责稽察六部百司之重大财政收支，进行审核奏销。在地方，清代下至知府、道员，上至督抚，自下而上逐级进行钱粮奏销盘查。清代常规审计制度的特点是审计和行政关系紧密，审计的独立性较差，审计效果无法保证。在常规的审计制度之外，清代在雍正时期还短暂地实行过一段特殊的会考府审计制度。会考府存续三年时间，是一个拥有独立机构设置和人员编制的，不隶属于其他中央部门的独立审计机构。其职责是审计中央部门的钱粮支出、地方各省的军需支出项目等财政支出工作。会考府依照皇帝授权，通过对钱粮奏销事项的相关事实和档案进行审查，纠正错弊，具实参劾，对财政进行审计监督。会考府审计制度类似于近代审计制度，具有积极的借鉴价值。

清代廉政法律制度主要体现在《大清律例》、《大清会典》以及类似于《吏部则例》的诸多专门的官吏管理惩治条例等法律制度文本中。清代各项制度都相当精细复杂，甚至烦琐。清代的法律条文有很多附加例文，以例治国是清代法律制度的特点。例，一方面以其灵活具体的优势弥补了稳定抽象的律文的不足，可以解决律文定型之后所面对的新的执法难题。另一方面，由于法律条例过于繁杂细密，导致文官不得不依靠胥吏行政断案，进而导致了清代突出的胥吏腐败弊端。而且，《大清律例》的某些律文和附例对一种犯罪行为的不同法律解释，导致了法律权威性的丧失和执法的难题。清代主要的廉政法律制度主要有针对贪污、受贿行贿、挪用公款公物、吏治腐败等内容的惩罚制度。清代的廉政法律制度在惩治腐败方面量刑较重，且有严密而又严厉的追赃制度。清代对腐败的惩治等级有别，同罪异罚。权力干预法律、赎免制度、附例对严厉律文的修正等因素，导致清代惩治腐败法律制度的震慑功效在中后期衰减严重。

总体而言，清代的廉政制度继承了之前历代封建王朝廉政制度的内容，相对完备严密，在清代前期的廉政建设中发挥了积极的作用。但是，清代廉政制度本身存在一些重大的制度漏洞，且在清代中后期的实际施政中并没有完全贯彻落实，制度设计本身和制度执行两方面的问题导致了清代中后期严重的腐败。尽管清代的腐败政治是我们的反面教材，然而清代廉政制度积极的经验、制度的缺失以及制度在执行中所遇到的问题，都具有一定的借鉴意义。

第一节　官员选任中的廉政制度

腐败，简单地讲，就是在官员行使公共政治权力的过程中，利用所拥有的政治权力为自己谋私利的行为。权力是腐败的前提，所以廉政制度建设首要的课题就是保证官员选任过程中的公正性。清代多位帝王都曾经强调，为政贵在得人。“得人”所强调的就是选任贤能之人进入官员队伍。而实际上，官员选任上的腐败是所有腐败的根源，所以这一环节的廉政制度建设至关重要。官员选任环节的廉政制度可以分为确保选官公正性的制度、确保任官公正性的制度，以及被选任官员出现问题之后对相关荐举者的责任追究制度等三个方面。

一、清代官员选拔中的廉政制度

清代官员之选拔有正途、异途的区别。官员入仕经由科甲出身者为正途，其余如以捐纳、吏员入仕，皆为异途。重视科举、重视正途，是清代官员选拔制度的显著特点。异途经保举也可视同为正途，但不得任为科道官。而且，翰林院、詹事府及吏部、礼部等重要部门或者需要较高道德知识修养才能胜任的部门，只有正途中的科甲出身者才能被选用。由异途出身的汉人不经保举、汉军旗人未经考试，不授京官及正印官。但是这些规定中，多数只是针对汉人，旗员则可以突破限制。制度的不严格在清代比比皆是，官员选任也不例外。在清代后期，原有的制度几乎都被突破了，不但捐纳者可捐免保举，而且可以捐纳实官。清末惊人的卖官鬻爵，大大削弱了清代选官制度的权威性及其廉政价值。

在清代的选官制度中，科举制是最重要的制度。科举制，即通过考试选拔官员的制度，创始于隋，完善于唐，兴盛于宋，衰落于明清，它相对于隋唐之前不重才学而重家世和德望的举荐制是一个很大的进步，对于维护封建政体的稳定和推动封建社会的发展起到了重要作用。科举制选官的关键在于防止科举舞弊，保证科举考试的公正性。在这方面，本书前面有关明代科举制的论述已经非常详细，鉴于清代在保证科举制的公正性方面并无突出的制度性创新，这里不再论述。

在清代的官员选拔制度中，比较具有廉政意义的制度是地方大员、中央各部门和吏部在官员选拔和任用上的权力制衡制度。清代官员任用的方法有七八种之多：特旨授、开列、奏荐、题调、拣授、推授、考授、选授等。因为官员任用的方法不同，决定了任用官员的权限属于不同的部门或人员。第一，特简，又称旨授，指皇帝不受规定的限制而任用官员。各个官职出缺，不需要其他程序，皇帝下特旨，官员直接补缺任职。第二，吏部开列，指京官中的大学士、部院寺监堂官等的官缺，外官中的总督、巡抚、布政使、按察使、学政以及部分重要的道员、知府官缺，如出缺则由吏部开列应升、应补名单，由皇帝裁定任用。第三，题调，即中央和地方衙门中，部分官缺由本部院堂官（部级领导）或者督抚（省级领导）在本衙门或省内拣选人员，题咨吏部审查复核之后自行引见补授。题调又分为两种，其中题是督抚待有空缺时，选择应升人员题明补缺，所以称之为题升；调是督抚对辖区人地不宜的官员，在对品官员内拣选，奏明后进行调整，所以称之为调补。尽管题调是督抚的任官权限，但须奏明皇帝，受吏部监督。若吏部判定题调违反相关制度，能否题调要由皇帝裁定。第四，奏荐。奏荐是指京衙中某些技术性较强的机构，如国子监、钦天监等出缺时，由出缺的衙门或吏部选拔人员，奏请皇帝任用补缺。第五，选授，即吏部铨选补授。所有文官缺，除了特旨授、开列、题授、拣授、推授、考授以外，都属于选授。[1]属于吏部铨选范围的，是京官郎中以下、外官道府以下的官员。吏部根据上述官职每月出缺的数目，从应升、应补和候补人员中确定候选人员，按月抽签决定补缺人员所出任的官职。在以上这些官员的选拔任命方式中，除了特旨授和开列是由皇帝直接决策行使任命权之外，其他的任官方式都需要出缺之部门主管官员和吏部共同出具意见。在这种情况下，清代的官员选任制度设计了一种主管官员和吏部互相制约的制度：出缺部门的部院堂官或者地方督抚有部分权力任官，却需要听取吏部的意见；吏部有权予以驳回，却需要尊重出缺部门的意见。这样一种制度体现了分权的原则。众所周知，权力集中是腐败之源，吏部分了主管官员的官员任命权，则削弱

〔1〕“清代官员任用方法”资料参见艾永明著《清朝文官制度》，商务印书馆2003年版（下同），第77—81页。

了主管官员利用任命权进行权钱交易的市场能力，降低了腐败发生的可能性。

二、任官环节的廉政制度

任官环节的廉政制度主要表现为回避制度、轮换调任制度等。

清朝的任官回避制度非常细致复杂，主要有地区回避、亲属回避、师生回避、特殊事务回避等，下面仅作简单介绍。

（一）地区回避

地区回避是指官员的籍贯与就任地区不得相同或接邻。地区回避由于官职的不同又分为京官、地方官和事务官等三种情况。

京官的地区回避是指京官中以地区为标准设置官缺管理事务的官职不应当由相关籍贯的官员担任。在京官所负责的中央机构中，户部是清朝管理全国户籍、赋税及财政的机构，下设按地区分类的十四个清吏司，各掌其分省赋税及其他财经事务。刑部是受理全国刑事案件，主管刑罚及监狱等政务的机构，下设按地区分类的十七个清吏司。都察院作为监察机构，其十五道监察御史也是按省划分，分省监察。户部、刑部和都察院等三个衙门均以省名设司、设道，并各按所称省名辖理或监督所在省份的钱粮、刑名和监察等事务。因此，出任户、刑二部司官和各道监察御史的官员的籍贯，不得与所管省份相同。例如，山西籍人不得充任户、刑二部山西司和都察院山西道监察御史等。另外，因为清代顺天府属于特殊行政区划，主要包括京师近郊地区，具有拱卫京师的功能，所以康熙四十年（1701 年）清政府规定：顺天府人不得充任掌京城捕盗治安的五城兵马司正副指挥等官。京官的地区回避，主要是为防止京官利用职权勾结本籍地方官员徇私舞弊。

地方官的地区回避，主要是指官员在任职时应当回避籍贯所在地，以五百里为制。具体规定为：自督抚至州县官（甚至佐杂幕僚），本省人不得在本省任职；即使不是本省人，但因籍贯（原籍、寄籍、祖籍、商籍）所在地与任地相距在五百里以内，也需要照例回避。外官的地区回避，主要为了防止地方官利用本地关系在经济上贪赃枉法，在政治上独立坐大，形成地方保护主义，导致中央集权削弱，政令不畅。当然，这一规定是大的原则，鉴于中国地方政治地理的复杂性，清代在具体的施政中常会根据具体情况作出局部调整。如寄籍回避，所指的是长期离开原籍迁居他省的官员，应当回避所迁居的地区。关于这一点，清代前期只是笼统地规定要回避原籍和寄籍。到了光绪时，寄籍回避才更加严格，规定凡现任官员，在其任所属民中，如有五服以内亲族寄籍且聚居成村落规模，即需回避。再如雍正以前，地方官回避只限于省、道、府、州、县、厅的正印官，佐贰杂职不在其内。雍正十三年（1735 年）开始才变得更加严格，规定佐贰杂职驻扎地方在原籍五百里以内者也需要回避。再如，对满洲八旗官员的地区回避规定一直不严格，直到乾隆十五年（1750 年），才把五百里以内回避的限制扩大到满洲旗人。总体来看，清代关于地方官回避制度经历了一个逐步完善的过程，而这种完善往往是应政治实践发展变革的需要而做出的。

除了京官和地方官，清代还有专门的事务官员如河官、粮官、盐官等，这些官员也在地方工作，但是其工作范围往往涉及多个地区，如果像一般地方官一样严格执行回避制度，则会妨碍其本职工作，因此其回避制度比地方官要宽松一些。在清前期，事务官员的回避制度不太严格。考虑到河工与地方事务联系不多，且减少调动可以熟悉本职工作，乾隆三十二年（1767 年）规定河工同知以下只回避原籍三百里以内。但是，随着清代中期以后腐败风气愈演愈烈，河官的回避制度愈来愈严。乾隆五十五年（1790 年）规定：河工人员本籍、寄籍、祖籍“均一体令其回避”。而且，现任河工人员由以前三百里以内回避改为与地方官一样五百里以内回避。至于盐官，之前并不回避本省，到了乾隆五十二年（1787 年）也规定盐务各员铨选分发要回避本省，因为盐务官员直接关系民生，易于产生腐败弊端。〔1〕

（二）亲属回避

亲属回避是指有直接血缘关系和姻亲关系的官员，避免在同一部门，或有上下级关系、利益关系的部门，或存在监察关系的单位担任职务。回避的总原则是：后辈、官小的、后任的回避前辈、官大的、前任的。同辈由官小的回避官大的，若系同一品级，则由后任回避先任。不同的辈分，除京官出任部院堂官，由官小者回避外，若系相同官衔，则由辈分小的回避辈分大的。这里所谓的姻亲关系指的是有外姻亲戚关系者，如母之父与兄弟，妻之父及兄弟，本人之女婿、嫡甥等。在清代，姻亲关系回避制度的出台晚于血缘亲属回避制度，在乾隆时期才形成定制，其回避制度的执行也不像血缘亲属严格。在姻亲关系回避中，对于母兄弟之子，姨母之子这类关系较远的官员，有的可以不回避。

〔1〕 光绪朝《大清会典事例》卷四七“汉员铨选”。

但是，亲属回避的严格与宽松又不仅仅由亲属关系远近决定，一旦涉及重大利益（如钱粮、监察等）的官职，则亲属不论远近，一律回避。比如，康熙十年（1671 年）规定，“外官有关系刑名钱谷、考核纠参者，不分远近，系族中均令官小者回避”[1]。出于类似的反腐败考虑，户部十四司、刑部十七司的相关司官，司官之宗族，必须回避；盐商人员不准选户部司员，亲属中务盐商者，官员也必须回避户部，因为盐课是国家赋税的重要来源，而户部总司各省盐务，属于重大利益相关的官职，所以要从严回避。其他重要部门如军机处、都察院，都有该部门特殊的回避制度。清《钦定台规》中明确规定，二品以上京官和外任督抚以上官员，其子弟不得选任科道官。现任总督、巡抚子弟不准考选科道官，如父兄已补授或升任督抚，其子弟现任科道官员，本人应向都察院呈文，转奏皇帝，予以回避。军机处为处理机要政务重地，嘉庆年间规定，文职京官三品以上，外官布、按以上，武职京官副都统以上，外官总兵以上，其亲子弟不得任军机章京。清亲属回避制度细密而严格，从中央到地方，各个部门、各级官员，都因具体情况不同而制定了有特色的回避制度。但是，由于亲属回避非常复杂，如果真正严格执行，难免影响施政效率，所以道光以后，清代在远亲回避方面就不太讲究了。

（三）师生回避

师生回避指授业师生和乡试、会试中的座主和门生之间，在授官时应有所回避。因为中国传统士人十分重视师生情谊，

---

〔1〕 光绪朝《大清会典事例》卷四七，第7页。

所以一旦国家疏于防范，很容易滋生师生同年朋党，导致乱政，不但会产生经济腐败，还会产生政治动荡。关于师生回避的范围，雍正七年（1729 年）明确规定：凡乡会试，“若取中之人为督抚司道，而考官适在下属，应令官小者回避；如考官外任督抚，其属官内有系伊取中者，咨部存案，遇举劾时，于本内声明。考官外任司道，其属官内有系伊取中者，申报督抚存案，如有举劾，于督抚本内亦将该员与司道谊系师生之处，一并声明，以凭查核”〔1〕。另外，在府州以下官员中有师生关系的人员，也一律令官小者回避。〔2〕

（四）特殊事务回避

特殊事务回避是指在涉及利益相关者的事务时，相关官员应当临时性回避，比如拣选回避。官员任用中非常重要的一个程序是拣选，拣选时，由皇帝派高官作为钦派大臣负责拣选赴挑人员。对拣选者和被挑选者有回避制度规定：“钦派大臣内有与应行挑选之员系属祖孙父子、胞伯叔兄弟、外姻亲属中母之父及兄弟，妻之父及兄弟之女婿、嫡甥，俱令赴挑人员于临时呈明回避，将该员扣除不准拣选。”〔3〕另外，嘉庆时规定，凡与拣选人员和钦派大臣有宗亲或姻亲关系的，一般照京员回避之例，令官小者回避。再如，在涉及地方利益的议政事务中，作为利益攸关人员的户部、刑部的堂官（尚书和侍郎）也应当回避。虽然户部和刑部的司官

〔1〕光绪朝《大清会典事例》卷四七，第 2 页。

〔2〕“回避制度”资料参见王春瑜主编《中国反贪史》下卷，四川人民出版社 2007 年版，第 1162—1175 页；另见丁光洋著《试论清代官员地区回避制度》，《喀什师范学院学报》，2003 年 3 月。

〔3〕清代《吏部则例》第八卷。

已经按照地区执行了回避制度，但是作为部门长官的尚书和侍郎必须经手各项事务，如遇到利益相关的政事（籍贯所在地的政务）则也应当回避。比如康熙五十六年（1717 年）二月，康熙在和户部尚书赵申乔商议江南蠲粮事务时，就命令作为江南人的赵申乔回避。还有，刑部官员处理刑案时，所涉及人员有亲属、师生关系，或素有仇怨，也须回避。

除了严格的回避制度，清代的轮换调任制度也具有明显的廉政价值。清朝官员调动非常频繁，中央和地方官的互换，中央各个部门之间官员的调动，地方官之间的调动，尤其是高级官员的调任非常多。官员经常性调任，可以防止官员个人在本部门或者本地形成私人势力，和上下左右结成外部监察力量难以介入的关系网。调任制度可以打破围绕核心官员组成的所谓“针插不进，水泼不进”的腐败共同体，因此，调任制度实际上也是一种非常有效的廉政制度。

三、荐举责任追究制度

清代的官员选任制度虽然以科举制为主，但是荐举在实际的政治实践中仍然占据了很重要的地位。总体来看，清代官员最初的入仕以科举正途为主，能够保证相对的公正性；但是在入仕之后的升迁中，荐举就发挥着非常重要的作用。

清代官员的升迁提拔，一个重要的依据是京察和大计的等级和评价。比如，京察一等和大计卓异作为最高的考核等级，获此考核等级的官员将很快获得提拔任用。因此，京察一等和大计卓异称为“举”，名为考核制度，却具有选任制度的效果和作用。在清代实际的政治运作中，经常有滥举行为发生。所谓滥举，即具有考核评价权力的上级官员在权钱交易或者其他权力交易之后，将不够格的官员举为一等或卓异。为了防止这种腐败现象，清代规定荐举的上级官员需要承担严格的连带法律责任。如果荐举不实或者被荐举者在日后出问题，荐举官员都会遭到严厉的惩罚："（荐举卓异）如有徇情捏报查处，将荐举督抚降三级调用，申报之司、道、府、州、县等官降二级调用；由督抚自行注考者，司道以下免议。"〔1〕"保送一等官简放外任后犯有贪劣实迹者，将原保举之堂官降二级留任，自能揭参者免议。"〔2〕这样严格的荐举责任追究制度，即使在今天看来，仍然是非常有价值的。

四、清代官员选任中的廉政制度评价

在所有的腐败中，吏治腐败是最大的腐败，而吏治腐败中，首当其冲的就是官员选任中的腐败。选任腐败产生于选任制度为权力交易留下的漏洞。这种漏洞主要表现为选拔任用权集中于少数或者唯一的上级官员手中，且监督乏力。因为选任权力集中，所以众多求官者或渴望升官者就会积极地与掌控权力的官员展开各种交易，以换取官职。而通过这种途径获得官职之后，官员更会如法炮制，且变本加厉，积极地利用获得的权力在针对下级的选任中为自己谋私利，最终造成整个官员队伍的溃烂。

清代官员选任中的廉政制度在防止这种选任腐败方面确实有若干好的制度。科举制将选拔权和任用权适当地分离开来，且严

〔1〕《钦定六部处分则例》卷六。

〔2〕同上书，卷五。《清代的荐举责任追究制度》，参见《清朝文官制度》，第231页。

格的舞弊防范制度也在一定程度上保证了科举选拔人才的公正性。清代出身贫贱的名臣、能臣众多，为维护清王朝的长治久安发挥了重要作用，科举制在其中可谓建功不小。今人对清代科举制的八股僵化多有批判，可反过来看，正因为八股文科举考试的评判标准固定明确，在一定程度上增加了官员选拔的公正性，这一点是不能全部否定的。回避和调任制度在防范任官环节的弊端方面也确有效果。有清一代，尤其是在清前期和中期这些制度执行得较好的情况下，始终没有出现大的乱政，和这些制度是有关系的。在荐举责任追究制度方面，清代也作出了一定的探索，虽然和今日中国的选人用人失误追究制度不可同日而语，但是其借鉴价值是明显的。

但是，清代廉政制度的局限也是非常明显的。首先，和历代封建专制王朝一样，清代的君主专制制度是吏治腐败之源。而且，清代的君主专制达到了历代王朝所不及的高峰，所以其专制的负面效应也就更加明显。清王朝没有宰相制度，封驳制度也名存实亡，所以清代没有任何力量可以制约或者削弱皇帝的权力，帝王意志凌驾于一切法律和机构之上，不对任何机构与法律负责。相反，一切的制度都源自于皇帝。在这种情况下，不仅是官员选任中的廉政制度，所有有关廉政的制度的执行落实效果，都有赖于皇帝的意志和喜好。比如，在雍正时期，相关反腐制度落实情况就比较好，乾隆时期则比较差，因为乾隆好大喜功、性喜奢华，且纵容贪官。在绝对皇权专制之下，同样的制度只要皇帝下旨，便可作为特例另行处理。即使是任官地区回避籍贯五百里这样的核心制度，皇帝都可以下特旨破例，有所谓的“凡奉特旨补授人员，不行回避”的制度补充规定。

其次，清代选任制度中的廉政制度本身也存在一些问题：由于它集历代制度之大成，所以失之于烦琐和严格，给实际的施政增加了行政成本，而这些行政成本必定会转嫁到百姓身上，最终导致基层官员对百姓多有盘剥。

更重要的是，即使选任制度中有种种促进廉政建设的制度设计，但是在清代泛滥的捐纳政治的冲击下，其正面作用被削弱了许多。捐纳制度是清代吏治中无法根除的毒瘤。它始于顺治六年（1649 年），当时只是规定富家子弟向朝廷捐纳一定的钱粮便可送监读书，具有参加乡试、会试的资格。但是，最初的捐纳监生很快发展到后来的捐纳实官。虽然历代清帝都有意根除捐纳弊政，但是在国家人口激增、财政收入每况愈下且遭遇来自外部的国家危机的清中后期，这一弊政不但始终没有被清除，而且变本加厉，在清后期甚至发展到骇人听闻的明码标价卖官鬻爵的地步，使清政府越陷越深，最终成为一个腐败政府。

第二节　官员考核管理制度

清承明制，官员的考核管理制度也不例外。清代的官员考核管理制度称为考绩制度、考课制度，建立在学习明朝考绩制度的基础上。明代的考绩制度分为考满和考察两种形式：考满以历俸（“一身所历之俸”）为主要依据，三年一考，六年再考，九年考满。考察则以八法（贪，酷，疲，不谨，年老，有疾，浮躁，才力不及）为依据，京官六年一次，外官三年一次。皇太极建立大清之后、清军入关之前的天聪和崇德年间，清王朝的考绩制度比较粗糙，采取了类似明朝考满的形式。从入关以后的顺治朝开始，清朝在借鉴明制的基础上，对官员考核奖惩制度进行了数十年的修订和探索，先后实行过考满、京察、大计、军政考察等制度，以寻找适合清王朝的制度。到雍正年间，清代最终确定了京察、大计、军政考察结合起来的文武官员考课制度。

一、考满制度

考满的原义是任满考察，以考察的结果作为升迁奖罚的标准。明代的考满制度为，官员以任职九年为满，通常每三年考核一次，任职三年时的考核叫“初考”，任职六年的考核叫“再考”，而到九年之时，则称之为“通考”。清朝在皇太极时期逐渐有了类似明代考满制度的初步规定。其制大概为：“各部官员三年考满，头等、二等者酌量给与世职，三等者纪录，不称职者晓谕众悉，革黜。”〔1〕顺治时期，官员任满考核的制度仍然存在。考满的范围囊括了京官和外官；考满的时间段为“俸满三年”，相当于担任本职工作三年。考满作为清代考课制度的一种，和所有考课制度一样，考察的目的是通过奖罚官员激浊扬清。顺治时期的考满结果有称职、平常、不称职三等。对于考满不称职的官员，则不论其品级，一概革职。对考满称职的官员给予相应的奖励：赐羊酒、给诰命、赐表里、荫子读书、加官衔等。

康熙初年一度废除了京察、大计、军政考察，只行考满制度。当时的考满制度发展得已经相当成熟完备：

第一，明确规定考满的操作程序和考满历俸的计算方法。

---

〔1〕 康熙八年编《八部考成见行则例·五等考满例》，转引自北京大学2006年博士论文，常越男著《清代考课制度研究》（下同）。

康熙元年（1662年），吏部、都察院提出详细的考满程序：

“三年考满，满汉三品衙门堂官以上及在外督抚，俱各自陈……各官在京者，各部院堂官注考语，在外者，各督抚注考语，仍咨送部院覆核。如注考语官员徇情不公及明知属员俸满不考或地方盗案钱粮未清、冒称考满及各官历俸已满规避不考者，在内部院、在外督抚及本官一并治罪。”[1]

同时规定，官员考满，除了京官中的钦天监、太常寺、太医院的官员等以九年考满为定制以外，“内外大小官员历俸三年考满，视其称职与否，即可分别去留，以示劝惩”[2]。按照这样的规定，当时的考满多数官员是三年一考，具体的执行者是在京的部院长官和在外的督抚。

第二，将考满等级由三级细化为五级，并明确了奖惩办法。

将清初继承明代考满制度划分的三等考满评价进一步细分为五等：“应立五等考语，一等称职者加一级，二等称职者纪录一次，后缘事降级，准其抵销；办事平常者，仍留原任；办事不及者，降一级调用；不称职者，革职。以后升转，照考语次叙，一等者先用。”[3]与这样细化的五等考满结果相应，同时规定了各等官员的奖赏标准：“以后考满，一等称职者，著纪录一次，后有缘事降级，准其抵销。二等称职者，应加赏赉。作何给赏，尔等酌议具奏，馀仍照前例行。”[4]事实上，当时的考满制度尚处于不断完善之中，所以对奖惩的规定也是不断调整的。考满一、二等的

〔1〕《清实录·圣祖仁皇帝实录》卷六，康熙元年七月中华书局1986年版（下同）。

〔2〕同上书，康熙元年六月。

〔3〕《清实录·圣祖仁皇帝实录》卷六，康熙元年七月。

〔4〕同上书，卷七，康熙元年九月。

官员可以获得的奖励有赏赐、加级、升迁等；办事不及者和不称职者要受到降一级调用或革职的惩罚。[1]

康熙初年的考满制度虽然已经比较完备，但是，后来导致清代整个考课制度失效的弊端当时已经显露出来，比如官官相护，奖多罚少，专营讨好上司以图获得更好的考满等级以获得升迁，形式主义等。这些弊端，不但在清代前期就已经存在，在之后的考课制度中也没有彻底根除。

二、京察制度

雍正以后，清代最终确定了京官京察、外官大计、武官军政考察结合起来的考绩制度。京察针对在京文官，大计针对外省文官，军政考察则针对内外武官。与考满之制不同，这三种制度是不论官员在任多久、历俸多少，到固定时限即全体官员通考。

京察是针对在京文官、在外督抚（因为督抚品秩极高，皆领右都御史、右副都御史宪衔，且有兵部尚书、侍郎的兼衔，名义上还是中央官员系统的一部分），以及顺天府、奉天府高级官员（这两个地方系统的官员因为其对清王朝意义特殊，也列入京察范围）的定期考绩制度，考核年限为三年一次。京察制度在顺治和康熙年间时兴时废，至雍正元年（1723 年），最终将三年京察确立为京官的考课制度。掌管京察的主要机构是吏部、都察院等中央组织、人事和监察机构。

京察制度在实施中具体分为三种方式：列题、引见、会核，

---

〔1〕 本小节“考满制度”资料参见常越男著《清代考课制度研究》，北京大学 2006 博士论文。

每种方式所针对的考核对象的官品不同。

列题的对象是三品以上六部堂官、督抚、都察院副都御史等高级官员。其方式主要是由被考核的官员将简单的履历、政绩写成书面材料，汇报给皇帝直接考核。这种考核方式只需要书面材料，是因为被考核的高官皇帝比较了解，在定期考核之前已经对被考核者有大致的评判结果。乾隆之前，针对三品以上京官、督抚还实施过京察自陈制度：被考核官员将三年以来的政绩或过失亲自面陈皇帝，皇帝根据官员的自述，给出相应的考察结果。但是由于存在操作上的弊端，自陈制度往往流于形式，所以在乾隆十七年（1752 年）被废止。

引见的对象是三品以下京官，顺天府、奉天府府尹等较大范围内的中高层干部。引见制度是皇帝亲自召见官员的制度，其适用的范围包括官员的任用、考核、升调、处分等方面。主要内容是，在书面汇报材料之外，由皇帝亲自当面考核。乾隆以后，引见制度逐步完善，引见的范围确定为三品、四品、五品京堂，以及部分五品以下京官（京察考核结果为一等者，二、三等年龄较老者，犯六法者）。在这些引见对象中，又有所区别：三品至五品京堂是皇帝要亲自仔细考察的，因为这些官员是日后重臣的来源；对五品以下京官而言，因为这些官员品级低，还不需要太多重视，所以引见主要是皇帝对已有的部分关键性的考课结果进行检验。对五品以下京官来说，引见不是一种考课方式，而是考课的最后审定程序。因为这些官员的考核是由主管的上级官员和吏部等组织人事和监察部门完成的，最终的引见这一环节的意义在于通过皇帝对大臣的验看审核，加大皇帝对京官考课的控制力度，弥补考课中可能出现的漏洞，也对手握考核权的官员形成一定的震慑效应。

会核的对象是以上两种京官范围之外的诸多小京官、笔帖式之类公务人员。其方式是由各个衙门的负责官员分别考核应考核对象，写好考语，然后送吏部、都察院、吏科、京畿道等组织人事和监察部门进行审查和等级评定。因为小京官人数众多且对核心权力来讲关系不大，所以采取了这种“批量考核”的方式。[1]

京察标准主要是考以“四格”，在惩罚方面则是以“八法”作为纠参标准。

所谓“四格”，即“才、守、政、年”。这四项内容是京察时需要考核的四个方面。“才”即官员的才具。顺康时期有长、平、短三等；雍乾以后，改变为长、平两等。“守”即官员的操守。顺康年间有清、平、浊三等；雍正以后统一为清、谨、平三种。“政”即官员的政事。顺康时期有勤、平、怠三等；雍乾以后统一使用勤、平。“年”即官员的年力。顺康时期，分青、中、老三等；雍乾以后使用青、壮、健的表达。

京察中的考核官员对被考核官员的操守、政事、才具、年力四方面进行考核之后，对官员作一个整体的评价，出具考语，评定等次，即所谓“注四格，定等次”。一般分为三等，列入三等以内的官员都可以照旧供职。三等以外的称之为八法官员、京察四等或者应去官员。清代以“四格”明确了京官考察的标准，并通过《大清会典》等行政法律性文本予以制度化，大大提升了考核制度的可操作性。[2]

注四格、定等次是对任职合格或相对合格的官员的考察做法，

---

〔1〕 本小节“京察”资料参见著《清朝文官制度》，第217—221页。

〔2〕“四格”资料参见《清代考课制度研究》。

这些官员京察之后是继续留任的。对于京察不合格、应去官员，则需要“纠以八法”：“曰贪，曰酷，曰罢软无为，曰不谨，曰年老，曰有疾，曰浮躁，曰才力不及。”这种八法条目是在继承沿用明朝的八法条目基础上修订而来的。京察中列入八法的官员，也被认为是京察第四等。不同的八法条目对应不同的处分：“八法官贪、酷者，革职提问；罢软无为、不谨者，革职；年老、有疾者，勒令休致；浮躁者，降三级调用；才力不及，降二级调用。加级、纪录均不准援抵。”〔1〕

“八法”在清代后期还经历了变革，乾隆四年（1739 年）被改为“六法”。所谓六法：“一曰不谨，二曰疲软无为，三曰浮躁，四曰才力不及，五曰年老，六曰有疾。”其处分方法是：不谨、疲软无为者，革职；浮躁者，降三级调用；才力不及者，降二级调用；年老、有疾者，休致。“凡官贪者、酷者，则特参，不入于六法。”〔2〕这种变革最初是应对腐败频发之策，后来被嘉庆《大清会典》以行政法的形式予以确立。八法演变为六法，表明定期的考核已经无法解决清代中期日益严重的官员贪赃腐败问题，必须以经常性的监察和惩治来保持反腐败的高压态势。

四格、八法以及后来的六法是清代在借鉴明代考核制度的基础上发展而来的，但与明代相比，清代的考课制度操作性更强，且考虑到了清代的特殊性，如对奉天府高级官员的考核方式、对旗人官员的考核要求等。京察考核的结果，对于应留官员，分别列入京察一等、二等、三等；对于应去官员，则列入“贪、酷、罢软无为、不谨、年老、有疾、浮躁、才力不及”八法，予以相应的处分。实

---

〔1〕 乾隆朝《大清会典》卷六《吏部·考功清吏司》。

〔2〕 嘉庆朝《大清会典》卷八《吏部·考功清吏司》。

际上，嘉庆时期在成文的制度上实施“八法”变革之前，雍乾时期的京察已经在事实上完成了变革，贪酷官员一旦发现即随时纠劾，并不会等到三年一次的京察时才予以裁汰。

三、大计制度

大计是清代京外文官考核制度，三年一次，与京察制度大同小异，适用于督抚以下的外官，并在制度上有一些针对外官的变化。

大计制度在顺治、康熙时期是与藩臬的朝觐考察制度并行的，每次大计的结果都由藩臬入觐时投递吏部。康熙二十五年（1686年）停止外官朝觐考察，外官考课一律以大计制度作为依据。

负责外官大计考核的中央机构与京察一样，包括吏部、都察院、吏科、河南道（乾隆以后改为京畿道）。在地方，大计的执行方式是自督抚以下、州县以上，上级考核下级，逐级考核，按照县—州—府、布—按—督抚的顺序考察，在省内最终的考课结果上达督抚，由督抚定夺，考核的最终结果由督抚、布政使、按察使会同造送文册，上达吏部等中央考核机构审查会核，之后的会核结果由皇帝裁决。

大计的具体方式有两种：考题，适用于督抚对藩、臬（即布政使和按察使）的考核，实施方式是督抚出具考语题奏。会复，适用于道员以下外官的考核，由上级考核下级。与京察结果分为一、二、三等及八法官员共四等不同，大计的结果有三等和五等的区别：顺、康时期为三等，雍正以后是五等。三等之中的第一等为卓异，第二等为普通留任官员，第三等为八法应去官员。五等的分法为：在一等卓异和三等应去官员之间，供职留任官员又细分为平等官一、二、三等。大计考核之后，外官分别被列入卓异官、平等官一等、平等官二等、平等官三等、八法官等五种等级。考核制度细分考等，更能起到激励、督促官员的作用，体现考核的劝惩原则。大计三年一次，对官员三年以来各方面的表现进行综合的考察，三年中日常考察的记功、记过记录在大计时要作为重要参考。

值得借鉴的是，清代要求大计的考语不能泛泛而论，必须开列事实依据。而且，上级官员如果荐举或者参劾不实，被发现后会遭到严厉的惩罚。这样，就可在一定程度上保证大计举荐卓异或者八法参劾的公正性，防止舞弊行为的发生。

大计考核的标准也是四格和八法。大计的守、才、政、年四格顺序不同于京察，在不同的皇帝执政时期顺序也有变化，反映了清代对内外官员执政能力、资格和业绩的不同要求，也表明了清代在不同时期对外官的不同要求。〔1〕

京察一等和大计卓异都称为“举”。这种“举”清代规定有一定的比例：“举者，京官七而一，笔帖式八而一，道、府、厅、州、县十有五而一，佐杂、教职百三十而为一，以是为率焉。”〔2〕这种对考核中被列为一等的优秀官员名额的限制，在一定程度上防止了举荐不当、滥保滥举、考核舞弊的发生。

外官大计考核中处于最高考等的官员称为卓异官。卓异官，和京察一等官一样，是全国官员关注的焦点，因为这类官员是清代统治者所推崇的正面典型。卓异官员需要在操守、政事、才具、年力四个方面都处于优等，方能列入。典型的卓异官的四格考语

---

〔1〕 本小节“大计”资料参见常越男著《清代考课制度研究》，北京大学2006年博士论文。
〔2〕《钦定大清会典》卷一一。

为：守清、才长、政勤、年中。要被考评为卓异官很难，不但要开注相关的政绩事实，圆满完成诸多棘手的地方官日常行政工作，还要上级机构负责人出具书面的“具结”（书面保证），确保其卓异。如果被举荐为卓异的官员以后被参劾，相关举荐者还要承担举荐不当的连带责任并受罚。京察一等和大计卓异官员，会获得加级食俸、加级升衔、在军机处记名等奖励，很快获得升迁。清代不少督抚大员、内阁重臣都是在获得京察或者大计一等的考核等次之后获得提拔升迁的。〔1〕

在依据八法裁汰庸劣，以及八法变革为六法方面，大计制度的标准与京察类似。在大计的实际运作中，八法官以年老、有疾两项的比例最大，所裁汰的对象多数集中在教职、佐杂职位等不重要的官职上，以及州县官员等低品级官员群体中。之所以这样，是因为以老病为由，裁汰利益相关不大的官员，对现行官僚系统的冲击震动最小。这一方面表明大计在裁汰老弱病残官员方面有非常重要的作用，另一方面也表明大计制度在实际操作中也难逃官僚主义、形式主义的弊端。

除了贪、酷官以外，大计六法官员在吏部会核后，还要经过皇帝亲自引见，降旨公布其处分方法。皇帝引见这一程序，是对大计考核最终结果的审核，其目的是防止督抚专权或吏部等中央考核机构不公正，导致冤抑产生。引见中如果发现对六法官员处理不当，对参与考核的高级官员都要降级调用。这一对被参劾官员的引见制度，可以增进考核制度实施中的公正性，具有比较明显的廉政意义。

---

〔1〕“举荐”资料参见《清朝文官制度》第228—232页。

四、军政制度

清代武官的考核制度称为“军政”。军政五年考核一次，考察的范围包括中央和地方的八旗武官及绿营武官。军政考核制度类似于文官的京察和大计制度，但其考核内容和标准则体现了武官的特点。中央主持军政考核的最高机构是兵部、都察院、兵科、河南道。

清代前期武官分为以满人为主的“八旗”和由汉兵组成的“绿营”两种。八旗主要驻防京城，京外各省亦有驻防；绿营主要驻防各省，京城亦有一小部分。武官军政考核参考了文官考核的方法。在京的武官考核参照文官京察，京外各省的武官考核参照外官大计。与文官考核不同的是，武官的官职系统自成体系，但相同的是，在地方的考核权力还是由总督所掌控。各省武官采取逐级考察的做法，下级武官由各自的直属长官考察，逐层上报至总兵、提督、巡抚、总督等，然后上报兵部、都察院、兵科、河南道等衙门会核，最终由皇帝通过引见的程序对重点考核结果（主要是卓异官和八法官员）予以审核。

军政考察的标准是四格和八法，与文官考核标准有所不同。其中八旗和绿营的考核标准又有所区别。在清前期，绿营武官的军政四格为操守、才能、功绩、年貌，乾隆时期改为才技、年力、驭兵、给饷四项。这主要是因为在乾隆时期，国家的统一战争已经结束，军队立功的机会较少，所以考核的标准减少了功绩，增加了更能体现和平时期武官工作特点的驭兵和给饷等内容。八旗武官军政考核的四格，在乾隆时期明确为操守、才能、骑射、年岁四项。其中突出了骑射一项，这是清代统治者为了保持满人的战斗力和民族本色而特意强调的内容。在八法方面，军政考核制度的八法与文官考课八法条目是相同的，即贪、酷、不谨、疲软、才力不及、年老、有疾、浮躁等八项内容。其处分方式也大致相同，只是个别方面有差异，比如浮躁一项，文官是降三级调用，而武官则是降一级调用，处分稍轻。再如，武官考课对于犯六法（贪、酷除外）官的处分较之文官从优，仍给予空衔，对年老而立有军功者（尤其是高级官员），国家有相应的赡养抚恤制度。[1]

和文官考核制度类似，军政考核的结果有三种：卓异官、平等官和八法官员（后期改变为六法官员），其中平等官员占据大多数。在考核中被列为卓异官和六法官员的武官是要被引见的。引见是皇帝对各处军政考核结果的再审查。通过引见，皇帝可以修改总督、兵部等人员和机构做出的考核结论，查出参劾不当的官员。这对于严肃考核制度、增加考核的公正性、提高军队的廉政建设、增强其战斗力有重要意义。

五、清代官员考核奖惩制度评价

清代的官员考核制度以京官京察、外官大计、武官军政考察为主体，定期举行，是清代对官员队伍进行新陈代谢、激浊扬清、惩恶劝善的基本制度。这一制度在清代统治的二百多年里发挥了重要作用，其成败经验都值得借鉴。

清代官员考核制度的正面作用表现为：裁汰庸劣，惩治腐败，

---

〔1〕 本小节“军政制度”资料参见《清代考课制度研究》。

激劝群僚，选拔人才，实现执政队伍的系统更新。官员考核制度最基本的功能就是通过固定标准的评价考察，明确奖惩结果，为官员划出固定的职业跑道，使之朝着国家引导的方向努力奋斗，为朝廷效力。可贵的是，在荐举和裁汰官员的数量方面，清代的制度设计比较务实。在京察一等和大计卓异的比例方面有严格的规定，不但官员本人要有确实的政绩，而且需要荐举的上级承担连带法律责任，保证了被荐举提拔的官员的高素质。同时，在被裁汰的八法官员方面，则没有固定的数额规定，而是都是根据考察实际情况予以裁汰，这就保证了朝廷能够及时将不合格官员清理出执政队伍，促进了整个官僚队伍的新陈代谢。对今天的廉政建设尤其有借鉴意义的是，清代雍乾之后，八法被变革为六法，贪酷官员被随时纠参，加大了对问题官员的惩治力度，并增强了惩治的时效性。之所以会发生这种变革，是因为贪官酷吏是官僚队伍中对国家长治久安危害最大的群体，不能等到三年或五年的考核期限再去处理，必须及时严惩，以免给整个官员队伍造成恶劣影响，给国家造成更大损失。这种变革将考核制度中与廉政建设最为相关的部分和监察制度、惩治制度结合了起来，是一种积极务实的制度创新。

清代官员考核制度虽然在设计上有不少值得借鉴的价值，但是历史地看，其制度效果在当时的政治实践中并没有完全实现，其消极的一面也是显而易见的。清代考核制度虽然设计得比较完备，但在封建皇权专制主义体制下，其官僚政治内在的难题难以解决。首先，清代考核制度的公正性和有效性，最终的保障来自于皇权对考核结果的审核。如果中央皇权强大且审核力度大，则制度落实情况就比较好；反之，则制度就会成为具文，清代后期皇权衰落时即是如此。其次，在皇权政治体系中，官员出仕是效忠君主，致仕退休则是还政于君，官职和俸禄都属于皇帝。皇帝愿意给退休待遇，则根据个人喜好给一小部分人，不愿意，则大部分官员都没有养老依靠。于是，就导致了在任官员极端的自利导向：官官相护，不轻易参劾他人，任职时贪赃枉法，年老时贪恋禄位。这些都是阻碍考核制度的理想效果真正实现的内在阻力。再次，皇权专制是依靠制度和权术来控制官员的，在通讯和信息不发达的情况下，皇权的控制力是有限的，尤其是对督抚等地方大员的监督实际上非常虚弱。在这种情况下，由于皇权专制本身的局限，势必导致核心政治权力的分散，地方势力的坐大，进而导致督抚等地方大员出于自身利益考虑，破坏荐举参劾的公正性，进而破坏考核制度本身。实际上，清代的考核制度尽管集前代制度之大成，但是由于皇权专制本身难以解决的难题，考核制度也只能在一定程度上发挥作用，制度的漏洞和死角非常明显。到了清代后期，在中央权力衰落的情势下，地方势力畸形扩张，正常的考核已经难以实施，吏治腐败已经成为常态了，考核制度完全失去了劝善惩恶、激浊扬清的作用。

第三节 廉俸制度

清代官员的俸禄制度上承明制，总体来讲实行的是低俸禄制度。有清一代，官员的俸禄始终比较低，虽然在个别时段在正式俸禄之外有柴薪银、心红纸张银、蔬菜烛炭银、案衣什物银等重要补贴，但是这些补贴往往因为国家财政的紧张而被裁撤。到了清代后期，由于内忧外患导致国家财政紧张，不仅补贴被撤销，即使是正俸也经常被克扣。在低薪制之外，清代官员的俸禄制度还有一个特点是京官和外官俸禄的不平衡，外官由于有养廉银（雍正以后），其俸禄比京官丰厚很多。在这种俸禄制度下，清代高薪养廉的制度设计虽然在个别时期比较有效，但整体上却没有达到养廉的目的。

一、正俸和恩俸

清代官员的俸禄主要有两种形式：俸银和俸米。其中，京官的正俸有俸银和俸米，外官则只有俸银而没有俸米。京官在正俸之外还有恩俸。

清代官员的俸禄是按照官员的品级发放的，具体的标准如下：

正、从一品：俸银一百八十两，俸米九十石。

正、从二品：俸银一百五十五两，俸米七十七石五斗。

正、从三品：俸银一百三十两，俸米六十五石。

正、从七品：俸银四十五两，俸米二十二石五斗。

正、从八品：俸银四十两，俸米二十石。

在三品和七品之间，还有正、从四、五、六品，在八品之下还有九品、未入流等级别，分别依照品级按规律递减。

以上是清代文官正俸（基本工资）的标准；在正俸之外，京官还有恩俸。所谓恩俸，指的是在正俸之外额外加恩赏赐的俸禄，标准与正俸等同。这就意味着京官领取的俸禄是基本工资的双倍。但是，并非所有京官都能完全享受双倍工资，有少部分京官如内务府官员，只享受双倍俸银，没有俸米。

之所以说清代实行的是低俸禄制度，主要是从购买力来讲的。

清代一个官员要养活一大家人，还要雇佣师爷、长随来协办公务，雇佣家丁、保姆来料理家务，开销很大。以七品官为例，清代七品官的收入为四十五两俸银，二十二石五斗俸米（雍正时期一两俸银可以购买一石米），这些收入是不够一个七品京官维持其官宦人家的体面生活的。[1]尤其是在养廉银制度实施之前，外官不但没有恩俸，而且没有俸米，同级的七品知县仅仅依靠四十五两的正俸完全不能维持日常开销。在低俸禄制度下，要想官员保持廉洁是比较难的，官员们总会找到包括贪污、收受陋规、加征火耗等各种方式来增加自己的收入。清代的有识之士很早就提出了增加俸禄以养廉的主张："一月俸不足五六日之费，尚有二十余日将忍饥不食乎？不取之百姓，势必饥寒。若督抚，势必取之下属。所以禁贪而愈贪也。……臣以为俸禄不增，贪风不息，下情不达，廉吏难支……从长计议，或将本省应征税银与折纳赎银加增官员俸禄。"[2]清代统治者也意识到了这个问题，所以也试图从制度层面加以解决。雍正所创建的养廉银制度就是这方面的尝试。

二、耗羡归公和养廉银制度

在雍正之前，京官有正俸和恩俸，外官则没有恩俸，没有俸米。这样明显不平衡且菲薄的俸禄，要想让地方官保持清廉是很难的。除了少数清廉自守的有气节的士大夫官员之外，多数地方

---

〔1〕参见艾永明、李晟著《臣纲——清代文官的游戏规则》，法律出版社 2008 年版，第 148—149 页。

〔2〕蒋良骐：《东华录》卷九，第 151 页，转引自黄惠贤、陈锋主编《中国俸禄制度史》，武汉大学出版社 2005 年版（下同），第 566 页。

官都将俸禄不足当做贪污腐败、盘剥百姓的借口，大肆贪污盘剥。针对这种情况，雍正创建了以耗羡归公为财源，为地方官发放养廉银的养廉银制度，期望高薪以养廉。

耗羡，又称火耗，指的是官府征收田赋时附加的损耗，即以损耗的名义多征收的部分。耗羡的征收在清初是不成文的惯例，是地方官所拥有的为最高统治者所默认的正俸之外的收入来源。比如康熙对地方加征耗羡的行为明确表示认可："所谓廉吏者，亦非一文不取之谓，若纤毫无所资给，则居常日用及家人胥役何以为生？若州县官止取一分火耗，此外不取，便称好官。若一概纠摘，则属吏不胜参矣。""火耗一项，特以州县各官供应差使，故于正项之外略加些微，以助常俸所不足，原是私事。"[1]在耗羡归公制度实施之前，清代各地方政府征收耗羡的比例很高，大概在正税的百分之二十至百分之八十之间，多的甚至税轻耗重，数倍于正额税额。但在雍正之前，耗羡加征在制度层面是不合法的，是不成文的官场规则，但获得了最高层的默认。因为高层的默认，导致地方政府私自加征耗羡，令百姓不堪忍受，且耗羡加征所得直接成为官员腐败的财源，诱发了惊人的腐败。

雍正初年，清朝开始实行大规模的俸禄制度改革，通过实行耗羡归公创建了养廉银制度。雍正创建养廉银制度的背景主要有两点：其一是康熙晚年倦于政事，为政尚宽，在吏治整饬方面力度不大，留给雍正的是一个官风不正的官僚队伍。其二是康熙朝后期财政管理方面跑冒滴漏比较严重，康熙留给雍正的户部银库存银仅有八百万两（到雍正八年，国库存银已达六千二百十八万

---

〔1〕《中国俸禄制度史》，第567页。

两），且相关的财政难题一大堆有待解决。在这种情况下，雍正既要加强财政管理，增加国库收入，又要提高官员俸禄以养廉，还要整饬吏治。历史给雍正的选择不多，合理调整地方和中央的利益分配格局，从中增加官员俸禄以减少对百姓的盘剥是一条在当时看来不错的选择。耗羡归公和养廉银就是在这样的历史条件下出台的。它是历史的选择，也是雍正大胆的改革。

雍正初，山西、湖南、河南等省督抚率先在本省试图通过提解耗羡，理顺地方各级政府利益分配关系，在弥补中央财政亏空和上交国库赋税的同时，为地方留下较为充足的办公经费和官员俸禄经费。雍正元年（1723 年）山西巡抚诺岷奏称："与其少给导致弊端丛生，不如计足拨给盘缠，恪守官箴。如此各官荷恩均得养家之银，又可杜绝礼物之耗费而安分守己。若非极端不肖者，必不会冒死而动私派于民挪移钱粮之心。"对诺岷的建议，雍正的意见是："州县火耗原非应有之项，因通省公费、各官养廉不得不取给于此。……与其州县存火耗以养上司，何如上司拔火耗以养州县。"清史稿记载："雍正二年，诺岷疏请将通省一岁所得耗银提存司库，以二十万两留补无著亏空，馀分给各官养廉。各官俸外复有养廉自此起。"〔1〕

由山西率先实行的督抚提解州县耗羡，在弥补亏空之外发给官员养廉银的财政和俸禄制度改革，调整了自督抚以至州县各级衙门的利益关系，对长期以来困扰吏治民生的官员俸薄、地方公费严重短缺的痼疾作了较为合理的解决。这一改革的基本内容是：

其一，将原来被地方官吏侵贪的耗羡银两提解归公，上交藩

〔1〕《清史稿》卷二百九十四《列传》八十一，第 10344 页。

库，称之为耗羡归公。

其二，归公后的耗羡银两中，除了部分用于政府办公和弥补亏空以外，大部分拨给本省官员作为生活费和办公费，称之为养廉银。

这两项制度实施之后，清代地方官和部分京官的收入有了巨幅的增长，是其原有正俸的数十倍甚至百倍。比如总督的养廉银多达一至三万两，其具体数额依各地具体情况（地方远近、事务繁简和用度多寡等）和不同时期的财政情况酌定。自雍正初年实行耗羡归公和养廉银制度以后，养廉银就成为清代与正俸并行的俸禄制度。

养廉银制度在清代乃至中国古代，都是非常有价值的廉政制度创建。雍正本人对养廉银制度的廉政价值也看得非常明白：

> 朕……严饬官方，禁止私贿，又恐督抚等官用度不敷，暗中巧取，是以给与养廉之项，俾其公私有赖，俯仰从容，庶可永杜苞苴，以为澄清吏治之本。
>
> 州县火耗，原非应有之项，因通省公费及各官养廉，有不得不取给于此者，然非可以公言也。朕非不愿天下州县丝毫不取于民，而其势有所不能，且历来火耗，皆在州县，而加派横征，侵蚀国帑，亏空之数，不下数百余万，原其所由，州县征收火耗，分送上司，各上司日用之资取给于州县，以致耗羡之外，种种馈送，名色繁多，故州县有所借口而肆其贪婪，上司有所瞻徇而不肯查参，此从来之积弊所当剔除者

也。与其州县存火耗以养上司，何如上司提火耗以养州县乎！[1]

取所当取而不伤乎廉，用所当用而不涉乎滥。[2]

恐各官无以养廉，以致苛索于百姓，故于耗羡中酌定数目，以为日用之资。[3]

在实行养廉银制度之后，雍正整饬吏治的政治运动就有了道义上和制度上的双重保障。比如，对清代屡禁不止的陋规问题（重要的腐败形式，高级官员从陋规中获得的收入是其正俸的几十倍），雍正在创建养廉银之后就加大了打击力度。在针对陋规的谕旨中，雍正讲："从前上司各官无养廉之资，势不得不受属员之馈送，而属员之力难以供应，故地方陋规，不能悉行裁革。数年以来，朕百计筹划为大小官员酌定养廉之项，使公私有赖，俯仰无忧。傥再有索取规礼者，自当重治其罪。"[4]因为有了养廉银，在裁撤以往默认的陋规上，雍正有了理直气壮的理由。陋规只不过是雍正廉政建设的一个着眼点，实际上雍正以铁腕整饬吏治的运动，由于有养廉银制度的支持，在当时确实取得了鲜明的效果，令当时的官场为之一清。流风所及，较好的吏治状况为康乾盛世的延续打下了坚实的基础。

---

〔1〕冯尔康：《雍正传》，人民出版社1985年版（下同），第150—151页。
〔2〕《朱批谕旨·杨名时奏折》，元年七月初六日折朱批，转引自《雍正传》，第155页。
〔3〕《雍正朝起居注》四年十月十四日条，转引自《雍正传》，第155页。
〔4〕彭勃主编：《中华监察执纪执法大典》，中国方正出版社2002年版（下同），第508页。

三、致仕之后的俸禄

清代的官员致仕（休致、退休）制度基本延续了明代的规定。清代规定以七十岁为官员致仕的年龄，但在实际上这个标准只是一个大概的参考，执行并不严格。官员是否休致，完全看本人的身体、能力状况以及君主对官员的倚重程度，对高级官员来讲尤其如此。这主要是由于清代帝王的执政理念是“有治人，无治法”、“为政贵在得人”等人治理念。在这种执政理念的指导下，如皇帝认为老臣仍然能够担当要职，即使年龄过线，也不批准其告老的请求，要求其继续任职；更有甚者，一些告老还乡的老臣或者因事休致的大臣，如果国家有事或者皇帝怀念其才干品德，还可能被重新起用；如果帝王认为某些大臣不堪重任，即使不到休致年龄，也可令其休致。

清代官员的致仕原因基本有两种：老病或者受到处分。致仕的方式也有两种：告休，自愿以老病为由要求休致；勒休，被处分或者在考核中被认为老病不能任职，非自愿地被勒令休致。不管是以什么方式休致，官员休致是归还官职和俸禄于君主，所以又称致仕，即归禄位给君主。在这种天下为私的“家天下”的制度下，不但官员的俸禄是君主给的，就是官员本人也是君主的工具和资源。士人出仕是为君主效力，君主给俸禄是恩赐，君主要求某人出仕，如拒不出仕则是违抗君命。低级官员致仕按照程序办事，高级官员致仕还乡还必须经过君主的批准，君主不准则不能退休。天下之人，莫非王臣，雨露雷霆，俱是君恩。不管是普通士人还是高级官员，皇帝都有掌控其命运的权力。在这种情况下，官员致仕之后的俸禄就更是君主的一种恩赐，可有可无，可多可少。

清代官员致仕之后的俸禄分为几种情况：三品以上官员告休，可以在休致之后享受全俸，但全俸仅为正俸，没有恩俸；如果是被勒休，就只能享受半俸或者零俸禄了。三品以下的官员告休只能享受半俸，如果被勒休则是零俸禄。另外，有爵位的高官在休致之后，可以继续享受爵位俸禄。〔1〕

了解了清代官员休致之后的俸禄制度，我们可以得出结论：清代官员在休致之后的待遇与休致之前相比要差很多。尤其是如果考虑到官员的收入中有很大一部分是俸禄以外的陋规等灰色收入，且灰色收入要数倍甚至数十倍于其公开收入，那么官员的休致对他们的财务创收来讲几乎就是一场不可恢复的灾难。这就不难理解为什么清代官场会出现贪恋官职、虚报年龄等问题了。对于廉政建设来讲，更坏的影响在于，清代官员休致之后没有今日官员退休的好命，他们没有二线岗位可以安排，多数都会回老家赋闲。这样，清代官员的休致，一方面经济损失很大，另一方面权力失落感很大，所以就导致不少官员会在休致之前大肆贪污盘剥，累积财富，横行扬威，用足权力。

可以说，清代官员的致仕后俸禄制度是存在重大缺陷的。由于在职官员的俸禄虽薄，尚有其他收入弥补，但休致官员俸禄更薄或者没有，必然会为在职官员创造更大的腐败动机。当然我们不能以今天的标准来看古代的问题，在生产力长期没有重大飞跃的清代，国家的财政收入是基本恒定的，官员数量却随着人口和

〔1〕“致仕后俸禄”资料参见《清朝文官制度》，第284—286页。

政务的增加而不断增加，要让财政足养休致官员比较困难，但是清代致仕后俸禄制度的缺陷却启示我们：高薪养廉在制度设计上必须考虑周全细致，否则一处有漏洞会导致整个制度失效。

四、清代俸禄制度评价

清代官员俸禄制度继承明代而来，明代薄俸制的特点和缺点也被相应地发展了。由于薄俸制不足以养廉，清代在正俸之外又创建了恩俸、养廉银等增加俸禄的制度，以期通过高薪来养廉。从这一点来看，清代的俸禄制度在继承明代制度的基础上有重要发展，是清代少有的制度创新之一，有积极的历史意义。清代俸禄制度的突出之处是养廉银制度的创建。养廉银制度有积极的廉政价值，也有明显的制度缺陷。

耗羡归公和养廉银制度在廉政建设方面的意义主要有两点：

其一，由省级机构负责耗羡的管理和支配，统一了加征耗羡的管理，在一定程度上减少了州县地方官的横征、滥征行为。在此制度实行之后，当时的耗羡率在多数地区都有不同程度的下降，理顺了地方各级财政之间的关系，堵塞了官吏大肆侵吞的渠道和扰民的乱源，减轻了百姓的负担，缓和了社会矛盾。

其二，耗羡归公所产生的养廉银制度具有一种高薪养廉的制度建设意义。耗羡归公之后，规定耗羡银收入有三种用途：官员养廉银支出、弥补地方财政亏空、留作地方公用。耗羡归公实际上是断了官员的一条主要财路。所谓养廉银，是在正式的俸禄之外，另给官员生活费、办公补助费，试图以此戒除官员贪污的动机，使之具备保持廉洁的物质基础。养廉银实际上是雍正给官员开辟的一种合法的收入通道，以此代替之前在制度上半合法的（不合法却在惯例上合情合理的）加征耗羡生财之道。雍正认为，实施养廉银的好处是："上不误公，下不累民，无偏多偏少之弊，无苛索横征之扰，实通权达变之善策。"这样的看法是有道理的。雍正年间官场的相对"肃清"，一方面是雍正严猛治吏的整饬运动的结果，另一方面也是由于养廉银的高薪养廉为不少官员提供了"不必贪"的必要条件，部分地革除了清初以来低俸制导致官员"不得不贪"的积弊。

总之，耗羡归公和养廉银制度具有明显的减轻人民负担和澄清吏治的作用，其积极意义值得肯定。

但是必须承认，这两种制度本身存在明显的问题，且其廉政作用也是有限的。首先，在整饬横征暴敛弊政的同时，这两项制度把之前非法的加征耗羡盘剥百姓的贪污做法合法化了，这是其制度创新的时代局限性。其次，养廉银制度最大的弊端在于由领俸的官员直接向百姓征收作为俸禄财源的火耗。养廉银的唯一来源就是取之于民的火耗，为了保证其俸禄的发放，官员势必会加大对百姓的盘剥程度。领俸禄的人和交俸禄银钱的人发生直接的联系，没有做到收支两条线。[1]这种重大的制度缺陷必然会导致养廉银制度无法在实质上养廉。再次，养廉银的额度比实际上官员私征火耗的额度要小，即意味着官员的收入在此制度之下是减少了。养廉银仍然存在着养廉不足和养而不廉的问题，导致了之后制度效应的衰减。从毫无限制、暗中私征的耗羡到公开发给养廉银，就总额而论，官员的收入不是增加了，而是降低了。在这

---

〔1〕 参见焦利著《吏治何以清明——清代监察法镜鉴》，中国民主法制出版社2007年版（下同），第122页。

种情况下，贪官们有他们的对策：一是减耗之后复行加耗，耗羡灰色收入照拿不误，百姓负担先轻后重，改革效果逐步衰减；二是将包括公用和私用两种用途的养廉银尽入私囊，而在行政中对当初雍正严令取缔的陋规照收如故。〔1〕第四，养廉银制度改革是不彻底的。一方面，它在提高外官收入的同时，又制造了京官和外官收入的不平衡，加大了两者的利益分配矛盾，为制度上京官吏治的不清（接受外官的陋规）留下了漏洞。〔2〕另一方面，即使对外官来讲，也存在着养廉银分配不公的问题，省级高官比基层州县官获益更大。州县官为了维持办公经费和一定的生活水准，不得不在养廉银之外另觅其他非法收入。第五，养廉银制度设计缺乏应变性，不能适应后来清代的实际。18 世纪之后清代物价上涨很多，但养廉银额度却没有增加，反而被国家以种种名义予以罚扣或者摊捐，导致养廉银制度名存实亡，根本无法养廉。

这样，一方面由于制度本身有缺陷，另一方面因为历史变化的影响，养廉银制度的廉政价值在雍正之后被逐步抵消殆尽。从历史的角度看，雍正朝以后的清帝国并没有因为养廉银制度的存在就变得廉洁起来。清代中后期骇人听闻的腐败表明，即使养廉银制度在当时起过积极的作用，但在清代浓厚的腐败氛围里其廉政作用并不大。因为和腐败官员惊人的收入相比，养廉银一项的收入是很少的；而且，高薪养廉只有和其他廉政制度协调联动，共同发挥作用，才能达到理想廉政效果，而清代在其他廉政制度

〔1〕 参见朱杰军著《严猛治吏——雍正朝吏治研究》，中国人民大学博士论文，1999 年（下同），第 86 页。

〔2〕 参见《吏治何以清明——清代监察法镜鉴》，第 121—122 页，参见《严猛治吏——雍正朝吏治研究》第 85 页。

的创建和执行方面力度不够，也影响了其高薪养廉政治设想的实现。

第四节 监察制度

清朝的监察制度，在制度形态、官职设置以及指导思想上都与明代类似，制度创新并不多。在清承明制的基础上，清代监察制度的变革之处主要有三点：其一，为了维护满人特权，处处体现首崇满洲的特点，比如在监察官的任职上照顾满人利益，为了维护满人利益而在中后期废弃了巡按制度；其二，比明代更加专制化，为了适应皇权专制的需求作出了更多的专制化变革，比如在继承了明代都察院和六科给事中制度的基础上，在雍正时期完成了科道合一的变革，这一变革弱化了对皇权的监察，在某种程度上讲，是一种历史的倒退；其三，明代临时性的督抚制度在清代变成了固定的地方行政和监察合一的地方军政民政长官制度，对清代的地方监察制度和整体的吏治产生了深远的负面影响。

一、科道合一的中央监察制度

清代的中央监察制度主要表现为都察院所统属的监察机构、人员和职能。都察院是与六部、大理寺等行政、司法机构并立，直辖于皇帝的独立监察机构。都察院的长官为左都御史和左副都御史。左都御史的品秩，“初制，满员一品，汉员二品。顺治十六年并改二品。康熙六年仍升满员为一品，九年并定正二品。雍正八年升从一品。”〔1〕官居从一品的都察院长官左都御史的地位与六部尚书相当，同为九卿之一。左副都御史为正三品官员，辅佐左都御史。左都御史、左副都御史作为京官主持都察院的工作，率下属六科给事中、十五道（清末增加为二十道）御史行使对中央各部院及各地方的监察权，是中央监察机制的主要执行者。另外，各地总督（清代中期之后形成定例，全国总共八位总督）均兼都察院右都御史衔；各省巡抚（全国总共十六位巡抚），包括漕运总督、河道总督均兼右副都御史衔。因为有兼衔，所以地方督抚既是地方最高行政和监察长官，也是中央监察系统的一部分，均承担对地方各级各类官员实行监察的义务。

都察院下设十五道御史监察地方，每道置掌印监察御史满、汉各一人，而监察御史则各道人数不一。十五道掌印监察御史的品级曾经为三品、七品、四品、五品、六品，乾隆十七年（1752年）定为从五品，满、汉各一人。监察御史的人数为：京畿、江西、浙江、福建、湖广、河南、山西、陕西八道，满、汉各一人，江南道满、汉各三人，山东道满、汉各二人。十五道的人员编制为：监察御史之下，有笔帖式三十二人、经承四十九人，加上掌印监察御史和监察御史五十六人，总人数为一百三十七人。〔2〕各道监察御史负有考核百官，监礼纠仪，监督考试，稽察各地钱粮、刑名案件等广泛的监察责任。各道除负责对口稽核各省刑名案件和纠弹任务外，并对口稽察中央各部事务。十五道监察御史有明确的工作职责分工：

京畿道：分理都察院事及直隶、盛京刑名，稽察内阁、顺天

〔1〕《清史稿》卷一百十五《职官志二·都察院》。
〔2〕参见张晋藩主编《中国古代监察法制史》，江苏人民出版社2007年版（下同），第387页。

府、大兴、宛平县事务。

河南道：分理河南刑名，照刷部院诸司卷宗，稽察吏部、詹事府、步兵统领衙门及五城察院事务。

江南道：分理江南刑名，稽察户部、宝泉局、左右翼税务衙门、京仓及总督漕运，磨勘三库奏销。

浙江道：分理浙江刑名，稽察礼部、都察院之事。

山西道：分理山西刑名，稽察兵部、翰林院、六科、中书科、户部仓场衙门及所属坐粮厅、大通桥与通州二仓事务。

山东道：分理山东刑名，稽察刑部、太医院，总督河道及催促五城衙门命案盗案缉捕之事务。

陕西道：分理陕西刑名，稽察工部、宝源局，覆勘在京工程。

湖广道：分理湖广刑名，稽察通政司、国子监事务。

江西道：分理江西刑名，稽察光禄寺事务。

福建道：分理福建刑名，稽察太常寺事务。

四川道：分理四川刑名，稽察銮仪卫事务。

广东道：分理广东刑名，稽察大理寺事务。

广西道：分理广西刑名，稽察太仆寺事务。

贵州道：分理贵州刑名，稽察鸿胪寺事务。

云南道：分理云南刑名，稽察理藩院、钦天监事务。[1]

在光绪三十二年（1906年），监察御史的设置由原来的十五道增至二十道：新增辽沈道、甘肃道、新疆道；将江南道分为江苏、安徽二道，将湖广道分为湖北、湖南二道。要指出的是，监

〔1〕《清史稿》卷一百十五《职官二·都察院》。

察御史名义上是都察院的属官，但是都可以单独奏事而不受都察院长官的制约。这样的制度设计很好地保证了监察制度的廉政效果。

不同于明代的是，清代都察院的下属不仅仅是御史，还有六科给事中。雍正以前，清代的六科给事中制度基本与明代类似，六科是独立机关，其职掌主要是掌科抄、封驳、注销各衙门文卷，颁发官员敕书，察核京察、大计册，常朝侍班纠仪等事。它的工作程序主要是通过文件追查核对提高各部院办事效率，督催各机构按限办事，其封驳职责主要是针对皇帝的决策和谕令。六科给事中针对吏、户、礼、兵、刑、工六部实行对口监察，所以也分为吏、户、礼、兵、刑、工六科。六科的编制为：每科掌印给事中，满、汉各一人，为正四品官；给事中，满、汉各一人，为正五品官。两者合计为二十四人。六科的属吏，吏、户、兵、刑四科各有笔帖式十五人，礼、工二科各十人，笔帖式共为八十人。六科又有经承六十三人。六科所有人员合计总共为一百六十七人。〔1〕

六科的具体分工为：

吏科，分稽铨衡，注销吏部、顺天府文卷。

户科，分稽财赋，注销户部文卷。

礼科，分稽典礼，注销礼部、宗人府、理藩院、太常寺、光禄寺、鸿胪寺、国子监、钦天监文卷。

兵科，分稽军政，注销兵部、銮舆卫、太仆寺文卷。

刑科，分稽刑名，注销刑部文卷。

---

〔1〕 参见《中国古代监察法制史》，第386页。

工科，分稽工程，注销工部文卷。[1]

清代给事中制度在雍正朝发生了重大变革。

给事中制度自秦汉以来就形成了一种可以制约皇权的封驳制度，即给事中可以封还认为有害于国计民生的诏书，驳正其中不妥的内容。这种给事中封驳制度，在一定程度上对皇权有所制约，可避免由于皇权的扩张而造成的施政失误。

清代继承了具有悠久历史的封驳制度。《钦定台规》规定六科给事中有封驳之权："凡部院督抚本章，已经奉旨，如确有未便施行之处，许该科封还执奏。"根据这个规定，几乎所有国家大事的决策，六科给事中皆可行使封驳权，以避免重大的失误。然而在强大的清代皇权专制体制之下，六科给事中的封驳制度几乎成了具文，给事中官员很少有行使封驳之权的机会。清代前期的几位帝王都是乾纲独断的有为之君，皇太极、顺治、康熙、雍正都在主观上孜孜求治，客观上又具备杰出的政治才干，在继承了明朝废除宰相之后极端专制的君主专制政体之后，都倾向于通过个人的勤政将国家大权一人总揽。到了雍正时期，这种倾向表现得更加鲜明。在这种情况下，给事中封驳制度就与日益强化的皇权专制格格不入。最终，在雍正元年（1723 年）实行了科道合并，把具有封驳之权的六科合并到都察院。科道合并的意义在于：其一，将分散的机构和人员统一管理，提高了监察机构的办事效率，遇有重大稽察任务可以科道并用，统一管理调度。其二，使六科的谏官职能削弱殆尽，变成和监察御史类似的察官，只监察百官，不监察谏诤皇帝。六科失去了封驳的权力，只剩下注销文卷之类

〔1〕《清史稿》卷一百十五《职官志二·都察院》。

的普通监察职权。尤其是在雍正设立军机处之后，重要谕旨皆通过军机处的“廷寄”制度秘密传达，并不明发，六科给事中根本看不到内容，更别说驳正封还了，给事中封驳制度对君主的制约不复存在。

在清代的中央监察机构中，除了都察院所统属的六科和各道监察御史之外，还有一些特殊的监察机构：一、五城察院，又称五城御史衙门，是稽察京城的东、西、中、南、北五城的监察机关，直属于都察院。每城设一监察机关，称之为察院，统称为五城察院。二、宗室御史处，又称稽察宗人府衙门，以十五道的宗室御史二人掌管，负责稽察宗人府（皇帝宗室）事务。三、稽察内务府御史处，又称稽察内务府御史衙门，负责稽察内务府事务。四、稽察钦奉上谕事件处，该机构的职责为：稽察各部院机关所办理的上谕指示办理事项，督促各部门限期办理。〔1〕

清代的监察制度在当时的政治生活中曾经发挥过重要的作用。清代统治者，尤其是前期的几代帝王对监察非常重视，并且在制度层面为监察官开展工作提供了较为良好的保障。其中，风闻言事制度就是一项重要的属于科道官员工作制度性质的监察制度。

所谓风闻言事制度〔2〕，指的是科道官员可以在缺乏确凿证据的情况下，根据传闻上疏言事，尤其是上疏参劾。鉴于明朝后期科道官员卷入党争，滥用风闻言事制度所造成的恶劣后果，清顺治初年禁止了风闻言事制度：对于朝廷政事得失、民生利弊、文武官员奸贪劣迹者，御史应据实纠弹。顺治二年（1645 年），顺

〔1〕“特殊监察机构”资料参见《中国古代监察法制史》，第 388—389 页。

〔2〕以下有关风闻言事制度的论述和引用，参见《吏治何以清明——清代监察法镜鉴》，第 46—47 页。

治专门指示六部和都察院："朝廷设官分职，各有专司。都察院及科道官原为耳目之寄，凡有政治缺失，贤人蔽抑，不肖贿进及诸司忽略职事，推委稽延，贪饕作弊，并官民冤苦等事，即指名据实，明白陈奏，斯为称职。若浮泛揣摩，辄具章奏，言既失实，事必难行，是以耳目之寄反闭塞耳目也。至在内六部、文武衙门，在外督抚、镇按、道府、州县、营卫等均属政事之司，果能矢忠矢公，清廉勤慎，各尽职业，天下自致太平。若乃舍己职掌，越俎出位，妄言条奏，徒博虚名，贻误政事，实心为国之人断不如是。"〔1〕顺治在谕令中所提出的"指名据实，明白陈奏"，就是要求御史言事要有证据，禁止风闻言事。但此后，许多御史不敢大胆纠察违法官员了，于是，顺治又不得不缓和了对风闻言事的态度。顺治六年（1649年）规定："以后言官论人善恶，虽有不实，不得竟送刑部，必命廷臣公同议拟。如果挟仇诬陷，革职，下刑部治罪。"〔2〕这道谕令表明，除了有意挟仇诬陷好人之外，言官即使言而不当，一般不会治罪。这等于是又承认了风闻言事制度。

顺治之后，风闻言事制度时废时复，统治者取舍的标准主要是当时的政治需求。康熙本来不赞成御史风闻言事，认为"风闻言事，明末之陋习，此例一开，恐有不肖言官借端挟制，罔上行私，颠倒是非，诬害良善"。但是，为了言路畅通以打击朋党和贪官，康熙又恢复了风闻言事制度。

1687年，康熙二十六年，恢复风闻纠弹之例，谕旨："凡参劾贪官，其受贿作弊之处，因未曾亲见，无所凭据，畏缩而不行参劾者甚多。今间有弹章，亦只据风闻参劾耳，岂有身与之通同

〔1〕《大清会典事例》卷一〇二九《都察院》。
〔2〕《清实录·世祖章皇帝实录》卷四二，第338页。

受贿作弊而顾肯参劾之耶？向者原有风闻纠弹之例，辅政大臣停止，今再行此例，贪官似有儆惧。若有挟仇参劾者，审明果系挟仇，自有反坐之典在，可传谕九卿詹事科道。”[1]

1698 年，康熙三十七年，康熙召大学士等面谕：“臣下之贤否，朕处深宫，何由得知？缘朕不时巡行，凡经历之地，必咨询百姓，以是知之。今张鹏翮居官之优，岂朕目击其临事，亦不过得之风闻耳。因此朕欲开风闻言事之例，科道官以风闻题参，即行察该督抚，贤者留之，不贤者去之，如此则贪暴敛迹，循良竞劝，于民大有裨益。嗣后各省督抚将军提镇以下，教官典史千把总以上，官吏贤否，若有关系民生者，许科道官以风闻入奏。倘怀私怨，互相朋比，受嘱托者，国法自在。著谕满汉掌印与不掌印科道官员知之。”[2]

清代帝王出于一时政治需要而对风闻言事制度屡废屡复，导致科道监察官员的监察工作标准经常处于变动之中。同时，清朝历代帝王却经常性地训斥言官明哲保身，不积极建言弹劾。可实际上在没有风闻言事制度保障的情况下，言官勇敢参劾而导致获罪的案例并不少见。为了解决这种矛盾，清代帝王终于在《大清会典》中对风闻言事制度作出了明确规定：御史列款纠参贪婪官吏，有一二事审实者，即可免议；若审问全虚，或御史条陈事件隐含讽刺，或不据实回奏，或参官员老病衰庸涉虚，皆降二级调用。御史凡事不据实陈奏，或并无实据，只称风闻具题者，降一级调用。御史结党营私，有意陷害他人，则实行“反坐”，并坐令

---

〔1〕《清实录·圣祖仁皇帝实录》卷一百三十，转引自《中华监察执纪执法大典》，第 450 页。

〔2〕《清实录·圣祖仁皇帝实录》卷二百一，转引自《中华监察执纪执法大典》，第 464 页。

御史之间“互相纠举”〔1〕。

在实行人治的专制封建社会里，监察是为专制统治服务的。在这样一个目标的统摄之下，对掌握权力的官员的监察监督是监察机构的职责，但是对这些人的监察并不仅仅限于监察机构。清代也不例外。

属于中央范围的监察体系，除了专职实行监察的都察院之外，清代的监察制度还表现为其他非专职的监察体制和机制。以对督抚的监察为例，除了都察院科道官员之外，皇帝、六部、其他督抚，甚至督抚的下属都可以对其展开监察。皇帝对督抚的监督主要是通过督抚离京赴任前向皇帝陛辞、督抚进京陛见、皇帝出巡调查、询问到外地办事的钦差、依靠亲信（包括其他督抚和督抚的下属等）密奏等几方面来实现。六部对督抚的监察主要表现为：对督抚题奏到部事件进行核实，作出准行或不准行的议覆，从而可以限制督抚滥用行政权力。

二、存在重大缺陷的地方监察制度

在地方监察方面，经过前期的变更，清代中期逐步形成了十五道监察御史—督抚—按察使—巡道构成的四级地方监察网络。与中央监察制度的完备和相对有效相比，清代的地方监察制度存在重大的缺陷：在顺治时期曾经一度实施过御史巡按制度，但是在康熙以后巡按制度基本废弃。这样，地方监察只剩下两种形式：都察院监察御史分道监察地方官和地方官上级监察下级。在实际

〔1〕《大清会典事例》卷一〇二九《都察院》。

运作中，这两种监察制度都产生了明显的问题。

清代的地方四级监察网络中，处于最高级别的是在京的十五道监察御史对各省的监察。但是由于御史常驻京城，对远在地方的行政官员的监察往往鞭长莫及，失之于粗，且往往因为担心得罪督抚等大吏而影响了自己的仕途发展，导致了御史对地方大员的虚监和失监。康熙时期的给事中王命岳曾经这样论述对督抚监察不到位的问题："督抚本系重臣，且多久任，选臣言官，岁有外转，人怀瞻顾。恐一旦为外吏，仰鼻息于属下，故言官参督抚者绝少。伏乞皇上特发玉音，遍谕责成各省督抚，从头洗涤，勿以喜怒为低昂，勿以厚薄为爱憎，务期简别精实，以称上旨。"〔1〕王命岳指出，言官担心自己可能成为督抚的下属，所以参督抚者绝少，由此恳请皇帝出面训斥各省督抚。在这种情况下，督抚实际上是通过三年一次的京察和不定期的密折由皇帝直接监察的。尽管事实证明皇帝本人往往被督抚所蒙蔽欺骗，但清代皇帝却认为督抚是自己亲自任命的重臣，其中的不少人还是旗下的奴才，纵然有问题也在自己的掌控之中，所以可以委以监察地方的重任。这样，在实际运作中，御史分道监察地方官的职能被削弱，督抚等兼职监察逐渐为朝廷所倚重，逐渐形成督抚臬道为主体的三级地方监察网络。

清代总督为正二品官，加尚书衔者为从一品，俗称"制军"或"制台"，统辖一到三省的文武军民事务，是总理辖区军政民政的地方行政长官。总督例兼都察院右都御史衔。清代中期之后形成定例，全国共设总督八人（清末又增设了东三省总督）：直隶总

〔1〕王命岳：《论吏治不清皆由举劾不当疏》，载贺长龄、魏源编《皇朝经世文编》卷十九"吏政五"。

督（管辖今河北、山东、河南三省地方）、两江总督（管辖江苏、安徽、江西三省）、闽浙总督（管辖福建、台湾、浙江三省）、湖南湖北总督、陕甘总督（管辖陕西、甘肃、新疆三省）、四川总督、两广总督（管辖广东、广西二省及南海诸岛）、云贵总督（管辖云南、贵州二省）。另有为管理专门事务而设的总督，如漕运总督、河道总督等，都兼右都御史衔，负有监察责任。总督的品秩本为正二品，而加右都御史衔者则为从一品。

巡抚，俗称“抚军”或“抚台”，是总管一省地方政务的最高行政长官，其职权与总督大体相同，但偏于民政。巡抚职权仅略逊于总督，无总督省份则以巡抚为最高长官；有总督省份，则巡抚与总督的权力互相制约。清代定制，全国共有巡抚十五人（到晚清则增至十六人），没有巡抚的省则由总督兼领巡抚职责。巡抚都兼都察院右副都御史衔。巡抚本为从二品，加右副都御史衔后则为正二品。

省提刑按察使司按察使，一般称“臬司”或“臬台”。按察使是正三品官，“掌一省刑名按劾之事，以振风纪而澄吏治”。各省的按察使在掌刑名案件之外，兼按劾官吏和乡试之监试的监察职责。清代定制，在除了东北和新疆等地之外的内地十八省，共设按察使十八人（到晚清则增至二十一人）。

省道员衙门道员，俗称“观察”，是藩、臬两司的辅佐官，有守道与巡道之分。驻守在一定地方叫做守道，分巡地方叫做巡道。乾隆十八年（1753 年）将守巡各道一律定为正四品官。道员有的辖全省，有的辖三四府州，主管辖区钱谷、刑名、吏治、教化等民政事务，且负有监察监督辖区府州县政务的职责。清代全国共设道员九十三名，其中全国共设守道二十人，巡道七十二人，另有专管关税道员一人（津海关道）。[1]

要指出的是，以上三级监察网络的地方监察体制，只在除了顺天府（包括北京及附近州县）和奉天府（包括盛京沈阳及其府州县）之外的内地各个直省实行。在作为首都的顺天府和作为"留都"的奉天府则实行特殊的监察制度。在顺天府，由隶属于都察院的五城察院对京城政务实行监察稽查。

从表面看，实行于除顺天和奉天之外的各个直省的、以督抚臬道为主体的三级地方监察网络职责明确、层层监管，比较合理。但实际上，不论在理论上还是监察实践中都存在重大缺陷。从理论上来讲，督抚臬道集行政权和监察权于一身，不符合监察独立的施政原则，行政权力干预监察工作，导致对各级地方官员的监察无法得到保证。从实践上来讲，由于督抚大吏本身贪污腐败导致整个官场贪污受贿风行，甚至督抚与下级官吏形成了行贿和受贿、侵贪造成亏空和共同赔补亏空的利益共同体，督抚臬道不愿也不便认真监察下级地方官。从历史源流来看，督抚在明代最初是中央向地方派遣的监察官员，属于都察院的外差，在明代后期演化成地方最高长官。到了清代，督抚最终成为掌握各省军政和民政大权的最高长官，且仍长期兼有右都御史、右副都御史等宪衔。督抚身为封疆大吏、朝廷重臣和地方主宰，其贪廉优劣，与地方的民生吏治密切相关，因此，督抚应当是地方监察的首要对象，但实际上清代帝王反而非常重视督抚的监察职能，在削弱了中央监察御史的监察效力的同时，却倚重督抚主导地方监察。以督抚这样的首要监察对象作为主要监察主体，并废弃了可以制约

---

〔1〕"分为三级的地方监察机构和官员设置"资料，参见《中国古代监察法制史》第391—393页。

督抚权力的巡按制度，这样的制度设计在根本上存在重大缺陷，直接导致了整个清代尤其是清后期以督抚为主导的贪污腐败大趋势。

三、制约地方大吏的巡按监察制度

在中央的监察体系中，除了都察院所属的六科给事中、各道御史作为中央监察的主要执行者，以及各地督抚的兼职监察这两种常设的一般性监察之外，中央监察还表现为各种临时性、专门性的稽察，即巡察御史对特殊地区和事务的专门监察，比如巡行各省的巡按御史，专门巡察盐务的巡盐御史，巡察漕运的巡漕御史，巡察国家粮仓的巡视京、通各仓御史，巡农御史以及针对科举考试和官员铨选等的专门监察御史，等等。清代上述为监察专门事务而设的各类巡察御史制度，主要存在于前期，在皇权稳固的清代中期以后大部分被废弃了。在这类临时性、专门性的巡察监察制度中，巡行各省的巡按御史制度最具代表性，且对今天的国家治理仍然具有重要的借鉴价值，值得认真研究。

巡按制度源远流长，早在汉代就有了类似于巡按制度的刺史巡察地方的制度。巡按制度正式成为重要的监察制度则始于明朝，所指的是中央派遣监察御史对地方官员进行不定期巡回监察的一种制度。巡按的职责主要有两点：代天子巡狩和察吏安民。巡按御史官秩不高，仅为正七品，但权力却很大，可以发挥重要的监察作用。这主要是因为巡按制度的设计思路是：巡按“代天子巡狩，所按藩服大臣，府州县官诸考察，纠劾尤专，大事奏裁，小事立断”。设计原则是：秩卑权重，厚赏重罚，以小制大，以卑制尊，以内制外。这种原则的理论解释为：秩卑则俸禄不多，不致怕得罪高官而贪恋权位，因而能抛开个人私虑，放开手脚察吏安民。权重则可以保证监察力度。以内制外，则可以保证中央皇权专制。厚赏重罚则可以产生有效激励，保证监察效果。清承明制，巡按制度也被继承了下来，且清代前期帝王非常注重巡按对地方官员的监察。顺治时期，先后四次不定期地派遣巡按巡视地方，共向十五省派出一百六十三人，一百九十七人次。[1]清初的巡按制度在肃清吏治、惩治不法官吏方面发挥了重要的作用，曾经发现和肃清了一批包括巡抚在内的腐败地方大员。如顺治八年（1651 年），江宁巡按秦世祯参劾江宁巡抚土国宝贪婪，结果土国宝被革职审讯畏罪自杀。如顺治十六年（1659 年），山东巡按御史程衡弹劾山东巡抚耿焞贪污，结果将其革职拿问。[2]

巡按制度之所以能够发挥澄清吏治、肃清贪虐的作用，主要是由于巡按的制度设计具有理论上的合理性，且在清初的执行中也比较严格。巡按御史为朝廷耳目之官，到地方巡视监察是“代天子巡狩”，以不定期（巡按任期为一年半）不定员的方式进行，巡视期间拥有相当大的监察和惩治的处置权力。这样的制度设计，既可以打破地方监察不力导致的利益共同体，又可以阻断御史和地方官之间可能发生的贿赂和受贿的合谋关系，使御史可以相对公正地监察地方官。同时，巡按御史作为皇权的代表，具有很大的决断和处置权力，可以及时处置遇到的复杂问题，保证了行政监察的效率和效果。在这种比较合理的制度设计的基础上，清代前期还对巡按御史出巡作出了非常严格细致的法律规定。比如按

[1] 参见吴建华《清初巡按制度》，《故宫博物院院刊》1987 年第 2 期（下同）。
[2] 参见刘丽君《清代顺康两朝科道官员研究》，中央民族大学博士论文，第 53 页。

照《钦定台规》的规定，御史离京出巡之前必须陛见，由皇帝将察吏安民、兴利除弊的方针政策亲自面谕一番。巡按御史自接受巡按任务之日起，不许见客、不收书、不接纳私办人役，不赴饯送宴会，且限领敕后三日内出京，沿途不准停留，到境后不受私书私馈等。巡按御史必须自带经承书吏出京巡察。若御史违犯这样的工作制度，地方官员可以对该御史进行纠举，中央会将其撤回治罪，另派新的御史代替。[1]正是因为制度设计相对合理且具体执行比较严格，清初的巡按御史制度才取得了较好的监察效果。

毫无疑问，巡按制度在制约地方大员的贪污腐败方面具有十分重要的价值。

但是没有制约的权力必然产生腐败。明朝末年巡按御史权力过度扩张，曾引发了抚按争权并导致了明显的行政效率损失等弊端。清朝统治者在汲取明代教训的基础上，在将重权赋予巡按御史的同时，又对他们作出种种权力制约和法律防范。在权力制约方面，比较重要且行之有效的是督抚按互纠的制约机制，即督、抚、按任何一方，如果发现对方有贪污不法行为，即可向皇帝纠参。在督抚按都具有直接奏事权的情况下，这种规定无疑具有明显的权力制约效果。在法律防范方面，清初也陆续颁布了一些针对巡按的禁令。但是在顺治朝晚期，类似于顺治十二年（1655年）顺天巡按顾仁贪赃纳贿、营私舞弊的巡按腐败现象已经出现。为了整顿吏治，防止巡按的腐败，提振巡按御史制度的监察力度，清王朝于顺治十八年（1661 年）颁行了具有法律效力的《巡方事

〔1〕 参见《清代监察法研究》之“御史出巡之规定”一节。

宜》十款[1]，以清理整顿巡按工作：

一、禁地方官谄媚巡方，私派供应。

二、察州县官于额外私派，果有私派，即行纠参，如巡按不纠，以溺职论。

三、巡按于属官内清廉贤能者不举而反劾，贪酷阘茸者不劾而反举，被臣衙及科道访察纠参，革职；从重处分。

四、纠参大贪，应首严于藩臬道府，今后若但以庸冗老病塞责者，将该御史从重治罪。

五、巡按于地方利弊，要必实心详察，差满后，曾兴何利，除何弊，册报臣衙详核，真实者以优等论叙，草率虚诳者题参惩处。

六、访拿衙蠹，必先本院衙门奸恶，其次督抚司道府厅州县公司衙门及地方棍豪，实系大奸大恶之人，务须严拿，毋致巧脱漏网，其该管官隐匿，即行参处。如已揭报而御史故为宽纵，指称访拿各色，捉拿无罪之人，诈取财物，随复纵放者，该抚即行纠参。

七、巡抚入境及出巡地方铺陈等物应自携带，蔬薪发银买办。如地方官献媚取荣，及巡按携带主文书役家人厨役前站之类，以致扰驿累民，督抚访确，即行题参。

八、巡按入境后，属员不得越境参谒，其随巡该道刑官，办理公事之后，即令速回。其督、抚、按互相馈遗结纳，照旧禁革。

---

〔1〕《中华监察执法执纪大典》，第438页。

九、互纠之法原欲彼此觉察，然从未有督抚指参一巡方者，今后御史倘有不法，而督抚明知不纠者，一并议处。

十、考核御史，立为上中下三等，其在地方清慎端严，恪遵上谕，省己爱民，奖廉去贪，兴利除害，听断明恪，锄蠹捍忠，轸恤民瘼，察核钱粮，招抚流移，垦荒兴学等事，无不修举，又能大破情面，纠察地方恶官劣迹者，臣等照例酌量加级记录，回道管事。其次谨慎奉法，察吏安民者，准其回道管事。其行事碌碌无实政及民者，参送吏部调外用。至于有徇情贪贿等弊，臣等访确，即据实纠参，革职治罪。

从文字上看，《巡方事宜》十款非常具体，针对性强，具备现实可行性。但是在实践中，由于对巡按的权力制约缺乏有效且有力的制度保证，这些规定并不能完全阻止巡按贪污腐败，发生于顺治后期的巡按御史腐败大案即为明证。更令人遗憾的是，即使是并不完美的巡按制度也没有坚持下来。

顺治年间，满汉朝臣对是否坚持巡按制度存在尖锐的分歧，巡按制度的设立和废止经历了几度反复。顺治之后，巡按作为一项完整的制度基本上就被废弃了，只是在康熙、雍正、乾隆、嘉庆等年间，曾经短暂地施行过御史巡察或者类似的重臣巡察的监察方式。如在康熙十九年（1680 年），康熙采纳了工部右侍郎田六善提出的从中央派遣巡按制约权威日盛的督抚的建议，选重臣刑部尚书魏象枢、吏部侍郎科尔坤巡察畿辅。如雍正年间，置巡察各省御史，江宁、安徽一人，两湖一人，山东、河南一人；巡视吉林、黑龙江科道，满洲二人；稽察奉天文武衙门御史一人；

巡视山东、河南工务御史一人。[1]但这些零星的派遣巡察御史或者钦差官员的做法并不是在巡按制度的框架内施行的，仅仅是在皇权专制之下进行阶段性整本的权宜之计而已。

巡按制度对制约监察地方官吏很有效果，却不被清代帝王所重视，以致最终废弃，有深层的原因。

首先，满汉矛盾的长期存在导致清政府在执政中始终注重维护满人的政治利益，注重通过以满人为主体的督抚来加强皇权专制。这样的执政理念是巡按制度被废止的重要原因。由于巡按对监察官的素质和经验要求高，且需要深入基层，刚刚入主中原的满人由于文化、语言和习俗方面的限制难以胜任，所以清代早期的巡按多为曾经在前明王朝有相关从政经验的汉官或者科举出身的汉官；但是清初的朝政主要由满人主持且地方督抚多为满人，所以他们反对汉人独占具有实权的巡按御史的职位并以制约督抚的方式损害满洲贵族的利益，进而反对巡按制度本身。尽管顺治本人为清王朝的长期利益计，且由于当时皇权不稳，需要通过直接向皇帝负责的巡按御史加强皇权，所以很支持巡按制度，但在他去世后，康熙初年由四大臣辅政，四个代表满族贵族利益的辅政大臣很快废弃了巡按制度。之后的年代，巡按制度施行的时间并不长，巡按作为一种完备的制度不复存在，经常是在政治需要时仅仅派一些重臣、御史及部员代行巡按地方的部分职能。在这个问题上，最关键的是清朝所倚重的督抚制度。督抚制度是清朝加强社会政治控制的产物：通过对地方的行政控制来强化政府的政治控制。清代前期和中期的地方督抚多由满族人担任，他们即

〔1〕 参见《清代监察法研究》。

便高居封疆大吏，亦为旗下之奴，旗主对其有绝对的支配权。作为八旗统帅的皇帝与督抚两者间的主仆关系决定了统治者对督抚普遍非常信任，所以赋予其地方军政大权而不担心其地方坐大以致尾大不掉。在两千年封建专制统治达到顶峰的清代，皇权专制达到了极致。但是皇权要实现集权专制，必然有赖于能够忠实贯彻皇权意志的、既有执行力又有处置权的高官群体，而清代以奴才为主体的督抚就成为皇权贯彻到州县等基层的权力中枢。由此，清王朝选择了皇帝与督抚“分权”，在皇帝集权基础上共同统治地方的治理方式。这样，通过赋予督抚地方行政、军政及监察大权，皇帝就可以通过控制数量有限的封疆大吏来达到既分理繁杂政务又集权于上的目的。在这样的体制下，皇帝就要保证督抚在地方事务中的权威，限制一切对其权力运行可能产生掣肘的力量，巡按制度因此而被废止。巡按御史废止之后其事权尽归督抚，使他们成为身兼行政、监察及军权于一体的封疆大吏。尽管权力集中而缺乏有力制约明显会导致腐败，但是信奉“有治人，无治法”的清代帝王更倾向于倚重被他们亲自选用的督抚重臣作为皇权代言人来主导地方监察。〔1〕

其次，清中期之后，作为巡按制度的替代品的制度逐步产生，承担了巡按制度制约督抚大吏的部分功能，又减少了满汉矛盾。清初皇权不稳，集权专制程度尚比较低，需要通过巡按来加强皇权。在康熙中期以后，清代的皇权专制达到了顶峰，清帝王逐步找到通过南书房、军机处密折制度风闻言事制度等机构和制度来加强皇权、监察官员，对巡按制度的需求不再如顺治年间那样强

〔1〕 参见《清初巡按制度》。

烈。清初巡按制度因满洲权贵不满与反对而遭废弃是客观事实，但这只是其被废止的直接原因。实际上，巡按制度的实施和废止，唯一的取舍标准是能否加强皇权，增强统治效能。清初实施巡按制度是为了制约满族贵族势力，加强皇权，后来废止则是因为康熙中期以后皇权独尊地位已经确立，中央部院堂官和督抚重臣已经成为皇帝的忠实奴才，巡按也就失去了复设的条件。到了雍正以后，密折制度等更有利于专制统治的制度已经得到加强，中央和地方的重臣所受到的制约力度不亚于清初巡按的监察力度。当然，在清代后期，清王朝的监察效能逐步减弱，这就已经不是巡按制度所能解决的了。

但实际情况是，在皇权专制的清代，不存在从下到上的监督，只能是从上到下地监察。最好的监察只能是将从上到下的监察做得更加严密，选择更令皇帝信任的人来主导向下的监察。皇帝只能是选择信任和授权于自己亲选的以满人为主体的督抚等重臣来主导地方监察，而不是坚持巡按制度；因为巡按本身也会由于权力缺乏制约而腐败，还需要其他制度来制约，而可能的新制度的执行者同样要面对是否被皇帝信任的老问题。所谓“有治人，无治法”就是这个道理。清代帝王更愿意选拔任用作为皇权奴才的德才兼备的满人贵族来治国理政，而不是去完善在专制体制下不可能完善的制度。

然而，清代废弃巡按制度的代价是明显的。尽管废除巡按有利于督抚事权归一，专心于地方事务，提高行政效率，但其带来的危害远大于其收益。身在京城的十五道监察御史太远不便于监察，皇帝被重臣蒙混欺骗监察不好，下级不敢监察，同级的督抚大员结成利益共同体不愿监察，督抚权威逐渐膨胀，贪污腐化不可避免。这样的地方大员越得皇帝信任，被赋予的权力越大，他们就越处于无监督状态，制度的漏洞就越来越大。正是这一原因，导致清代后期督抚徇私舞弊泛滥、贪权纳贿遍行，整个官场贪风日炽，整体吏治败坏不治。最终，作为皇权在地方的代言人的督抚，权力扩张缺乏制约，不但腐败惊人，而且带头对抗清廷，成为晚清皇权最大的掘墓者。

四、清代监察制度评价

清代监察制度继承明代制度而来，虽然在制度创新方面成就不大，但在完备性方面堪称历代王朝之最。清代监察制度至少在以下三个方面值得借鉴。

首先，在我国监察制度史上，清代的监察制度是相对完备和严密的。据研究者统计，清代的主要监察法规和配套法规，从顺治朝到光绪朝，总共有三十多部[1]。其主要的监察制度集中体现在《钦定台规》、《都察院则例》等法律文献中。以《钦定台规》为例，清代共完成了四次对台规的编纂：乾隆八年（1743 年）始纂八卷，嘉庆七年（1802 年）增修为二十卷，道光七年（1827 年）又增修为四十卷，光绪年间《钦定台规》再次增辑为四十二卷。清《钦定台规》是我国监察制度史上第一部以皇帝名义编撰和颁布的监察法规，是我国封建社会监察制度之集大成者。根据这部监察法规的规定，清代帝王依法将全国除了军机处等皇权重地之外的几乎所有行政部门、军队、皇家宗室、内务府等机构全

〔1〕《中国古代监察法制史》，第 400 页。

部置于监察机构的监督之下，在制度的具体和完备方面堪称典范。它明确详细地规定了各监察机构的职权，监察官员的地位，监察官员的选用、升迁、纪律等。[1]与完备的法律制度相适应，在制度的执行层面，清代的监察机构形成了一种以都察院为主体的多层次、多元化的网络严密的全方位监察体制：中央监察机构与地方监察机构相结合，一般监察机构与专门监察机构相结合，常设监察机构与临时监察机构相结合，注重灵活运用制度，充分发挥专门监察机构和临时监察机构相结合的灵活而高效的作用。正是由于清王朝建立了比较完备严密的法律体系，且在实践中（清代前期）执行较好，所以才创造了康乾时期相对清明的吏治态势。

其次，在建设最高权力垂直领导的、相对独立的监察体制方面，清代强大的专制皇权体制做得比较好。监察是一种力量（作为最高行政权的皇权和法律制度力量）对另一种权力（行政）的制约，所以监察权力要取得理想的绩效，监察主体的背后必须有足够的权威作后盾，否则监察就很难发挥监督和制约效力。清代尤其是清代前期的监察制度之所以能起到整饬吏治、激浊扬清的廉政功能，主要原因在于清代前期的帝王非常重视对监察的权力支持：不但将最高监察长官（都察院左都御史）置于皇帝的直接统辖之下，位列九卿之一，且赋予低级监察官员很大的话语权，并通过直接单独奏事权、风闻言事制度等予以保证，保障了监察官员和最高权力的联系，以及开展监察工作的独立性。同时，保证都察院的监察权和中央各部院的行政权同级并立，而且相对独

[1] 资料参见《吏治何以清明——清代监察法镜鉴》，第85页。

立，确立了地位超脱、权威性较高的行政监察体制，使都察院能超脱其他国家机关的羁绊，严格履行监察职能。

再次，将事后监督和过程监督、内部监督和外部监督、定向监督和不定向监督相结合，较好地保证了对各级官员权力运用过程和结果的监察。事后监督指的是御史对各级官员施政效果的监察审计，过程监督指的是六科给事中在国家重大问题的决策过程中（通过科抄、注销、刷卷等工作程序）对违法违制问题的监督。内部监督指的是行政官员上级对下级的监督，外部监督指的是专门的科道监察官员对行政官员的监督。不定向监督指的是科道官员只要发现不法行为，不论是京官还是外官都可弹劾，另外具有密折奏事权的大臣可以随意监督皇帝关心的政务和官员；定向监督指的是中央部院和地方政务受到十五道御史和六科给事中点对点的定向监督，还包括巡按御史和类似于巡按的钦差大臣针对某一地区或者专门事务进行的监督。由以上这样一些效力不同的监察方式组成的监察机制，既是历代封建王朝政治制度积累的结果，也是清代极端专制的君主集权制政治发展探索的成果。清代监察的严密，较好地保证了清代帝王对于官员权力的控制和监督。

但是，相对于其可取之处，清代监察制度的问题和教训更加突出，尤其是在清代后期吏治腐败的时期，监察制度内在的问题暴露无遗。

首先，清代监察制度和以往封建王朝一样，是自上而下的单向性监察，其设立目的完全出于维护封建皇权专制之用，监察制度只不过是皇权专制的工具，其能否发挥作用完全依赖于君主的个人意志，且监察制度的被破坏经常是因为皇权的专制。在一切权力皆源于皇权的国家政治体制下，监察机构直接听命于帝王，完备的监察法只不过是皇权专制的工具。所谓《钦定台规》监察大法，不过是帝王的治吏驭臣之术，其实施的效果完全以皇帝个人意志为转移。明代开国皇帝朱元璋废除丞相，创新政治制度，所追求的是天下大事一人总之、乾纲独断的统治效果。但是帝王专制独裁的政治体制在明代并没有完全实现，反而是在清代变成了现实。与历朝历代相比，皇权专制成为清代政治最大的特色。正如乾隆所说："乾纲独断，乃本朝家法。自皇祖皇考以来，一切用人大权，从无旁假。即左右亲信大臣，亦未能荣辱人、能生死人者。"〔1〕在乾纲独断的皇权专制体制下，完备的监察制度实际上沦为皇权专制的工具。而这种工具性本身就造就了监察制度的局限性：在皇帝认为监察制度妨碍其专制统治的情况下就会被随意破坏，最终制度在越来越不严格的遵守中成为具文，失去了监察的效力。由于监察制度的目的在于维护皇权，因此，各级官员们只要对皇帝忠心耿耿，不涉及谋逆、犯上、朋党等重罪，即使在清廉从政方面有过失，也会被宽大处理或者通过经济惩罚（罚俸禄、缴纳议罪银等）的手段从轻发落，尤其是对于督抚等重臣更是如此。对这个问题，康熙曾经讲："巡抚乃地方大吏，不在徒务虚文，宜实心筹画，思有益于民者为之。况清廉不专在一己，必使布按以下一并为廉吏，始能有益于民。所谓廉吏者亦非一文不取之谓。若丝毫无所资给，则居官日用及家人胥役何以为生？如州县官止取一分火耗，此外不取便称好官，其实系贪黩无忌者，自当参处。若一概从苛纠摘，则属吏不胜参矣。"〔2〕在这样一种容

〔1〕《清实录·高宗纯皇帝实录》，卷三二三。
〔2〕《清实录·圣祖仁皇帝实录》，卷二百三十九。

忍腐败的统治思想主导下，清代监察制度有一个明显的缺陷，那就是对督抚等封疆大吏的监察不到位，从而大大纵容了督抚们的贪赃枉法行为。康熙朝贪官噶礼早在山西巡抚任上就被两位御史弹劾，却受到康熙庇护，参劾他的两位御史袁桥、蔡珍以诬奏的罪名被降调，噶礼非但毫发未损，反而被康熙迁升为两江总督。直到两江总督任上因为科场案被张伯行纠参，后又被其亲生母亲告发企图杀母，才被康熙重处。这样的案例充分说明，清代监察制度的实施效果完全依赖于皇帝的个人意志。

其次，清代监察制度虽然具有相对独立的地位，但是总体来看监察与行政不分，行政干预监察，最终使监察根本无法获得真正制约监督行政权力的实质效果。其实，在中国封建专制主义中央集权体制下，这是历代监察制度都难以避免的重大弊端。从理论上讲，皇权专制是与真正的监察矛盾的。在高度集权的社会里，尤其是在清代那样皇权极度专制的时代里，是不可能产生出强大的监察权力以抗衡制约由皇权主导的行政权力的。对于行政权力的监督，只能依靠另一种与之相抗衡的力量才能实现。在实现了监察体制的“台谏合一”以减少对皇权制约的清代，统治者更不会去制造一个制约自己权力的外在力量和法律制度。与这种政治价值观相适应，清代的地方监察工作中监察与行政不分，作为地方最高军政民政长官的督抚拥有最高的监察权力，行政严重干预了监察。从历史来看，清代的监察制度重蹈了汉代和唐代将监察官演变为行政官的覆辙，其制度设计导致了恶劣的影响和严重的后果。清代督抚由明代的临时差遣固定为封疆大吏，成为兼行政、司法、军事、监察权于一身的地方最高军政长官，俨然一个地方土皇帝。更为严重的是，为了保障满洲贵族的利益，清代还废除了能“制督抚之专”的巡按御史制度。这样，针对督抚的监察并没有制度保证，而清统治者却把地方监察权交给他们执行，其后果可想而知。实际上，这样的制度弊端为清代监察制度最终的失效和吏治的惊人腐败留下了巨大的隐患。

再次，清代监察制度缺乏对本身异化的制度防范。清代的监察体系在后期逐渐蜕变而异化为谋取私利和政治斗争的工具，作为治官之官的监察官员反而成了权力腐败的典型。清代监察机构在设立之初，确实吸取了明代后期监察官员腐败的教训，在防止监察权力的滥用和异化方面也确实取得了显著的成效。但是，由于监察官员位卑言重、动辄影响国家政治动向的特殊作用，在政治腐败、朋党林立的时期，其总会被异化为谋取私利、打击异己和政治斗争的工具。清代朋党大案背后，总有一批支持和反对的监察官员。这种监察力量本身的腐败对整个国家健康政治生态的冲击是最大的。产生这种制度异化后果的原因在于，法律的权威在清代乃至整个古代中国从未被真正树立起来。缺乏法律权威支撑的监察官员作为铲除腐败的制度性力量，本身却没有制度保障，所以不得不经常性地依附于某一个政治权势集团，以免被官场政治潜规则所淘汰。在没有现代民主和法制的封建王朝中，这样的监察制度异化几乎是不可避免的。[1]

---

〔1〕“清代监察制度评价”参见张伟、朱佳丹《反思与借鉴：我国古代监察制度论略》，《黑龙江省政治管理干部学院学报》2005 年 5 期；参见汪庆红《监察与制衡——古代中国与中古英国权力控制模式比较研究》，中国政法大学博士论文，2006 年。

第五节　密折制度

一、清代密折制度的形成和概况

历史学家钱穆曾经讲，清朝在制度上的创建很少，它的统治更多地是依靠权术和继承前代而来的制度。清代帝王发明、创建和完善的密折制度即是其以“术”治国的集中体现。密折制度最初类似于一种告密制度，后来又发展出监察反腐等其他功能。从历史来看，唐代武则天时已有告密制度，明朝有东厂、西厂、锦衣卫等秘密特务制度。密折制度是清代帝王在继承前代帝王统治之术的基础上创建的一种文书制度。在密折制度下，由皇帝规定部分被信任的官员本人亲自在密折中撰写皇帝关心的任何信息和观点，秘密直接送达皇帝本人拆阅并用朱笔进行批示，任何人不得拆看。这种文书制度特殊的功能又使它成为一种监察、信访、君臣沟通制度。

密折制度在清代的形成经历了一个逐步完善的过程。清初文书制度原来基本因袭明代，公事用题本，私事用奏本，而题奏本章都不能直达皇帝，须先送内阁阅览票拟后再进呈皇帝裁夺，既费时又易泄密，不利于皇帝和臣子商讨重大事务，也不利于皇帝对下情的了解、对臣子的控制。在这种情况下，密折出现了。密折通过保密措施克服了公开题奏的弊端。密折，不同于题本和奏本，是官员写给皇帝一人看的秘密奏折。常规的题本、奏本在到达皇帝之前，要经过内阁或者通政司的环节，所以大臣言事多有顾虑，一些不便明言的事情皇帝就无法知道。密折则避免了这样的问题。清代密折肇始于顺治，但今天已没有实物来证明，现存的密折实物表明密折在康熙中期已经被经常使用，但在康熙年间，密折制度并不完备。雍正继位之后，开始全面实行密折制度并逐步在实践中加以完善，形成了完备的密折制度，到乾隆朝被广泛使用。

二、密折制度的运作和功能

密折最初的功能主要表现为臣子告密和皇帝政治控制。密折始于康熙朝，有其历史原因。康熙子嗣众多，争夺皇权的政治斗争非常激烈。为更多地获取第一手资料，及时掌握舆情和官员动态以掌控局势，康熙便命令一些亲信官员用密折向他报告政治动态，秘密写秘密送，直达御前。目前所见存世最早的奏折是康熙二十八年（1689 年）二月二十七日大学士伊桑阿的“奏谢温谕赐问平安折”。早期密折中最著名的为康熙的亲信曹寅、李煦所写。其中康熙给这两个亲信的朱批中关于密折的要求最具代表性。康熙命曹寅密奏：“倘有疑难之事，可以密折请旨。凡奏折不可令人写，但有风声，关系匪浅。小心，小心，小心，小心！”〔1〕康熙命李煦密奏：“近日闻得南方有许多闲言，无中作有，议论大小事。朕无可以托人打听，尔等受恩深重，但有所闻，可以亲手书折奏闻才好。此话断不可叫人知道，若有人知，尔即招祸矣。”得到康熙的授意之后，曹寅、李煦先后上奏了太仓起事、张念一聚众起

〔1〕《关于江宁织造曹家档案史料》，第 23 页，转引自《雍正传》，第 251 页。

事、江南科场案等事件，为康熙了解基层政治和舆情民意提供了重要信息。[1]康熙四十年（1701年）以后，更多的康熙亲信高官获得了密折奏事权。

雍正帝继位以后，十分重视密折的使用，雍正元年（1723年）建立了科道官每日一人上一封密折的制度。雍正谕科道等官："朕仰承大统，一切遵守成宪，尤以求言为急。在京满汉大臣、外省督抚提镇仍令折奏外，尔等科道诸臣，原为朝廷耳目之官，凡有所见，自应竭诚入告，绝去避嫌顾忌之私，乃为忠荩。若此时不能尽言，即后日官至大僚，岂能期尔建立谋猷乎？今著各科道，每日一人上一密折，轮流具奏，一折只言一事，无论大小时务，皆许据实敷陈，即或无事可言，折内亦必声明无可言之故，在外候旨，或召进面见，或令且退。其所言果是，朕即施行，即或未甚切当，朕亦留中不发，不令人知。倘有徇私挟仇等情，巧为渎奏，亦不能惑朕之耳目也。折内之言，不许与人参酌，如有漏泄，或同僚知而言之，则同僚即可据以密闻，朕将两人之折，合验情事，必不能隐讳推诿矣，至于有能面折廷诤，或弹劾权要，或更革弊端，不妨仍以露章奏闻，朕亦不拒。"[2]从这则谕旨可以看出，雍正即位之初就对密折非常重视，对其运作和功能论述详尽，并鼓励臣下多上密折。后来雍正又多次下旨，论述密折的作用、运作程序和制度设计。

雍正七年（1729年），雍正论述了密奏之初衷，改露章之缘由，定轮奏之训令。雍正谕内阁："朕即位以来，以公听并观为务，以纳忠广益为先，既命满汉文武大臣指陈政务，又命科道等

〔1〕参见《李煦奏折》，第76页，转引自《雍正传》，第251页。
〔2〕《中华监察执法执纪大典》，第496页。

于露章之外，准其密折奏事，盖以国家事务殷繁，人情弊端种种，诸臣有陈奏之心或有不便显言之处，故令密封进呈，所以免其瞻顾，去其嫌疑，俾得各抒所见，尽言无隐。又如国家勤慎素著之大臣，岂能保其无所错误，若被指摘，殊非情理，偶罹过愆或子弟家人生事失于察觉，一经弹劾，不加处分则近于庇护，若加处分，不能恕其一眚，朕心不忍，不若言事者密陈朕前，待朕为之斟酌轻重，训诲区处，亦两全之道。凡此皆须出于至公至当，方有裨益于风俗人心。”〔1〕

在密折制度的发展史上，雍正对密折制度的成熟有重大贡献。密折在康熙时并无一定规则与程式，也未列入国家的正式官文书之内。在雍正朝，其制度更加规范完备成熟。到雍正后期，因密折成了国家的正式官文书，就逐渐形成一套严格完备的制度。雍正时期密折制度的进一步完善化和制度化主要表现为：

第一，保密制度被强化。确立并严格执行缴回朱批奏折制度。雍正帝在即位的第八天就颁发满文上谕：“军前将军、各省督抚、将军、提镇、总兵官及各地，所有朕之皇父朱批谕旨，俱著敬谨查收，送来给朕，如果若抄写存留，隐匿焚弃，日后发觉，断不宽宥，定行从重治罪。”〔2〕雍正十分重视密折的保密措施，他反复告诫臣属，奏折并非露章，唯以慎密为要：一方面警告奏折人“君不密则失臣，臣不密则失君”；一方面要求“尔等具折，或满字，或汉字，各须亲写，不可假手于子弟。词但达意，不在文理

〔1〕《中华监察执法执纪大典》，第512页。

〔2〕《清世宗实录》卷一一；《永宪录》卷一，转引自《严猛治吏——雍正朝吏治研究》，第73—74页。

字画之工拙”。[1]雍正这样论述密折之密：“密之一字，最为紧要，不可令一人知之，即汝叔鄂尔泰亦不必令知。假若借此擅作威福，挟制上司，凌人舞弊，少存私意于其间，岂但非荣事，反为取祸之捷径也。”[2]“嗣后朕亲批密旨，亦著交进，不得抄写存留。”“各省文武官员之奏折，一日之间，尝至二三十件，多或至五六十件不等，皆朕亲自览阅批发，从无留滞，无一人赞襄于左右，不但宫中无档可查，亦并无专司其事之人。”[3]在雍正的掌控下，密折的保密性也得到空前的强化，实施了诸多保密措施。

首先是收回朱批奏折。奏折人在得到朱批谕旨的一定时期后，必须于年终将原折和朱批一起汇总缴还皇宫保存，个人不得私自留存，也不许抄存留底。而且奏折人不许以密折的朱批引入公开奏事的题本。其次是使用奏折专用的特制箱锁。有权上密折的大臣官员都由皇帝发给特制箱锁，其钥匙只有本人和皇帝持有。如果密奏者违反了保密规定，就会被取消密奏权，收回专用箱锁。第三是密折直达御前。高官的密折直接送到内廷，由奏事处太监直呈皇帝，小官的密折由少数皇帝信任的王大臣转呈皇帝，中间任何人不得拆阅。第四是皇帝亲自拆看、写朱批回复奏事者，任何人不得参与此事。[4]有了这些保密措施，密折就可以做到：臣子亲自撰写，中间不必经过任何机构或个人拆看，直接由皇帝御览。这样，密折就做到了既速且密，可以用来传递机密紧要的信息。

---

〔1〕《雍正朝汉文朱批奏折汇编》第一三册，第168页，转引自《严猛治吏——雍正朝吏治研究》，第74页。

〔2〕《朱批谕旨·鄂昌奏折》，七年六月十八日朱批，转引自《雍正传》，第262—263页。

〔3〕《上谕内阁》，八年七月初七日谕，转引自《雍正传》，第265页。

〔4〕参见《雍正传》，第264页。

第二，密折制度被正式升格为国家制度，并细化了相关规定。在公文程式、运转关系以及缮写的字体等方面，必须按照烦琐的规定办理，违者就会受到处分。建立了录副、发抄和存档制度。自雍正八年（1730年）起，规定密折送达御前，由皇帝用朱笔批示后，在发还具奏人遵行之前，照例要由军机处抄录一份，以供有关衙门传抄执行和存案备查，称作“录副奏折”，简称“录副”。也有少数奏折（如言官风闻奏事之折），皇帝不加批示，即以原折交军机处存档，不再录副传抄。还有个别事关机密之件，或因具奏人的请求，或皇帝认为不宜公开，即留在宫中，不发交军机处抄录，称作“留中”。

第三，扩大了具折奏事人的范围。雍正帝即位后，进一步扩大密折的使用范围，获准密奏的官员的范围有了极大的扩展：康熙中后期只有外省督抚、提镇和京中三品以上大臣及科道言官等少数人有密折奏事权利。雍正将折奏官员的范围扩大到布政使、按察使和学政等地方重要官员，甚至一些道府、副将等也被特许密折奏事。其范围几乎遍布全国各地，从而进一步拓展了情报来源，加强了对各地官员的监督。〔1〕

第四，雍正扩大了奏事内容，密折涉及的内容更加丰富，密折的功能也逐渐多了起来，不再限于告密。密折中的内容主要是重大决策、吏治、民情、用人大计等治国安邦的重要事务，也包括皇帝不愿让臣属们公开了解的其他机密事务。密折的功能主要表现为：

1. 使下情有效上达，是了解舆情、官员动态、地方政务的一

〔1〕 参见《严猛治吏——雍正朝吏治研究》，第74页。

手资料；

2. 在公开议论国政之前将机密要务先行上达，促进重大决策的有效性；

3. 皇帝拉拢臣子，使其为自己全心全意尽忠；

4. 打通君臣障碍，有效沟通思想，促进统治者内部团结；

5. 监察不法官员，揭发贪官污吏；

6. 考察官员的为人、官声和政绩；

7. 使官员们相互监督、彼此牵制，人人自危，遏制了重大腐败行为；

8. 缩短了公文传递周期，消除了被泄露篡改的可能性，提高了行政效率；

9. 在决策权方面实现君主专制、中央集权。

密折扩大了皇帝的耳目范围，加强了皇帝利用亲信控制广大官员的力度，利于专制独裁，故得到清代帝王的青睐。康熙朝保存下来的密折有三千多件，雍正朝只有十多年，留下的密折却有两万多件。[1]密折之所以能够从康熙朝非正式的文书发展成为一种功能强大的成熟的政治制度，有主客观方面的原因。

首先，从主观方面看，雍正在激烈的皇权竞争中胜出，所以个性多疑，特别勤政，而且雍正本人也对帝王的各种享受兴趣不大，且精力旺盛，乐于每天都批阅大量的密折。雍正亲身经历激烈的太子党争，最忌官僚结党威胁皇权，而这种实质为小报告的密折正是防范臣属欺蒙的有力武器。其次，清代皇权政治到了雍正执政期间达到了专制的顶峰。“乾纲独断”的专制统治需要加强

---

〔1〕 数据来自于宋建设《清初巡按研究》，东北师范大学硕士论文，2006 年。

对臣民的控制，而密折是很好的控制和震慑手段。再次，康熙后期政治尚宽，弊政积累较多，雍正推行新政，需要了解全面的信息，秘密酝酿并和亲信大臣秘密商议。密折满足了这一政治要求。其四，康熙后期吏治败坏较为严重，密折则是一种有力的监察手段，具有整饬吏治的重大功能。

总之，主客观条件相结合，最终促成了密折制度在雍正时期的成熟完备。在密折制度形成之后，也有人提出过一些异议，批评密折制度的告密文化对言路的伤害，但是由于作为最高统治者的雍正对密折的功用非常欣赏，这种制度遂被坚持下来。到了乾隆以后，由密折演变的奏折，正式取代了原来公开的题奏。纵观清代历史可知，密折制度在雍正之后的国家政治生活中发挥了重要的作用。皇帝在很大程度上要依靠密折察吏安民，了解信息，沟通意见，做出决策。皇权的网通过密折制度越撒越大，使君主专制、中央集权达到了顶峰。

三、密折制度的廉政价值

通过回顾密折制度的历史可以看出，最初并不是用来反腐败的密折制度，最终将监察官吏和发现腐败线索发展为主要的功能之一。实际上，在密折的早期运用中，它所独具的整饬吏治功能就很被重视。

雍正在论述密折的功用时，曾经明确提出密折中要报告地方吏治情况："今许汝等下僚亦得折奏者，不过欲广耳目之意。于汝责任外，一切地方之利弊，通省吏治之勤惰，上司孰公孰私，属员某优某劣，营伍是否整饬，雨旸果否时若，百姓之生计若何，风俗之淳浇奚似，即邻近远省，以及都门内外，凡有骇人听闻之事，不必待真知灼见，悉可以风闻入告也。只须于奏中将有无确据，抑或偶尔风闻之处，分析陈明，以便朕更加采访，得其实情，汝等既非本所管辖，欲求真知灼见而不可得，所奏纵有谬误失实，断不加责。”〔1〕为了让亲信大臣放心密折参劾不法之臣，雍正特地命令，对自己没有当皇帝时所用的老部下不要畏惧忌讳，要放手监察：“朕居藩邸时，岂无素所任使之人，诚恐向日效力微员借称王府旧臣，在外招摇吓骗，生事于法，其害甚大，断难姑容。尔等可不时留心察访，一有闻见，著即密参，切勿畏忌。”〔2〕

更厉害的是，雍正鼓励大臣互相告密，命大臣用密折互相监察：“朱纲行止，舆论不一，依朕观之，似欲速成者，然否？据实奏来。密之。”〔3〕即使是对自己的宠臣李卫，雍正也不放过，仍然命令其他官员对其秘密监察：“近闻李卫行事狂纵，操守亦不如前，果然否？一毫不可瞻顾情面及存酬恩报怨之心，据实奏闻。”〔4〕

雍正所鼓励的密折告密虽然失之于不够光明正大，却颇具廉政价值。清代顺治以后，御史巡按制度被废止，对地方督抚重臣的监察任务主要落在十五道监察御史的肩上。但是鉴于督抚重臣位高权重，且作为京官的御史经常会被外放为地方官，受督抚管辖，故十五道御史对督抚等实权外官的纠劾监察名存实亡，以致督抚之权无人敢监察，无人能监察，成为地方监察中的巨大漏洞。

---

〔1〕《朱批谕旨·鄂昌奏折》，七年六月十八日朱批，转引自《雍正传》，第256页。

〔2〕《中华监察执纪执法大典》，第496页。

〔3〕《朱批谕旨·王朝恩奏折》，雍正二年十一月初四日折朱批，转引自《雍正传》，第257页。

〔4〕《朱批谕旨·马会伯奏折》，雍正二年七月十一日折朱批，转引自《雍正传》，第256页。

雍正创造性地发展的密折监察则部分地解决了这一难题。

雍正将密折奏事权扩大到督抚以下的藩司、道府、副将等小官，实际上是将中国封建监察制度中“以下制上，以卑制尊，职卑权重，无所不纠”的监察原则运用到中央各个部门和地方的中高级官员，乃至被视为亲信的小官中，以无形的密折上奏行为编织了一张锐利的监察网络，收到了“无相制之形，实有相制之势”的奇效。雍正在扩大密折奏事人范围之后，还要求督抚藩臬各级官员之间以密折互相纠察，以收相互牵制和防范督抚欺隐徇私的效果。这样，就将官员互相告密监察之法活用于大小臣工，以至于官官有风宪之责，人人怀被察之忧，编织了一张人治加法治、权术加阴谋的监察网，而这张网的总纲就攥在雍正自己手上。[1]在这样的监察网的高压之下，即使位高权重如督抚重臣，也不得不在监视密报他人的同时防范别人密查自己，不得不对不法行为有所收敛。雍正的廉政建设手段不够光明正大，却相对高明有效。

四、密折制度评价

从起源上可以看出，密折制度是一种和皇权专制紧密相关的政治制度。清代的密折制度，起源于康熙皇帝依赖亲信办理机密事务、了解民情舆论和吏治清浊的政治行为。到了雍正，能上密折的人不再仅仅限于曹寅和李煦这样家奴出身的亲信官员，范围空前扩大。在奏折人增多、密折奏事常态化的情况下，密折逐步

〔1〕 参见《严猛治吏——雍正朝吏治研究》，第75页。

成熟化为一种政治制度。拥有密折奏事权意味着拥有和皇帝的亲密关系。臣属被授予密奏权则会受宠若惊，感激涕零。这对于培养效忠皇权的奴才是一种有效的手段。从这一点来看，密折制度对专制政治的作用非常大，在告密、了解舆情、掌控官员、笼络人心等方面效用明显。

从廉政建设的意义上看，密折制度虽然仅仅是一种文书制度，却是一种比较有效的权力分配和制衡机制、监察机制和举报机制。其监察成本小，监察效果较好，最高统治者可以依据密折信息有效地震慑和打击贪官。这种告密监察机制的存在也将官吏群体整体置于被检举揭发的压力环境中，有利于廉政建设。雍正时期的吏治在清代是最好的。雍正能有效地整饬吏治，具有信息上达、权力监察和权力制约功能的密折制度起了很大作用。密折制度虽有其历史局限性，但却说明一个道理：拥有权力的官员是要监督的；不是百姓公开监督、舆论公开监督，就是派人秘密监督。只有官员受到有效监督，吏治才会清明。

但是，密折制度的优点在于密，其缺点也在于密。首先，因为鼓励告密，必然会鼓励奴才人格，损害道德文化，伴生诬陷等不良后果。比如，雍正就在密折朱批中命令鄂昌严守秘密，“即汝叔鄂尔泰亦不必令知”。这样，密折制度就在雍正的股肱重臣鄂尔泰与其子侄之间横起了一道皇权的高墙。这样的制度对正常的社会机制无疑是一种损害。其次，密折加强了权力制约，也导致了某种程度的行政效率损失。为了防止下级官员的“僭越”和掣肘，雍正曾经明确指出，下级官员如藩臬两司密奏的主要对象是督抚的“欺隐”和“徇私”等“不法之弊”，而不是一般的地方事务。因为如果藩臬能够对一般政务拥有话语权，则会掣督抚之肘，导致督抚事权不得专一而行政效率损失的弊端。实际上，密折确实部分地导致了这样的问题。再次，密折的高度机密性质不但会产生挟嫌诬陷，还会导致皇帝本人偏袒自己的私人，使其不受公众的监督。雍正偏袒过宠臣田文镜，高调整饬吏治的乾隆竟然庇护养成了清代最大的贪官和珅。其四，密折制度毕竟不是治国理政的光明大道，它不但具有帝王权术的性质，而且充满了法家的阴狠气息，如果不能用儒家的道德仁义予以调和，会使事情走向反面：密折制度所培养的那种人人自危的恐惧感会导致大臣自谋对策，造就官员之间互相趋奉的潜规则，导致密折的监察作用完全失效。其五，密折制度充满了皇权专制之下“家天下”、“私天下”的腐朽气息，所强调的是帝王一人秘密掌控所有大臣的巨大震慑力。早在先秦时期孔子就提出了大同社会的政治理想，近代以来，孙中山也力倡“天下为公”的民主理念。在天下为公的政治原则下，政治公权应当是在天下百姓的监督下在阳光下运行，所谓群众监督即是如此。而密折制度则大异其趣，虽能在一时见效，终会由于缺少政治道义的支持而走向没落。

清朝帝王推行密折制度有其特定的背景和条件。尤其是在雍正时期，雍正通过密折了解下情，震慑和控制臣下，和亲信大臣密议大政，成为推行新政的强力武器。雍正阅历广，勤于政事，知人善任，性情严厉，使密折制度的功能得到最大限度的发挥，使雍正朝成为清代历史上吏治最清明的时期。但是，由于存在明显的内在缺陷，密折制度只能在特定的历史条件下发挥一定的作用，而不能实行于久远。

第六节 财政审计制度

一、清代常规审计制度

从魏晋到隋唐，我国曾经创建和发展了一种相当成熟的专门审计制度：比部制度。比部位于刑部之下，拥有独立的人员和编制，其职责是专门负责国家财政的审计稽察。作为独立于财政支出部门的外部审计主体，且拥有一定的司法权力，比部所承载和执行的外部审计制度，曾经是和御史监察制度同样有效的遏制官员腐败的制度。遗憾的是，这种具有较大权力制约作用的外部审计制度在明清时期衰落了。中国古代社会发展至明清，封建专制主义中央集权制空前强化，皇帝为了更全面简捷地监督臣下，同时减少对自己无限皇权的制约，干脆取消了专职审计机构。明初，比部仍隶属于刑部，执掌国家审计职权。但是在洪武二十三年（1390 年）的刑部改制中，比部被撤销，其审计职权被分割，转由监察部门兼职负责。

到清代，主要沿用明代的监审合一制度，常规的审计制度主要包括监察官员兼职负责的审计、地方行政官员的逐级审计等制度。

清代，在中央负责国家审计的是都察院下的科道官，负责稽察六部百司之事：凡仓库收支、钱粮奏销交盘、漕粮、盐课、官吏军人俸禄、在京各衙门支领财物、工程修建经费、制造船只军备等国家重大财政收支，都要进行审核奏销。各道监察御史除分省稽察外，还代管在京各衙门如户部、工部、光禄寺等。其兼职审计职责的履行方式主要是在内刷卷，稽察部院诸司，在外巡视仓场库务，巡盐，巡漕，查算钱粮等。清科道官相对独立于六部百司、诸道州县之外，通过查算钱粮、磨算注销钱粮账籍等审计方式，可以在一定范围内发现官吏的经济犯罪行为，之后可以通过自身的监察功能进行纠参弹劾。前面的章节已经对清代监察制度有详细论述，此处所讲的审计制度，其实是清代监察制度中涉及经济问题的一部分，所以清代的常规审计称之为监察官的兼职审计制度。这种监察部门兼职审计的制度设计在中国历史上素有传统，且影响深远。

在地方，清代下至知府、道员，上至督抚，自下而上对下一级行政机构逐级进行钱粮奏销盘查。州县钱粮责成管辖知府、直隶州盘查；各府钱粮，责成管辖道盘查；直隶州钱粮，责成分巡道盘查；粮驿道钱粮，责成布政使盘查；藩库钱粮，由督抚会同盘查，或者由巡抚单独盘查（限无总督省份）。盘查时，各级地方衙门中有关钱粮事项均在审核之列。在中国古代，最重要的经济管理内容就是钱粮，所以，清代所谓钱粮盘查审核就是审计的主要工作。在这种钱粮审计中，上级可以通过查算钱粮、稽察钱粮账籍来发现官吏在经济上的违法乱纪行为。这种地方逐级审计的最高负责人为督抚。清代督抚为地方最高行政长官，督抚对地方钱粮亏空侵挪、建筑工程浮开冒估、任意侵肥、官吏受贿勒索等，负有举奏之责，如失于觉察或为之徇隐，则要受到处罚。与清代地方监察制度类似，督抚在地方上拥有最大的审计权。〔1〕

〔1〕“监察官廉职审计”资料参见方宝璋《清代监察官的廉职审计》，《当代审计》1994年第3期。

以上是清代的常规审计制度的主要内容。此制度的特点是审计和行政关系紧密，审计的独立性较差，审计效果无法保证。科道官确实相对独立于中央六部和地方诸省等被审对象之外，可以在一定程度上对所审计对象申报的钱粮财物账籍进行客观的审核奏销。但是由于清代科道官的权威较弱，且科道官经常会转到行政部门或者地方任职，出于自身仕途考虑，科道官兼职审计往往效果较差。中央的科道官审计尚且如此，就更不用说将审计放在行政体系中的地方逐级审计了。后者的审计效果更差。清代地方下至知府、道员，上至督抚，自下而上的逐级钱粮奏销盘查，多数只限于账面核算稽察，且属于行政系统的内部财政财务审计。自己审计自己，权力没有制约，审计往往流于形式。

二、特殊的会考府审计制度

在常规的审计制度之外，清代在雍正时期还短暂地实行过一段特殊的会考府审计制度。会考府是雍正设立的一个直接对皇帝负责的专职经济审计机构，有专门的人员编制，存续了三年时间，审计稽察了奏销事项共五百五十件。会考府存在的时间不长，却是清代最有特色也最有效率的审计机构，其运作期间形成了特殊的会考府审计制度。

雍正皇帝即位之初，财政混乱，贿赂横行。雍正元年（1723年）元旦，雍正帝历数财政困局和官吏侵吞钱粮等官场积弊，要求采取一切手段，惩治官员犯罪，追补亏空，清查钱粮。雍正认为："各省奏销钱粮，除地方正项及军需外，其余奏销项内，积弊甚大……若无部费（所指为贿赂），虽档册分明，亦以本内数字互异，或因银数几两不符，往来驳诘；一有部费，即縻费钱粮百万，亦准奏销……内外通同，欺盗虚冒。”〔1〕为了整治财政混乱和吏治不清的状况，雍正决意采取非常措施，其中主要的一项即是在中央成立特别机构会考府，负责审计中央各部及地方各省的钱粮奏销事宜。

会考府设立于雍正元年（1723 年）。当年正月十四日，雍正君臣共同商定要设立一个专门掌管钱粮奏销事务的审计机构，雍正在上谕中要求“嗣后，一应钱粮奏销事务，无论何部俱着怡亲王、舅舅隆科多、大学士白潢、左都御史朱轼会同办理”〔2〕。随后，内阁奏请皇上“钱粮关系甚重，请另立衙门……至衙门名色，臣等恭拟呈览，恳乞皇上钦定”〔3〕。雍正准奏，并确定另立衙门为“会考府”。

在会考府成立之初，雍正明谕会考府首席大臣允祥：“尔若不能清查，朕必另遣大臣；若大臣再不能查，朕必亲自查出。”由此，会考府正式成为主持清查退赔、察核钱粮、纠参贪蠹的权威审计机构。会考府成立之初，并没有立即获得应有的审计权威，其预设的被审计对象并不情愿将钱粮事务送交会考府审计。针对这种情况，雍正元年（1723 年）二月二十五日，雍正专门下旨强调了会考府的专职审计职责和权威：“向来奏销钱粮不给部费（贿赂）则屡次驳回，勒索地方官，朕欲革除此弊，特设会考府衙门。前降旨甚明，近见各处奏销之事并不送会考府，各部有擅行驳回者，如此，则勒索之弊尚未革除也。嗣后，有应驳之事，定须送

〔1〕《清实录·世宗实录》卷三。

〔2〕《上谕内阁》雍正元年正月十四日谕。

〔3〕《文献丛编》第四十三辑《会考府题奏档》（故宫博物院编印）。

会考府查看，如果应驳，会考府王、大臣官员列名驳回。”[1]

雍正元年二月二十七日，会考府承办了设立以来的第一件奏销事项：“工部为孝惠章皇后丧仪钱粮奏销事。”会考府审计出有浮多之处、奏销不实，于三月三日驳回。

会考府在实际存续了三年之后，于雍正三年（1725年）八月十三日被下旨裁撤。雍正这样解释裁撤原因：“向来各部院动用俱系各衙自行奏销，往往无从稽考，朕办事之初不得不加意经理，是以设立会考府以司查核，自雍正元年以来，迄今将及三载……会考府本属有益，设立日久，但恐多一衙门即多一事端……嗣后着将会考府停止。”[2]

会考府在三年的运作中探索出一种比较有效的相对独立的审计制度。

从机构设置和人员编制上看，会考府是一个不隶属于任何其他中央部门的独立审计机构。会考府由总理事务王大臣、怡亲王允祥等四位王大臣兼职负责，允祥领衔，另三人是总理事务王大臣隆科多、左都御史朱轼和大学士白潢。后期朱轼与白潢不再兼管会考府，由兵部或吏部尚书等大臣兼任。会考府设左、右二司，各司由掌印郎中负责。会考府官员编制是：设满汉郎中各二员、员外郎各二员，还有主事、笔帖式若干，共计二十四人。[3]

从职责和权力上看，会考府是专职的独立审计机构。会考府被赋予的职责是审计中央部门的钱粮支出、地方各省的军需支出项目等财政支出工作。[4]根据雍正的规定，国家大部分的钱粮奏

〔1〕《上谕内阁》雍正元年二月二十五日谕。

〔2〕《上谕内阁》雍正三年八月十三日谕。

〔3〕资料源于李朝晖《清朝雍正初期的审计机构——会考府考略》，《审计研究》2008年第3期（下同）。

〔4〕参见《文献丛编》第四十三辑《会考府题奏档》（故宫博物院编印）。

销事务都要经过会考府审计后，确认合规合法，才能列支核销。凡是会考府审计后认为有违规问题的项目，则予驳回，令其核实后再报审；重大审计事项的处理，则奏请雍正定夺。雍正所创立的会考府审计制度，加强了外部审计监督，使各部门自作主张开销钱粮的状况受到遏制，给侵贪和行贿受贿行为以有力打击，形成了未经外部审计不得列支财政经费的有效反腐制度。

雍正创建会考府的直接目的是查禁部费，以防止各省和中央各部衙门上下串通贪污纳贿，杜绝侵贪亏空之弊。从会考府审计制度的执行效果上看，它在当时确实也起到了以审计来整顿财政、整饬吏治的效果。在会考府存续的三年中，共审计各官府钱粮奏销案五百五十件，其中驳回改正的有九十六件，占全部审计案件的百分之十七。在允祥的主持下，会考府查出户部库银亏空二百五十余万两。负责户部且兼职会考府首席大臣的允祥请以户部所有杂费逐年代完，约计十年可以赔补清楚。雍正认为："历年经手俱有堂司官员，当时任意侵渔，此时置之不问，令其脱然事外，国法安在。"[1]于是勒令历任堂官、司官及部吏赔偿一百五十万两，另一百万两由户部逐年弥补，三年内还清。依靠会考府，雍正帝处理了一批大案要案，极大地促进了当时的廉政建设。雍正的第十二弟允祹曾管过内务府事务，亏空钱粮，积欠甚多，在会考府的审计推动下，被迫拍卖家用器物以赔补亏空。会考府对工部奏销事项中有关黄河水利、浙江海塘等重大工程的钱粮数目的审计核查尤其严格，审计出了河督赵世显克扣治河工料、侵吞钱粮的重大经济犯罪事实，结果赵世显被立即重刑治罪。由此可见，

---

〔1〕《雍正朝起居注册》，二年十一月十三日。

会考府的审计工作是卓有成效的。[1]

遗憾的是，会考府制度在后来的运作中被异化了，为了审计经济犯罪而成立的会考府竟然衍生出针对会考府审计的“会考府公费银”。雍正二年（1724 年）十一月，贵州威宁总兵石礼哈上奏说：“臣标每年向例不可减之公费其中有：会考府公费银一十九两”。设会考府查禁部费，反生出了“会考府公费银”[2]。被审计对象为了顺利通过会考府的审计，创造了像对付其他部门一样的贿赂名目。这不能不说是会考府制度的悲哀。雍正在解释裁撤会考府的原因时提到“多一衙门即多一事端”，这样的制度异化正是事端之一。

三、清代审计制度评价

清代的常规审计制度是千年封建审计制度发展的结果，有制度成熟的优点，也有制度老化导致的效应衰减问题。在清代的常规审计制度下，审计职权主要由都察院行使。从我国审计制度发展的历史看，清代都察院是我国古代享有最完整审计职权的审计机构。此前有些朝代的审计机构职权比较分散，清代审计没有机构重复现象存在，由单一机构行使审计权。权力集中利于提高审计效率，无疑具有历史进步性。但是，如果单从国家审计机构的独立性来看，清朝较之唐朝是一个倒退，因为清代常规审计由都察院科道官员兼职负责，且和行政系统紧密相关，缺乏独立性。

---

〔1〕本小节的“会考府”资料参见《严猛治吏——雍正朝吏治研究》，《清朝雍正初期的审计机构——会考府考略》。

〔2〕《雍正朝起居注册》，二年十一月十三日，转引自《严猛治吏——雍正朝吏治研究》。

清代审计制度对今天更有借鉴意义的是其特殊的会考府审计制度。清代的会考府独立于中央行政管理机构之外，依照皇帝授权，通过对钱粮奏销事项的相关事实和档案进行审查，纠正错弊，具实参劾，对财政进行审计监督。应当说会考府就相当于近代以来专职的审计机构，尽管在当时雍正不可能认识到这一点，但他赋予会考府的职责以及会考府三年的有效运作在客观上创建了清代特殊的会考府审计制度。

清代的会考府审计制度有不少积极的经验值得借鉴。首先，会考府审计具有相对独立性：会考府不隶属于任何中央机构，独立承办钱粮奏销审核事项，独立履行审计监督职能，是对财政进行审计监督的专职审计机构。它有明确的机构设置、官员编制和管理制度，与吏部、户部、礼部、兵部、刑部、工部六部平级，是我国封建社会级别最高、独立性最强的专职审计机构。唐朝的比部隶属于刑部之下，宋朝的审计院隶属于财政机构太府寺之下，各朝代（包括清代的常规审计）监察御史的审计工作，是在审计与监察合署办公之下开展的。与上述这些审计机构相比，会考府是一个比较理想的独立审计机构。其次，会考府审计具有权威性和高效性，会考府由文武百官中职位最高的总理事务王大臣主管。会考府总理事务王大臣及各司郎中可直接向皇帝汇报工作，他人不得干预，显示出极高的审计权威性和审计效率。

但是，会考府实际上是雍正为整饬吏治、整治财政、稳固皇权所采取的一种临时措施，其缺陷也比较明显。这主要表现为，会考府存续三年，在制度建设上考虑不多。它作为一个独立的审计机构，却没有严格的人员独立制度，重要官员多为其他部院长官兼任。如影响最大的总理会考府王大臣允祥，就同时负责总理户部事务，直接影响了会考府对管理财政的户部的审计。从治国理政的规律来看，户部办理的奏销事务远多于工部，但当时送会考府审查的却远少于工部，同期被驳回的事项，也以工部为最多。这一方面是因为允祥主管户部且兼职主管会考府，另一方面还因为与雍正帝积怨甚深的廉亲王允禩当时管理工部，雍正为了巩固皇权而对其施政多有审查。就职责而言，会考府的审计范围也比较狭窄：只负责审查各省动用军需钱粮和各部院动用钱粮的奏销事项，不包括中央其他财政支出和各省及所属地方正项钱粮支出；只审计钱粮奏销，也就是财政支出，不审计国家及地方的财政收入。种种制度上的不完善，导致会考府未能实现对全国财政全面、彻底的审计。〔1〕

就实际的历史而言，这些制度缺陷倒还在其次，关键是当时会考府是雍正政治斗争的工具之一，其命运随政治形势之变而变。雍正元年（1723 年）吏治腐败、财政混乱、皇权不稳，选派亲信设立会考府是为了改革财政弊端、肃清吏治、巩固皇权。到雍正三年，吏治已经肃然一清，中央各部院要职都已经安插了雍正的亲信，会考府的政治使命已经完成，在制度异化的情势下不得不退出历史舞台。这样的政治形势，导致会考府这种比较理想的审计机构没有能够在制度上进一步完善。

四、清代审计制度的启示

首先，在封建专制主义政治体制下，各种类型的审计机构，

〔1〕 参见江桥《会考府考略》，《历史档案》1985 年第一期；又见《严猛治吏——雍正朝吏治研究》，第 38—39 页。

包括清代的会考府，其所拥有的审计权是自上而下地由皇帝授予，而不是自下而上地由人民授予。这样，审计机构便成为皇权（最大的行政权）的代理人，而不是独立于行政权力之外的监督者。就清代而言，会考府由雍正最信任的十三弟允祥和舅舅隆科多等四位高官兼职负责，作为皇权的代表。这决定了其独立性只能是相对于被审对象而言，无法获得一种超然独立的第三方地位，也就无法建立一种有效的反腐预警机制。

其次，是审计对行政权力运作的介入时段和效果问题，或者说是审计的预防腐败功能问题。我国古代审计制度基本上都是事后审计，具有发现和惩治腐败的功能，却缺乏预防腐败的作用。这样即使发现问题，一般既定的损失也无法挽回。就清代的都察院和会考府审计制度而言，其审计效应都非常滞后，都是在腐败发生之后很长时间（甚至是十年之后）才能被审计出来。秉承雍正意志的会考府还推动了勒令贪污官员赔偿亏空的规模化运动，为国家财政挽回不少损失，多数的审计机构则缺乏这方面的制度设计。只有实施经常化的、审计前移的审计监督，才可以防患于未然，形成在发现腐败事实之外的预防腐败审计制度。理想的审计应从事后的一次性审计逐步转向经常性的、关口前移的审计监督；转向预防性、控制性和总结性的事前、事中和事后相结合的，全过程的审计监督；在行政权力的开始运作阶段就介入审计，承担起预防腐败的功能。在这样的审计制度下，具有强大发现能力的审计机构可以达到制度防腐反腐的效果，对那些潜在的腐败动机形成强大的威慑力。

第七节 法律制度

一、概况

清代的惩治腐败制度主要体现在《大清律例》、《大清会典》、类似于《吏部则例》的诸多专门的官吏管理惩治条例等法律制度文本中。

作为最后一个封建王朝，清代各项制度都相当的精细复杂，甚至烦琐。记载清代行政制度的《会典》，内容堪称浩博丰富。整个清代《会典》共有六部，其中内容完备者就有五部，分别为康熙、雍正、乾隆、嘉庆以及光绪朝的《会典》。五部《会典》首尾相衔，记载了清从开国到光绪二十二年（1896 年）的大部分行政制度，合称“五朝会典”，统称《大清会典》。其编撰目的是规范国家机关的组织、活动，加强行政管理，提高官吏的统治效能；其蓝本是《明会典》，主要记述各朝主要国家机关的职掌、事例、活动规则与有关制度；其编纂一直遵循“以典为纲，以则例为目”的原则，典、例分别编辑。《会典》所载一般为国家基本体制，实质上是国家行政法，其中有不少关于如何惩治腐败官员的具体规定。

就法律价值而言，《大清律例》在惩治腐败方面的制度成果更加典型。《大清律例》以《大明律》为蓝本，是中国传统封建法典的集大成者，是中国历史上最后一部封建成文法典。它继承了汉唐尤其是明代的法律制度和立法精神，但是《大清律例》又充分考虑了清代（少数民族统治）的政治特色，在一些具体制度上对明代法律制度有所改进。《大清律例》的结构、形式、体例、篇目与《大明律》基本相同，共分名例律、吏律、户律、礼律、兵律、刑律、工律七部分。《律例》正文三十六卷，律文四百三十六条，附例一千零四十九条。自乾隆五年（1740 年）修订之后，律文部分基本定型，极少修订，后世各朝只是不断增修律文之后的"附例"。《大清律例》前后有多个版本，一般认为乾隆五年版本标志着清代法律的成形。《大清律例》在惩治腐败方面的制度规定主要针对的内容有贪污、受贿、行贿、挪用钱粮、官员选任舞弊、贪赃枉法等。

自入关到清末，清朝在编纂了《会典》、《律例》的同时，还制定了众多的则例、事例、省例等行政法规。比如则例，是清朝中央各衙门制定并经钦准，且为相关机构及其工作人员所遵循的办理各项事宜的规章准则。比较重要的则例有《钦定六部处分则例》、《钦定吏部处分则例》、《钦定兵部处分则例》、《钦定王公处分则例》等单独的官员管理惩治法规。在惩贪方面，清代的制度建设也颇为可观。乾隆朝于《大清律例》之外还制定了一系列针对具体腐败领域的专门法，如乾隆十二年（1747 年）制定《侵吞犯员罪名》、十五年（1750 年）制定《侵吞案条例》。〔1〕这些单行法作为正式法律和行政法的补充，也具有公认的法律效力。

以例治国是清代法律制度的特点。清代在颁布大量专门的法律条例的同时，还在《大清律》的律文之后增加了很多附加例文。例，一方面以其灵活具体的优势弥补了稳定抽象的律文的不足，

---

〔1〕 参见《清代监察法研究》之"专门监察法规"一节；又见《严猛治吏——雍正朝吏治研究》，第 88 页。

可以实现法律的与时俱进，解决律文定型之后所面对的执法中的难题，在惩治腐败的实践中发挥了积极的作用。比如清律的“监守盗”、“官吏受财”附例有二十余条，这些详细具体的附例使惩治腐败的制度更加系统和完整，更加能够适用于变化了的社会。另一方面，由于清代的法律条例过于繁杂细密，导致大部分饱读圣贤书的文官很难熟悉相关的法律条例，不得不依靠师爷、胥吏行政断案，进而导致清代特有的胥吏治国乃至胥吏腐败的弊端。而且，《大清律例》的某些律文及其附例虽然都针对一种犯罪行为，却有不同的法律解释，导致法律权威性的丧失和执法的难题。

在刑罚方面，按照清代的法律，其正刑共有笞、杖、徒、流、死五种。在正刑之外，还沿袭明朝的“非正之刑”，如凌迟、充军、刺字等，另有清代独制的“发遣为奴”之刑。按照当代法学理论的分类，清代法律制裁的基本类型可以分为四种：

生命刑：有绞、斩两种。斩，即令犯罪官吏身首异处。绞，即将犯罪人勒死或吊死。生命刑的执行还有两种：一种是斩立决、绞立决，另一种是斩监候、绞监候。在清代前期还有凌迟处死等酷刑，其中一些在后期被废弃了，一些则只适用于罪大恶极之罪犯。

身体刑：法定的身体刑主要有笞（小竹板击打犯罪人）、杖（大竹板打犯罪人）两种。

自由刑：主要是徒、流两种。徒刑，是剥夺犯罪人一定期限的自由并强制其服劳役的刑罚。流刑是押解罪犯到边远地区服劳役或戍守而不得离开的刑罚。另外，清代还有迁徙、充军和发遣等类似于流刑的刑罚。

财产刑：是剥夺犯罪官吏的财产权益的刑罚。[1]

在清代的法律制度中，对腐败官吏的惩治和量刑一般而言比其他犯罪（除“十恶”之外）要重，这些刑罚都是惩治腐败的常用刑罚，即使是最严厉的死刑也经常被使用。但是由于清代的廉政制度在整体上不成体系且存在重大缺陷，严刑峻法并不能遏制官吏腐败的大势。

由于清代惩治腐败的法律制度集中表现在《大清律例》中，所以，下面仅以《大清律例》中的相关制度作一些分析。

二、惩治贪污制度

清律最著名的惩治腐败制度是针对“六赃”的刑罚条文。

“六赃”的概念最早在《唐律》中已经明确提出。《唐律》将非法占有公私财物的犯罪概括为六种：“一曰强盗，二曰窃盗，三曰受财枉法，四曰受财不枉法，五曰受所监临，六曰坐赃。”

明、清律在唐律的基础上作了修订：去掉了唐律“受所监临”赃和“强盗”赃，另外设立了“监守盗”、“常人盗”两赃。明、清律的“六赃”为：监守盗、常人盗、坐赃、枉法赃、不枉法赃、窃盗。其中，除了常人盗和窃盗两项的犯罪主体没有特指，其余各种赃的犯罪主体均是专指官吏的。明、清律的“六赃”规定基本相同，其区别在于清律加重了处罚。

“监守盗”，相当于今日的贪污罪，其罪名的全称是“监守自盗仓库钱粮”。其律文如下：“凡监临主守自盗仓库钱粮等物，不分首从，

〔1〕“四种刑罚”资料参见陈一容《清代官吏惩戒制度研究》，西南师范大学2002年硕士论文。

并赃论罪。并于右小臂膊上，刺‘盗官银（粮、物）’三字。”[1]

律文对“监守”这样解释：“称监临者，内外诸司统摄所属，有文案相关涉及，虽非所管百姓，但有事在手者，即为监临。称主守者，该管文案，吏典专主其事，及守掌仓库、狱囚、杂物之类，官吏、库子、斗级、握拥、禁子并为主守。其职虽非统属，但临时差遣、管领、提调者，亦是监临主守。”[2]监临主守者，即有上下统属关系，有权管理百姓及各种事务的官吏。监守自盗实际就是上述官吏利用职务之便贪污国家财物。

“并赃论罪”所指的是，多人贪污，每人按照合伙贪污的总数为标准作为论罪惩治的标准。比如十人监守自盗官银四十两，虽然人均只分得四两，但量刑时，每人都按四十两论罪。

“监守盗”的计赃标准如下：

一两以下，杖八十；一两之上至二两五钱，杖九十；五两，杖一百；七两五钱，杖六十、徒一年；一十两，杖七十、徒一年半；一十二两五钱，杖八十、徒二年；一十五两，杖九十、徒二年半；一十七两五钱，杖一百、徒三年；二十两，杖一百、流二千里，二十五两，杖一百、流二千五百里；三十两，杖一百、流三千里（杂犯三流，总徒四年），四十两，斩（杂犯，徒五年）；三犯者，绞，问实犯。

可以看出，清代官吏（个人或者合伙）贪污总量达到四十两便要被绞死，量刑很重，而且采取“并赃论罪”的特殊计赃方式，惩罚力度大。如果仅仅从《大清律例》的律文来看，这样的贪污罪惩治制度，不可谓不严厉。

---

〔1〕《大清律例》乾隆五年本，法律出版社 1999 年版（下同），第 373 页。

〔2〕同上书，第 125 页。

除了直接监守自盗即一般所谓贪污之外，清律的律文条目内还设有“虚出通关朱钞”、“那移出纳”、“附余钱粮私下补数”、“私借钱粮”、“库秤雇役侵欺”、“冒破物料”等律文，违犯者均以监守盗论罪。以监守自盗罪惩治的这些罪行的相关法律条文，不仅仅限于《户律》这样和财政直接相关的部分，比如“冒破物料”律文就是《工律》之下的条目：“凡造作局院头目工匠，有于合用数外，虚冒多破物料而侵欺入已者，计入已赃，以监守自盗论。”[1]这一律文的规定类似今天惩治工程款贪污的法律。在整个《大清律例》中，照监守自盗罪论处的惩治腐败条款有三十余项，多数是类似于贪污而给国家造成财产损失的罪行。这大概也是雍正等帝王将治国之要归结为惩贪的道理吧。

如果仅仅从律文来看，清代的惩贪法律制度可谓非常严苛，但矛盾的是在清代帝王的修订下，惩贪律文之后附带的诸多附例却将严苛的律文给修正了，而且修正之后惩贪变得非常温和，远没有律文中规定的那么严厉。在清代，《大清律例》在雍正三年（1725 年）定下了关于贪污罪的附例：“凡侵盗钱粮入已，数满一千两以上者，拟斩监候。”这一附例将律文中关于贪污罪的量刑标准提高了几十倍，可谓姑息贪污的重大修订。遗憾的是，这一与律文矛盾的姑息贪污附例从乾隆元年（1736 年）开始，作为“正例”相沿不替，正式肯定了对贪污的宽纵。[2]雍正和乾隆时期的清政府有一个重要任务，就是防止和惩办仓库钱粮“亏空”。亏空的原因很多，其中有鼠雀损耗，账面错误，私借、挪用等多种原因，但是官吏的监守自盗无疑是主要原因。当时实际的情况是，

〔1〕《大清律例》乾隆五年本，第 607 页。
〔2〕感谢清史专家郭成康教授在这一问题上提出的指导意见。

清政府把查补亏空作为澄清吏治和整顿财政的重要方式。双重目的导致了法律的内在矛盾：一方面希望肃清吏治，所以律文在惩贪方面非常严厉，贪污四十两即要绞死；一方面又希望借查补亏空增加国库收入，所以又设置了完赃可以减免罪的附例。清政府为了在查补亏空中更加有效地追赃以增加财政收入，附例实际上修正了律文的以赃论罪，只言追赔完赃，一到三年之内补齐亏空，则可减刑或者根本不被惩罚。为了达到这样的财政目的，对贪官的惩治力度被极大地削弱了："凡侵盗挪移应追之赃，一年内全完，将死罪人犯比免死减等例再减一等发落，军、流、徒罪等犯免罪。如一年限内还完，徒流以下全免，死罪减二等发落。"[1]甚至，一年之内不能补齐亏空完赃的，还可以延迟到三年。

按照清代执法的惯例，是有例则不用律。于是乎，温和宽纵贪污的附例就成为清代惩贪法律的依据。这，在今天看来是非常荒唐的法律制度，三百年前就真正实行过。这样矛盾的制度设计以及糟糕的执法，是造成清代惩贪法律非常严苛却吏治败坏的主要原因之一。

三、惩治受贿行贿制度

在清律中，相当于受贿罪的是六赃中的"枉法"赃和"不枉法"赃。

清律《刑律·受赃》中专门有"官吏受财"一条，规定了枉法赃、不枉法赃的惩治方式："凡官吏（原文小注：因枉法、不枉

---

〔1〕《大清律例》乾隆五年本，第374页。

法事）受财者，计赃科断，无禄人各减一等，官追夺除名，吏罢役，（小注：赃止一两。）俱不叙用。”清律对枉法的解释为：枉法，指“受有事人财，而曲法处断者”[1]。此处清律所规定的枉法赃，实际上就是百姓常说的贪赃枉法罪行：官吏收受当事人财物，为其谋求私利，破坏国家法制。至于所谓“不枉法”就是贪赃而不枉法。

清律“官吏受财”条对枉法赃、不枉法赃两种受贿罪的惩治量刑标准有明显区别。其中：

受赃枉法：一两以下杖七十，一两至五两杖八十，十两杖九十，十五两杖一百，二十两杖六十、徒一年，二十五两杖七十、徒一年半，三十两杖八十、徒二年。三十五两杖九十、徒二年半，四十两杖一百、徒三年，四十五两杖一百、流二千里，五十两杖一百、流二千五百里，五十五两杖一百、流三千里，八十两绞（监候，后改实绞）。

按清律规定，惩治贪赃枉法罪犯的计赃方式是“通算全科”：意思是某官吏受十人财，案发后，将十人所予之财通算作一处，合并计赃定罪，量刑惩治。

不枉法赃的惩治量刑标准比枉法赃要轻，枉法赃受赃数量达到八十两就要判绞刑，不枉法赃要达到一百二十两以上才判绞刑。其计赃方式也比枉法赃要轻：“通算作一处，折半科罪”，即将所得赃款折半计算。这样，不枉法比枉法的计赃就减少了一半。结果是，不枉法赃比枉法赃的惩治刑罚力度要轻很多，即受贿罪中不枉法的惩罚要比贪赃枉法罪轻。官吏受财，不论枉法还是不枉

〔1〕《大清律例》乾隆五年本，第494页。

法，均相当于现代刑法贿赂罪中的受贿罪。这样区分受贿罪的惩罚制度貌似严密完备，其实，其中有相当的不合理因素。

从实质上看，不管受贿官吏是否枉法，都不影响其受贿的犯罪性质。作为掌握国家权力的官吏，国家付给他们相应的俸禄，他们理应公正执法，执行国家法律意志。官吏受贿，不管是什么性质的贿赂，受贿以后干了什么，都要受到一样的惩治。

清律对反腐败官员的受贿，惩治尤其严厉。清律在“受赃”一条中专列了一项“风宪官吏犯赃”，内容是：“凡风宪官吏受财，及于所按治去处，求索借贷人财物，若买卖多取价利，及受馈送之类，各加其余官吏受财以下各款，罪二等。”[1]此处风宪官吏指御史、给事中、按察使等监察官吏。这些官吏因为有执法反腐之责，他们的腐败对官场风气的影响极坏，所以对他们受贿的处罚要比其他官吏罪加二等。

清代各级衙门的胥吏、书办、蠹役招摇撞骗，恐吓索诈，收受贿赂，包揽官司，无恶不作，甚至利用熟悉刑律和当地人情的优势要挟朝廷命官，以至有“清朝与胥吏共天下”之说。鉴于胥吏舞弊是清代政治的一大恶疾，清律中对胥吏受贿的惩治规定特别严厉。这集中表现在“受赃”律文的附例中，比如：“各部院衙门书办，有辄敢指称部费，招摇撞骗，干犯国宪，非寻常犯赃可比者，发觉审实，即行处斩。”类似的附例在清律中还有很多。清朝历代君臣为防止胥吏舞弊腐败，制定了比律文更加严厉的惩治制度。

与受贿罪相对应的是行贿罪。清律中相当于当代的行贿罪是

---

〔1〕《大清律例》乾隆五年本，第504页。

“有事以财请求”罪行。在《刑律·受赃》中专门有一条“有事以财请求”律文：“凡诸人有事，以财行求，官吏欲得枉法者，计所与财，坐赃论。若有避难就易，所枉法之罪重于与财者，从重论。其赃入官。其官吏刁蹬，用强生事，逼抑取受者，出钱人不坐。”〔1〕

因为行贿罪的主体不一定是官吏，且在贿赂行为中，行贿人处于弱势地位，所以清律对行贿人处分比受贿人轻得多，仅以坐赃论。

坐赃，是明清律中的“六赃”之一，类似于今日的玩忽职守罪，但又与玩忽职守罪有一定差异。所谓坐赃，就是说官吏个人并没有贪赃，而是因赃致罪。这个“赃”指官吏由于不负责任，违反制度，玩忽职守，致使官物或民财遭受到不应有的损失。坐赃的惩罚不重，比其他赃罪要轻得多，最严厉的惩罚是杖一百、徒三年。

但是，清律规定当出现行贿之后导致的枉法罪重于行贿罪时，从重罪论处。另外，在以上关于行贿罪的律文中还指出了特殊的官吏索贿的情况：“其官吏刁蹬，用强生事，逼抑取受者，出钱人不坐。”在官吏敲诈勒索的情况下被迫行贿的，行贿人无罪。

考察清律中关于行贿罪的规定，可以看出一个明显的漏洞：“有事以财请求”规定了行贿定罪的前提是“有事”而向官吏行贿，这样的话，判定行贿必须有官吏为行贿人谋取不正当利益的行为。但实际上，并非所有的行贿者都是临时抱佛脚，有了要办的事才采取行贿行为，不少某一官吏管辖之下的下级官吏和百姓

〔1〕《大清律例》乾隆五年本，第501页。

为了日后用得上某官，可能会是预先打点、馈赠，以谋求长期利益。这样的行贿行为在清律的制度设计中，是难以定罪的。

四、惩治挪用公款公物制度

挪用公款公物，在今天的法律中是单列的罪行，在清代法律中则是以贪污论罪。

清律《户律·仓库》的"私借钱粮"律文规定："凡监临主守，将系官钱粮等物（乃金帛之类，非下条衣服之属），私自借用或转借与人者，虽有文字（文字兼文约、票批簿籍），并计所借之赃，以监守自盗论。"〔1〕还有，"那移出纳"律文规定："凡各衙门收支钱粮等物，已有文案，以备照勘合。以行移，典守者自合依奉出纳。若监临主守不正收，正支（如不依文案勘合），那移出纳，还充公用者，并计所那移之赃，准监守自盗论。罪止杖一百，流三千里。系公罪，免刺。"

在清代以前的法律中，对挪用公款的惩治相对较轻，秦律中规定"府中公钱私贷用之，与盗同法"。就是说，挪用公款罪行按盗窃处置。到了唐代，挪用公款公物以坐赃论罪。唐律规定："诸放散官物者，坐赃论。"〔2〕坐赃的量刑标准相对也较轻。但是在清代，"私借钱粮"和"那移出纳"这样的挪用公款公物的罪行，统统以监守自盗论罪，比前代严厉许多。这一点体现了清律刑罚重于前代的特点。要说明的是"那移出纳"中所提到的公罪的涵

〔1〕《大清律例》乾隆五年本，第227页。

〔2〕转引自刘守芬、王洪波，姜涛、陈新旺《对中国古代廉政法律制度的历史考察》，《北京大学学报》2003年5月。

义。清律规定："凡一应不系私己而因公事得罪者，曰公罪。"反之，"凡不因公事，己所自犯，皆为私罪"。清律的一大特点是刑罚虽重，公罪和私罪的惩罚却有很大区别，私罪惩罚重，公罪惩罚轻。比如"那移出纳"律文中规定此罪是公罪，所以即使以贪污罪定罪，也不会四十两就绞死，最严厉的惩罚是杖一百，流三千里。

五、惩治吏治腐败制度

在各种类型的腐败中，除了直接的贪污受贿之外，最重要的就是官吏选任环节的吏治腐败了。由于清律和今天的法律不同，以六部的分类来安排律文，所以在《吏律》中设置了专门针对吏治腐败的律文。清代统治者深知选任官员对于国家政治的重要性，所以将用人权操于皇帝一人之手，皇帝之外，任何个人都不得擅其权。为了更好地掌控官员选任，清代帝王在《大清律例》中作出了若干防范选任腐败的规定。

《吏律》中设有专门的防范吏治腐败的律文条目：

"大臣专擅选官"："凡除授文武官员（兼文武应选者），须由朝廷选用，若大臣专擅选用者斩（监候）。若大臣亲戚（非科贡应选等项，系部应选者），非奉特旨，不许除授官职，违者，罪亦如之（受选除者，俱免坐）。"[1]

从以上律文可以看出，如果大臣专擅官员选任，直接处斩，后果是非常严重的。所以要这样严刑惩治，是因为如果大臣掌控

〔1〕《大清律例》乾隆五年本，第143页。

了选任官员的权力，必然会导致掌权者的寻租行为，导致掌权者与求官者的权钱交易，这就是非常严重的腐败了。更糟糕的是，如果求官者是通过权钱交易获得的官职，到任后必然会加倍腐败，以捞回买官的成本并且从做官这一行为中牟利。而这样的不正当政治行为反过来又会对健康的官场政治生态造成极大的破坏，直接造成吏治的溃烂。由此可见，清律对这种罪行严厉惩治是有道理的。从《大清律例》的篇章布局上看，这一律文置于吏律的开头，而吏律又置于整个《大清律例》的开头部分，这种安排似乎有清代帝王宣示其拥有绝对的官员选任权且震慑大臣的用意在其中。

“滥设官吏”：“凡内外各衙门，官有额定员数，而多添设者，当该官吏（之典选者），一人，杖一百。每三人加一等。罪止杖一百、徒三年。（若受赃，计赃，以枉法从重论）。”[1]这一律文也非常重要。省官、裁汰冗官、精简编制，历来是政府廉政建设的有效途径。只有政府官吏精简，才能减轻百姓的供养负担，才能避免国库空虚。只有在这样的情况下，才能以足够的俸禄保证官吏体面的官宦人家生活水准，才能造就官吏不愿贪腐的物质基础，所以精兵简政、高效行政是历代有为之君都追求的政治目标。在古代，长期没有变化的农业生产方式，是供养不起太多的官吏的，官吏多了必然俸禄微薄，俸禄微薄在多数情况下会导致腐败丛生。从这个意义上看，清律对滥设官吏的惩治之严（受贿以枉法赃论罪）是可以理解的。

“贡举非其人”：“凡贡举非其人，及才堪时用，应贡举而不

[1]《大清律例》乾隆五年本，第144页。

贡举者，计其妄举或不举人数，一人杖八十；每二人加一等，罪止杖一百。所举之人知情，与同罪；不知者，不坐。若主司考试艺业技能，而故不以实者（可取者置之下等，不可取者反置之上等），减二等。（若贡举考试）失实者各减三等。受赃，俱以枉法从重论处。”〔1〕

在官员选任权被皇帝垄断的情况下，清代对官员的荐举权和考选权的法律防范仍然非常严密，因为这一环节仍然是官员选任的关键环节。按照此处律文的规定，贡举不当和考选不实，惩罚方式是杖击。若有受贿行为，则以枉法赃从重惩处。另外，根据《大清会典》等其他制度文本的规定，大臣荐举官员失当，荐主所受的惩罚还会更严厉，当事的官员会被处以罚俸、降级甚至革职的惩罚。

单从《大清律例》的律文来看，清代对吏治腐败的防范和惩治力度还是非常大的，但是纵观有清一代，吏治腐败始终无法解决，且越到后期越严重。其中的缘故在于，在实际的行政中，官吏的选任所依据的往往是官场潜规则，而不是制度文本，严厉严密的《大清律例》往往成为一纸具文。更有甚者，清政府公开实行捐纳制度，大规模地按价卖官，在大规模捐纳的冲击下，吏治腐败几乎是不可避免的。

六、清代惩治腐败法律制度的特点

与前代相比，清代惩治腐败制度发展得更为完备严密。以上

〔1〕《大清律例》乾隆五年本，第146页。

所论述的四种制度只是其中最重要的部分，其实除了《大清律例》、《大清会典》等，其他制度文本中还有不少惩治腐败的典章制度，值得我们认真研究。即使仅仅就《大清律例》而言，也还有一些律文我们并未涉及。比如在看似和腐败没有什么联系的《户律·婚姻》中，就有预防和惩治腐败的律文条目“娶部民妇女为妻妾”：

> 凡府、州、县亲民官，任内娶部民妇女为妻、妾者，杖八十。若监临（内外上司）官，娶（见问）为事人妻妾及女为妻、妾者，杖一百。女家主婚人并同罪。妻妾仍两离之，女给亲，财礼入官。恃势强娶者，各加二等，女家不坐，部追财礼。若为子孙、弟侄、家人娶者，罪亦如之，男女不坐。若娶为事人妇女，而于事有所枉者，仍以枉法从重论。

这样一个“娶部民妇女为妻妾”婚姻律条，看似与腐败无关，其实关系匪浅。在前面章节关于回避制度的论述中，我们知道，清代的回避制度是非常严格的，回避就是为了官员在遇到和本人利益亲情相关的政务时，能够不枉法地公正处理。但是回避制度管不了官员上任之后的婚姻。如果官员就职之后可以娶自己管辖之下的妇女，则回避制度就会出现盲区，立法禁止官员娶部民妇女就有了必要性。其立法宗旨是防治和惩治腐败：官员娶了当地女性，不仅会使其家族贪污受贿更为方便，而且也不利于其家族贪污受贿东窗事发之后的惩治。明白了这一点，我们可以得出结论，清律禁止“娶部民妇女”的律文实际上是通过惩治这一婚姻行为，进而惩治未来可能出现的腐败，也可以说是通过严厉的私生活约束来预防未来的腐败。

在有限的篇幅内，就本节论述涉及的清代惩治腐败法律制度而言，大概有以下四个特点：

第一，清代的正式法律、前期法律惩治腐败量刑重。《大清律例》对贪贿官吏的惩治相当严厉。在清“六赃”（监守盗、常人盗、窃盗、枉法赃、不枉法赃、坐赃）的惩治中，监守自盗量刑最重，甚至比暴力抢劫的“常人盗”的量刑还要重：计赃达四十两，监守自盗罪犯处斩，而常人盗罪犯的惩罚仅仅是杖一百、徒三年。甚至，在清前期法律不健全的情况下，临时性的惩贪条例量刑又重于清律。如顺治十七年（1660 年）定例，贪赃至十两者即处死刑。实际上，不仅是清代，中国古代在惩贪的罪刑设置上的一大特点就是将贪污与盗窃同等看待，将两者同样列入“六赃”之中。赃，是指以不正当手段取得的财物。在清代法律中，强盗秘密窃取或公然抢劫公私财物，与官吏贪污或者受贿，二者本质上是一样的，都是以不正当手段得“赃”。在这样的理念指导下，清律在量刑上，将官吏构成贪赃犯罪的数额起点定得较低，与窃盗相同，同为“一两以下”，体现了严刑惩贪的精神。在这一点上，清律对今日我国的惩贪制度颇有启示：我国当代刑法对贪污贿赂犯罪和盗窃罪的量刑起点相差约十倍，贪贿犯罪的量刑起点远远高于盗窃犯罪。若能将贪贿犯罪的量刑起点降低到适当的水平，将更有利于预防腐败和严刑惩贪。

第二，追赃严。清代通过一系列的法律和条例建立了严密而又严厉的追赃制度。这主要表现在追赃的方式、追赃的范围等方面。在追赃方式上，雍正元年定例：“其亏空官题参时，一面于任所严追，一面行文原籍，将伊家产严查存案。如任所无完，即变卖补完。”[1]这样，官衙与原籍的官员之家同时抄检，可以最大程度地完成追赃任务，为国家挽回损失。另外，清政府为了有效追赃，还采取了灵活的追赃方式，规定了完赃可以减免刑罚：“若官吏因事受财，贪婪入已，审明枉法、不枉法，及律载准枉法、不枉法论等赃，果于一年限内全完，死罪照原拟减一等，该流；军、流以下，各减一等。”[2]在追赃范围上，清律规定了犯罪官员的子孙、族人代赔制度：“凡侵盗钱粮之犯，照例分别治罪外，其侵欺钱粮著落犯人妻及未分家之子名下照追入官。”[3]甚至，在贪官死亡之后，还要在其子身上继续追赃。对比清代严格的追赃制度，可以发现今日我国的追赃制度其实有很多不完善的地方。虽然当代刑法已经废除了古代法律的株连制度，一人犯罪一人当，不会株连家人，但是就贪贿案件而言，往往是家人参与贪贿或者家人促使官员贪贿，而且贪贿的赃款往往由家人挥霍消费或者转移国外。在这种情况之下，在贪官家人甚至情人身上追赃就显得非常必要。如果这方面的制度能够更加完善，就可以使贪官们放弃“牺牲自己，保住赃款，造福家人”的念头，可以为国家挽回更多损失。

第三，法律面前不平等。从近代西方资产阶级革命以来，罪刑适应，人人平等，成为法律的基本原则。但是清代对腐败的法律惩治却是等级有别，同罪异罚。在清代的等级社会中，人人生而不平等。宗室贵族和平民百姓，文武官员和平民百姓，汉人和

---

〔1〕《大清会典事例》卷七百六十。参见孙玉荣《清朝前期的惩贪立法及其特点》，《人民检察》1994年第2期。

〔2〕《大清律例》乾隆五年本，第498页。

〔3〕同上书，第375页。

满人，在法律上是被区别对待的。在腐败罪行的惩治上，也有因人而异的明显差别。《大清律例》开篇就规定了“八议”条款，继承了历代封建王朝的议亲、议故、议功、议贤、议能、议勤、议贵、议宾等“八议制度”。不过，由于清代帝王尤其是康、雍、乾三帝治国理政的水平比历史上多数帝王的水平要高一些，他们清楚了解所谓“八议”的危害，所以清代并没有在实际上执行过所谓“八议”的律文。比如雍正六年（1728 年）三月有这样的上谕：“朕览律例旧文，于‘名例’内载有‘八议’之条……此历代相沿之文，其来已久。我朝律例于此条虽具载其文而实未尝照此例者，盖有深意存焉。”虽然如此，但封建等级对治国理政的负面影响在清代仍然存在，不平等的法律制度对廉政建设仍然造成了可见的伤害。

第四，权力干预法律，赎免等制度及附例对严厉律文的修正等因素导致惩治腐败制度震慑功效衰减。清代帝王崇尚的治国理念是“有治人，无治法”。他们更加注重人在国家治理中的作用，更少注重法律的权威性、严肃性。即使已经制定了严密严厉的《大清律例》，但是遇到具体的案件，皇帝还会经常下特旨，干预执法。比如著名的云贵总督李侍尧腐败案，面对大臣依照清律议定的判李侍尧斩立决的结果，乾隆不同意，却又不好公开地袒护李侍尧。最后是江苏巡抚鹗元揣摩到了乾隆的本意，奏称李属于“八议”之列，于是乾隆顺势将李改判为“斩监候”。之后，李侍尧东山再起，出任了甘陕总督，又成为封疆大吏。之所以这样，是因为乾隆认为李是当时少有的能臣，人才难得。在惩治腐败方面，皇帝的肆意擅断往往带来惩治的不公，自然会严重降低法律惩贪的权威性和震慑力。除了皇帝的人治专断，清代还有一些官员惩治的减免制度，比如完赃或纳赎、捐纳、恩赦、恩旨等等都是官吏减、免惩治刑罚，甚至获得重新起用的途径或机会。清代有不少官员都是通过这样的减免制度获得了仕途的新生。但是，问题官员的东山再起，对清代政治的害远远大于利，它极大地破坏了惩治腐败制度的严肃性，降低了其震慑效果。还有，虽然清代的法律惩治腐败力度比较大，但是正式的法律经常被律文所附带的附例所修正，修正之后的制度往往降低了惩治力度，清代后期反腐败法律制度的震慑效果由此而衰减。

参考文献：

《清实录》（顺治、康熙、雍正、乾隆等朝），台湾华文书局影印本。

《清史稿》，中华书局 1976 年版。

中国第一历史档案馆：《康熙朝汉文朱批奏折汇编》，档案出版社 1984 年版。

中国第一历史档案馆：《雍正朝汉文朱批奏折汇编》，江苏古籍出版社 1989—1991 年版。

《皇清代起居注册·康熙朝》，中华书局、联经出版事业有限公司 2009 年版。

中国第一历史档案馆编：《雍正朝起居注册》，中华书局 1993 年版。

贺长龄、魏源编：《皇清经世文编》，中华书局 1992 年版。

章梫编纂：《康熙政要》，中共中央党校出版社 1994 年版。

郭成康著：《18 世纪的中国与世界：政治卷》，1998 年版。

郭成康等著：《康乾盛世历史报告》，中国言实出版社 2002 年版。

王春瑜主编：《康熙政风录》，中国中央党校出版社 1996 年版。

王春瑜主编：《中国反贪史》，四川人民出版社 2007 年版。

余华青著：《中国廉政制度史论》，人民出版社 2007 年版。

林喆著：《权力腐败与权力制约》，山东人民出版社 2009 年版。

王亚南著：《中国官僚政治研究》，中国社会科学出版社 1981 年版。

吴宗国：《中国古代官僚政治制度研究》，北京大学出版社 2004 年版。

吴思著：《潜规则：中国历史中的真实游戏》，复旦大学出版社 2009 年版。

彭勃主编：《中华监察执纪执法大典》，中国方正出版社 2002 年版。

《大清律例》乾隆五年本，法律出版社 1999 年版。

钱穆著：《中国历代政治得失》，三联书店 2001 年版。

钱穆著：《国史新论》，三联书店 2001 年版。

史松著：《雍正研究》，辽宁民族出版社 2009 年版。

杨启樵著:《雍正帝及其密折制度研究》,广东人民出版社1981年版。

白钢著:《中国政治制度通史》,人民出版社1996年版。

杨树藩著:《清代中央政治制度》,台湾商务印书馆1978年版。

梁启超著:《清代学术概论》,中华书局1954年版。

艾永明、李晟著:《清代文官的游戏规则》,法律出版社2008年版。

艾永明著:《清朝文官制度》,商务印书馆2005年版。

陈茂同著:《中国历代选官制度》,华东师范大学出版社1994年版。

郑秦著:《清代法律制度研究》,中国政法大学出版社2000年版。

蒲坚著《中国古代行政立法》(修订版),北京大学出版社2007年版。

约翰·罗尔斯著,何怀宏等译:《正义论》,中国社会科学出版社1998年版。

沈大明著:《大清律例与清代的社会控制》,上海人民出版社2007年版。

黄惠贤、陈峰主编:《中国俸禄制度史》,武汉大学出版社2005年版。

张晋藩著:《中国古代监察法制史》,江苏人民出版社2007年版。

张晋藩著:《中国法制通史》,法律出版社1991年版。

焦利著:《吏治何以清明——清代监察法镜鉴》,中国民主法制出版社2007年版。

郑海峰著:《中国古代官制研究》,天津人民出版社2007年版。

周晓光主编:《中国历代廉政研究》,中国人事出版社1996年版。

陈泽军编著:《廉政史鉴》,湖南人民出版社2009年版。

郭松义等著:《清朝典章制度》,吉林文史出版社2001年版。

孟森著:《清史讲义》,中华书局2007年版。

黄留珠著:《中国古代选官制度述略》,陕西人民出版社1989年版。

叶晓川著:《清代科举法律文化研究》,知识产权出版社2008年版。

李孔怀著:《中国古代行政制度史》,复旦大学出版社2007年版。

韦庆远、柏桦著:《中国官制史》,中国出版集团东方出版中心2006

年版。

季正矩著：《通往廉洁之路——中外反腐败的经验与教训研究》，中央编译出版社 2006 年版。

刘明波著：《外国监察制度——外国是怎样反腐败的》，人民出版社 1994 年版。

贾育林著：《中国传统廉政法律文化及其现代价值》，中国方正出版社 2007 年版。

刘泽华、汪茂和、王兰仲著：《专制权力与中国社会》，天津古籍出版社 2005 年版。

黄常清著：《权力规则》，中国工人出版社 2008 年版。

王琳著：《反腐：人治与法治的 PK》，中山大学出版社 2008 年版。

舒扬、莫吉武著：《权力市场化与制度治腐问题研究》，中国社会科学出版社 2008 年版。

王沪宁编：《腐败与反腐败：当代国外腐败问题研究》，上海人民出版社 1990 年版。

王沪宁著：《反腐败——中国的实验》，三环出版社 1989 年版。

纪宝成主编：《中国古代治国要论》，中国人民大学出版社 2004 年版。

莫吉武著：《当代中国政治监督体制研究》，中国社会科学出版社 2007 年版。

李秋芳主编：《世界主要国家和地区反腐败体制机制研究》，中国方正出版社 2007 年版。

周卫东著：《廉政理论研究》，中央编译出版社 2005 年版。

夏赞忠主编：《中国廉政法律制度研究》，中国方正出版社 2007 年版。

郭道久著：《以社会制约权力》，天津人民出版社 2005 年版。

刘春著：《权力的陷阱与制约——西方国家政治腐败透视》，中共中央党校出版社 1998 年版。

何增科著：《反腐新路——转型期中国腐败问题研究》，中央编译出版社 2002 年版。

许明、王宏刚主编：《治国之道——中国历代谏书》，中国大百科全书出版社 2008 年版。

刘丽君著：《清代顺康两朝科道官员研究》，中央民族大学博士论文 2007 年版。

朱杰军著：《严猛治吏——雍正朝吏治研究》，中国人民大学博士论文 1999 年版。

常越男著：《清代考课制度研究》，北京大学博士论文 2006 年版。

党宝海著：《中国古代监察制度与绩效研究》，北京大学博士后出站报告 2005 年版。

焦利著：《清代监察法研究》，中国政法大学博士论文，2006 年版。

唐瑞裕著：《清代乾隆朝吏治之研究》，（台）文史哲出版社，2001 年。

汪庆红著：《监察与制衡——古代中国与中古英国权力控制模式比较研究》，中国政法大学博士论文，2006 年。

本章执笔：刘　藩

第十二章 晚清廉政制度

自鸦片战争以后，一方面，以太平天国革命为代表的反封建运动严重地打击了封建统治；另一方面，在洋务运动、戊戌变法、清末“新政”等不断推动下，晚清社会的诸多方面（包括廉政制度）逐步走向近代化。可以说，晚清是清朝“天崩地裂”大变革的社会转换期，它展现了中华民族走出封建社会迈向近代文明的坎坷道路。

晚清的廉政制度大体可分为两个政权（太平天国政权、清政府）、三个阶段（洋务运动时期、“戊戌变法”时期、“新政”时期），其廉政制度的构建更多的是参照西方资本主义国家的相应制度，其内容逐渐同中国古代的廉政制度相区别。

太平天国是中国近代的一次大规模农民起义，其所建立的政权疆域最广阔之时曾占有中国半壁江山。太平天国政权的存在长达十余年，并创立了一系列的军事、经济、政治和法律制度。就太平天国一系列政治、法律制度而言，既没有形成对以天王洪秀全为首的特权阶层的制约，也在相当程度上没有形成对政府各级官吏的有效管理、控制，因而在太平天国后期，这种制度上的漏洞导致了严重的腐化堕落，它也是造成太平天国运动失败的主要原因之一。但是，太平天国的有些廉政法规制度仍然有其可取之处（例如乡官的选拔制度、官吏考核黜陟制度）。正是这些制度的设立、实施，才保证了太平天国革命前期能够取得相当的成绩；而即便是没有得到具体实施的某些廉政制度（诸如太平天国后期《资政新篇》中的某些制度），也具有一定的历史进步意义。

晚清政府在交涉洋务的过程中，不得不承认西方统治制度的高明之处。但是，“一个社会的内部运行机制和体制模式，很大程度上取决于这个社会的政治体制与权力结构”[1]，而晚清（不包括“新政”时期）的政治体制和权力结构与中国传统社会一脉相承。因此，从鸦片战争以后至洋务运动时期，晚清政府内部的利益集团经过博弈后，洋务派选择学习西方的工业科技作为主要方向，而在制度层面则不触及以往的政治制度。可见其廉政制度必然绝大多数沿袭前朝的各种规制，即便是中国封建社会最后一部行政职官法典《光绪会典》，也与前朝所修的《会典》没有本质的不同。

中日甲午战争后，以康有为为代表的进步知识分子不断向光绪皇帝建言献策，希望学习西方的相关政治制度以挽救民族之危亡，并最终推动了“戊戌变法”的实施，但在以慈禧太后为代表的顽固派打压之下，推行了一百零三天的戊戌变法以失败告终。

〔1〕 李曙光：《晚清职官法研究》，中国政法大学出版社2000年6月第1版，第5页。

由于支持维新的官员数量少且不掌握实权，包括廉政制度在内的变法只在很有限的范围内得以实施。在“百日维新”中，清政府讨论和颁布一些与廉政相关的制度，并以光绪皇帝上谕和大臣奏折的形式存留。戊戌变法时期的廉政制度主要涉及官吏的选拔、考核，机构的精简，支持舆论监督和平民上书几个方面。例如，六月十一日上谕，命各省督抚“于平日所知品学端正、通达时务、不染习气者，无论官职大小，酌保数员”，交总署考验，考领引见，以充使才〔1〕；九月十二日上谕，“命各部院堂官考试认真试以策论，并令司员逐日到署办稿，借知优劣”〔2〕；七月二十六日上谕，“改《时务报》为官报，派康有为督办其事，并著津、沪、鄂、粤，凡有报章，各地督抚谘送当地报纸于都察院及大学堂，许其实言，不必忌讳”〔3〕等。

20世纪初的十年内，为了维护摇摇欲坠的封建统治，清政府不得不开始真正地学习借鉴西方的（包括廉政制度在内的）现代政治制度，自觉不自觉地充当了戊戌变法的“遗嘱执行者”，并从各种法规的订立以及实施上下了一番工夫，其中某些制度在技术层面上具备了近代廉政制度的样式。但是，这种借鉴几乎无不以维护封建皇权为出发点，同时这种借鉴主要还是为了适应时势变化而作出的修正。例如逐步从科举选官过渡到学堂选官和留学生选官，加强对现任、候任官吏的考绩，推行新的俸禄制度，将体制外机构人员归入体制内加以监督，各政府职能系统的考试任用章程，乃至设立资政院和谘议局行使立法、监督职能等，这样就

---

〔1〕 汤志钧：《戊戌变法史》，人民出版社1984年11月第1版（下同），第375页。

〔2〕 同上书，第389页。

〔3〕 同上书，第380页。

使得这一时期的廉政制度带有过渡性、短暂性的特点。同时，由于各种廉政制度推行的地域、系统以及推进的速度有所不同，又使之带有纷繁杂乱而不整齐划一的特点。

总之，晚清的廉政制度较之前朝，既在技术层面上有所改进加强，又在方向层面上向近代廉政制度靠拢，并在一定程度上收到了效果，因此晚清的廉政制度具有承上（承前朝之廉政制度）和启下（启民国之廉政制度）的特点；另一方面，由于维护封建皇权的本质使然，晚清的廉政制度并不能从根本上扭转政治的腐败。

第一节　太平天国廉政制度

一、乡官选拔制度

太平天国的官制除天王、王、军师（后期）、六爵（后期）、天将朝将主将佐将（后期）等高级官员外，主要分为朝内官和守土官。

朝内官可以分为朝内杂职机关的主官和属官。守土官主要是太平天国的中低级官员——总制（郡的最高领导，相当于清朝的知府）、监军（县的最高领导，相当于清朝的知州、县令）和乡官。其中，郡总制和县监军多数是由中央直接委派[1]人员担任；乡官则属于县以下的低级官员，多由乡里公举、保举和委派产生。

〔1〕《贼情汇纂》卷三《伪守土官乡官》，罗尔纲、王庆成主编《太平天国》第三册，广西师范大学出版社2004年版（下同），第108页。

除了天京以外，太平天国在其控制内的广大地区都实行了乡官制度。乡官制度源出于《周礼》，后历代并未实行。太平天国的乡官制度是一种军政合一的社会组织。它以居户为组织对象，仿照太平军军制编组，各级乡官名称和太平军正职军官名称相同。清人李召棠在《敌后记所记》中说："各乡伪职，五家则有伍长，二十五家则有司马，百家则有卒长，五百家则有旅帅，二千五百家则有师帅，万两千五百家则有军帅[1]。"

太平天国前期的基本政治制度《天朝田亩制度》中规定了乡官的基本职责，包括以下五方面事务：一为管理基层组织的社会生产，所谓"无事则督之为农，耕田奉上"；二为负责社会治安，所谓"有警则首领统之为兵"；三为管理国库，所谓"凡当收成时，两司马督伍长，除足其二十五家每人所食了接新谷外，馀皆归国库"；四为司法调解，所谓"各家有争讼，两造赴两司马，两司马听其曲直"，从最基层的"两"开始便有乡官负担司法诉讼；五为组织宗教活动，需"凡礼拜日，伍长各率男妇至礼拜堂，分别男行女行，讲听道理，颂赞祭奠天父上主皇上帝焉"[2]。

按《天朝田亩制度》规定，太平天国乡官的选拔主要实行公举，此外还有直接委任与抓阄等办法。

乡里公举是太平天国选拔乡官的主要制度，其在太平天国前后期均得以实施。有来自太平天国内部的文献实例为证。例如在太平天国前期的一篇《殿右八指挥杨札谕》中申明："札到务须

---

〔1〕 郦纯：《太平天国制度初探》（第二次修订本），中华书局1989年版（下同），第386页。

〔2〕 吴大廷：《范玉函舍人》四十卷序，《大西瞍山馆文抄》卷三；又，王明前《太平天国乡官的任用标准与社会功效》，《海南大学学报》（人文社会科学版）2007年6月，第311—312页。

赶紧举官造册……举齐旅帅、两司马等官，填名造册。”[1]太平天国后期忠王李秀成对苏郡地方的谕令《李秀成谆谕苏郡人民》中也申明：“谆谕四乡百姓举官造册。……凡乡里熟识之人，举为乡官，办理民务，其五家举一伍长。”[2]其中所强调的是公举“乡里熟识之人”为乡官，并没有限制被推举人的出身和社会地位。无论是最底层的农民还是乡绅，只要具有一定的治理地方事务的能力，并能为乡里所认可的人，都可以被举为乡官，比较充分地体现出实用主义的用人原则。此外，太平天国乡官的选拔有一定的政治标准，即忠、贤、良均在举荐之列。无论官、民，只要其精忠报国、遵守天条就属于“忠、贤、良”之列，就应当“或举或赏”；反之则一概视为“奸、恶、顽”之流，必当“或诛或罚”[3]。

《天朝田亩制度》还规定了举荐乡官的具体程序：由最基层的军政合一组织“两”的“两司马则列其行迹，注其姓名，并自己保举姓名于卒长。卒长细核其人于本百家中，果实，则详其人，并保举姓名于旅帅。旅帅细核其人于本五百家中，果实，则尚其人，并保举姓名于师帅。师帅实核其人于本二千五百家中，果实，则尚其人，并保举姓名于军帅。军帅总核其人于本军中，果实，则尚其人，并保举姓名于监军。监军详总制，总制次详将军、侍卫、指挥、检点、丞相，丞相禀军师，军师启天王。天王降旨”[4]。这样，通过两司马举荐直到天王降旨，经过十四道程序的推举遴选，乡官方得以产生。可以说，乡官的公举程序不仅

---

〔1〕《殿右八指挥杨札谕》，《太平天国制度初探》（第二次修订本）第414页。

〔2〕《李秀成谆谕苏郡人民》，《太平天国制度初探》（第二次修订本）第414页。

〔3〕〔4〕翦伯赞、郑天挺主编：《中国通史参考资料》（修订本）上册，中华书局1980年版（下同），第165—167页。又，徐伟民《太平天国乡官制度论略——兼论〈天朝田亩制度〉》，《安庆师院社会科学学报》第17卷第3期（1998年8月）（下同），第40页。

层次繁多、逐级上报，重视被公举人的“贤迹”、“劣迹”，而且还采用了问责制，这就使得每一级官员都必须对自己管辖区域内被公举的人员负有审核的职责，如果这些被公举上来的人员出了问题，管辖他们的一系列官员也要负连带责任。这就在一定程度上保证了公举的公正性、透明性。

太平天国所采用的乡官公举制度，其主要目的在于缓冲军事体制对于农村地区的刚性冲击，充分利用“乡里熟识之人”在治理农村民政、经济事务方面的能力，来达到稳固基层政权、支持对清王朝的战争的根本政治目的。公举乡官制度“以当地人办地方事”，无疑是一种创造性的措施。按照规定，乡官的产生采用地方公举为原则，它赋予了人民以一定限度的民主权利。

值得注意的是，地方公举制度并没有全面切实执行。郦纯认为，两司马和卒长可能经由公举产生，而旅、师、军帅是不可能直接选举的。根据所见史料，高级乡官的产生多半出于委派，最多只经少数人推举而已〔1〕。但通过公举选拔乡官的制度仍具有一定的历史进步意义。

二、破除科举中的身份限制

任何一个政权的建立和维持都离不开大量稳定的人才队伍的支持，而大批人才的获得需要经过培养选取任用，因此，一个好的人才选拔制度是非常重要的。

太平天国政权的建立和维持，始终是在与清朝廷的军事斗争

〔1〕《太平天国制度初探》（第二次修订本），第417页。

中实现的。作为一个并不稳定的农民政权，太平天国迫切需要各种人才为之所用。太平天国对人才的选用，除了上文提到的公举、保举制度外，科举选材也是比较重要的一种官吏选拔制度。太平天国癸好三年（1853 年）八月的东试，标志着太平天国科举考试制度正式确立并实施，太平天国的科举考试制度一直延续到其失败前夕。

太平天国的科举，一方面对明清的科举制度有所继承，另一方面又体现出其自身的特点（主要体现在破除对考生身份的限制、重新划分考试层级制、全面更新考试内容等方面）。太平天国前期沿袭了明清旧制，将科举分为县试、省试和京试三级，分别录取秀才、举人、进士，但改为每年举行一次。这里所要注意的是，县试类似于清朝的生员试，省试相当于清朝的乡试，京试相当于清朝的会试、殿试。太平天国后期，洪仁玕曾出任文衡正总裁(1869 年)，主持考务工作，制定了《钦定士阶条例》〔1〕，部分地改革了太平天国的科举制度，将科考分为乡试、县试、郡试、省试和天试共五个科层，规定每三年一科。乡试是乡官的考试，与清朝的乡试（省级考试）名同而实异，继而为县试、郡试（相当于清朝的县、府试），在乡、县、郡试后为省试，省试后为天试。〔2〕此时太平天国的科举不仅在层次上区别于清廷，而且还将文科秀才称为秀士，举人称为博士，进士称为达士，翰林称为国

〔1〕《钦定士阶条例》是太平天国颁布的有关科举的总的法规，其中详细规定了科举制度、试场条例，以至品级、章服等制度，但由于洪仁玕在政治上的倒台（他仅仅在位一年半）以及其后不远太平天国的失败，《钦定士阶条例》基本上没有得以很好的实施，而太平天国前期的某些科举措施还在起作用。

〔2〕 罗尔纲:《太平天国史》第二册，卷三十三《志》第十二《科举附招贤》之二“科举制度”，中华书局 1991 年版（下同）。

士，借以区别于清朝的科举称谓。[1]

中国古代科举对出身限制极严。例如清代规定凡是出身不正的人，诸如门子、长随、番役、小马、皂隶、马快、步快、禁卒、仵作、弓兵之子孙，倡、优、奴隶、乐户、丐户、疍户、吹手等，都没有资格参加科举考试。除此之外，还强调考生必须在本省（本地）内参加考试，否则便遭冒籍之禁。而太平天国则规定“无论何色人，上至丞相，下至听使，均准与考”[2]。这就是说，太平天国科举把这些封建性的限制一概扫除，不论门第出身，不论是否为本地考生，一律准许考试。

此外，已经获取功名的考生（无论是获得过清朝的科举功名，还是获得过太平天国科举的功名），甚至已经在太平天国政权内为官的人（包括丞相），均可以参加科举获得更高一级的功名。

太平天国之所以完全不限制考生门第出身有多种原因，其一是招揽人才、巩固政权的迫切需要，其二是针对已经充分暴露的科举制度的弊端，甚至与太平天国领导人自身参与清朝科举屡屡受挫的经历也有着一定的联系。[3]

三、官吏考核黜陟制度

历代农民起义不乏建立政权者，其职官制度往往都采用了同时期封建王朝的官爵体系，太平天国政权却有所创新。太平天国

---

〔1〕《太平天国科举考试纪略》，商衍鎏《清代科举考试述录及有关著作》，百花文艺出版社2004年7月第1版（下同），第373—374页。

〔2〕中国史学会：《中国近代史资料丛刊·太平天国》，第四册，上海人民出版社、上海书店出版社2000年版（下同），第721页。

〔3〕于书娟：《太平天国的科举制度初探》，《考试与教育》2007年第5期。

的职官设置主要来自于《周礼》，例如前面提到的乡官制（包括伍长、两司马、卒长、旅帅、师帅、军帅）以及总圣库、婚娶官等便是源自《周礼》[1]。太平天国设立的官名，也有取自中国封建皇朝官名的，如丞相、检点、指挥、将军、总制、监军等官名都是，但太平天国只是用其作为各级官阶的名称，而与在封建官僚体系中各种实际职务的官职是不同的。

太平天国前期的职官制度相对比较规整，带有明显的军政混合的色彩。其正职官分为朝内官、军中官、守土乡官、女官等几种，等级由高及低依次为王、侯、丞相、检点、指挥、将军、总制、监军、军帅、师帅、旅帅、卒长、两司马、伍长。正如清方在《贼情汇纂》中所记："其品级次序则伪王最尊，次伪侯，次伪丞相，次伪检点，次伪指挥，次伪将军，此伪朝内官品级之大略也。军中总制最尊，次监军，次军帅，次师帅，次旅帅，最下为卒长、两司马，此伪军中官品级之大略也。侍卫、典事注以职同某官，意皆伪朝杂职。"[2]

太平天国对于官员的考核黜陟制度，主要体现在其纲领性文件《天朝田亩制度》中，其中规定："凡天下诸官三岁一升贬，以示天朝之公。凡滥保举人及滥奏贬人者，黜为农。当升贬年，各首领各保升奏贬其统属。……军师将各钦命总制及各监军及各军帅以下官所保升奏贬各姓名直启天王主断。……天朝内丞相、检点、指挥、将军、侍卫诸官，天王亦准其尚下互相保升奏贬，以剔尚下相蒙之弊。至内外诸官，若有大功大勋及大奸不法等事，天王准其尚下不时保升奏贬，不必拘升贬之年。但凡在尚保升奏

---

〔1〕《太平天国史》第二册，卷三十三《志》第十二《科举附招贤》之二"科举制度"。

〔2〕《中国近代史资料丛刊·太平天国》，第三册，第100页。

贬在下，诬，则黜为农。至凡在下保升奏贬在尚，诬，则加罪。凡保升奏贬所列贤迹恶迹，总要有凭据方为实也。”[1]

上文出自太平天国前期的基本大法《天朝田亩制度》。它规定了每三年对所有官员进行一次考核，以便决定其升贬。具体的操作是，由上一级领导对下级在三年内的是非功过进行排查，详细列出属下的贤迹或恶迹，并将自己所保升或奏贬人的姓名报告给自己的上一级领导；如果属下没有什么明显的贤迹或恶迹，则不用对其进行保升或奏贬。这样，经过层层上报后，最后经由军师将各级官员保升或奏贬的人员名单统一交由天王洪秀全裁定。裁定后，经由高至低的顺序层层传达，按照规定对相关人员进行褒奖或惩处。具体的奖惩办法是：军帅以下的官吏按其贤迹或恶迹，提拔或降低一级或两级使用；军帅以下的官吏除了提拔或降低一级或两级使用外，还有可能被贬为农。《天朝田亩制度》规定守土官、乡官必须是上级对下级（而且还是逐级）保升或奏贬，但是对钦命总制一官，却规定可以让其属下的各监军对其进行保升或奏贬，这就突出了太平天国对基层政权的重视，以及对具有一定的军政大权的郡一级官吏的限制。

而为了制约朝内官等高级官员，《天朝田亩制度》还规定了准许丞相、检点、指挥、将军、侍卫诸官相互（也就是可以越级）进行保升或奏贬，以便防止上下勾结或蒙蔽，在当时的历史条件下既保持了上级对下级的威严，又最大限度地让官吏相互监督。对于具有特殊功勋和犯有特别严重错误的官吏，《天朝田亩制度》还规定不必拘泥于三岁一升贬的规制，可以随时保升或奏贬。

---

〔1〕《太平天国史》，第二册，第46页。

《天朝田亩制度》还明确了对于诬告的惩罚，它规定无论是上级奏贬下级，还是下级奏贬上级，都必须讲究真凭实据，否则上级诬告下级的将贬为农民，而下级诬陷上级的则罪加一等。

第二节 晚清廉政制度

一、多元的官员铨选制度

晚清以来，吏治腐败，各级官员低劣昏庸、贪污腐化之劣迹，不仅充溢史册，就是在《官场现形记》、《二十年目睹之怪现状》等小说中亦有生动的描绘。抛开各层官吏贪腐不谈，就官员素质低劣的原因而言，主要在于传统的教育体制和科举取士制度。随着清朝“新政”的实施，从旧有的科举制度中产生的人才既不能适应“新政”各项措施的推进，也与“新政”试图确立的现代文官制度相违背。

然而，一千三百多年的中国科举取士制度具有强大的历史惯性，它不会立即被新型的文官制度所取代。晚清的文官选拔制度，经历了一个科举逐步废除（规模缩减、应试内容渐变）、学堂选官（包括留学生、国内新式学堂学生）制度逐步确立的过程。它既反映了清廷守旧势力对于科举的庇护，也体现了维新势力对于改变科举弊端所做的努力，更反映了现代文官选拔制度取代因袭一千多年科举制度的历史必然。

（一）科举选官制度的延续及改变

晚清的科举选官制度，一方面延续了中国科举制度的传统(包括严密的考试制度，这里不再赘述)，另一方面又在时代大潮的推动下有所改变，其改变主要体现为应试内容方面。

洋务派主要代表人物张之洞1898年曾上《妥议科举新章折》，认为："一应职官，皆以讲求实学实政为主，凡考试文艺小楷之事，断断必宜停免，惟当考其职业以为进退，则已仕之人才，不致以雕虫小技困之于老死，俾得汲汲讲求强国御侮之方，此则尤切于任官修政之急务者也。"〔1〕张之洞的话反映了新势力呼吁改变科举内容（即以"实学"取代"八股"）这一历史事实。的确，光绪二十四年（1898年）戊戌四月二十二日，光绪皇帝就曾颁布谕旨"停止用八股文，改试策论。六月又订为随场去取之法"〔2〕。光绪二十八年（1902年）时，乡试会试"改首场试中国政治史事论五篇，二场试各国政治艺学策五道，三场试四书义二篇、五经义一篇"〔3〕。除此之外，清朝廷还曾在科举考试中设置算学科和经济特科，"以内政、外交、理财、格物、考工、经武之学取士。1901年，令各部院长官及各省督抚学政保荐"〔4〕。从清末科举考试的内容来看，注重"实学"已经成为一种趋势，改变后的应试内容对参加科举的考生来说是一种政策导向，它促使考生不能仅仅在古典经义和八股文中寻求仕途的出路。换句话说，考生如果想进入官僚体制，不但要有国学基础，而且必须要学习富国强兵的"实学"，必须放眼世界发展的趋势。

---

〔1〕 苑书义等主编：《张之洞全集》，第二册，河北人民出版社1998年版，第1304页。
〔2〕〔3〕〔4〕 《清代科举考试述录及有关著作》，第80页。

虽然科举考试内容的变化在一定程度上反映了对“现代化”的某种诉求，但是，在科举制度的范围内，无论应试内容怎样变化都不能逃避其为时代抛弃的命运。1906 年，中国废除了一千三百多年的科举制度，经济特科亦被终止。

（二）学堂选官制度

1902 年清廷颁布《钦定学堂章程》，1903 年又颁布了修改后的《奏定学堂章程》，开始创建新式教育体制。学堂的设置分为三段六级（初等二级、中等一级和高等三级），其中高等教育设立通儒院、大学堂和高等实业学堂。高等教育的课程除了保留儒学根基以及外国文学、外国语、地理等文科课程外，主要设置了当时所谓的实学，例如经济、理工、医学等实用课程（理财学、算学、物理、化学、地质、矿物、动物、植物等）。

科举制度废除前后的清末十年间（1901—1911），学堂选官制度才成为朝廷选官之正途。它是由科举制度通向现代文官制度的桥梁和中介。当时，特别是高等学堂的毕业生大都被授予不同的功名乃至任用为政府官员。

清廷曾颁布了一些章程规定了学堂选官制度的举措。光绪二十七年（1901 年）年底，清廷颁布了《学堂选举鼓励章程》，规定了学堂选官的基本原则，即经过学堂考试合格的毕业生，均授予贡生、举人、进士出身。对成绩优秀的举人、进士再行考试（殿试），然后“酌加擢用，优予官阶”[1]。清廷对于通儒院、大学堂和高等实业学堂等高等学堂的毕业生尤为重视，《奏定各学堂奖励章程》

〔1〕《清史稿·选举志二》，第 3128 页。

就规定："通儒院以翰林升阶并授实官。大学堂毕业考列最优等、优等、中等者均为进士，可升入通儒院；不愿升学者委以京外要差。考列下等者为同进士出身，留堂补习者再考后分等任用。高等学堂毕业中等以上者为举人，可授内阁中书、中书科中书、部寺司务补用等京官，或授知州、知县、通判等外官。高等实业学堂毕业中等以上者亦为举人，以知州、知县、州同尽先选用。"〔1〕

实际上这些高校学生并未全部进入仕途，这主要是因为清末学堂教育的快速发展，造成海量的毕业生与稀缺的官职不成比例，很快就使得学堂选官制度不能真正地执行。例如新式学堂学生从光绪三十年（1904年）的近十万人，在三四年内迅速增至光绪三十三年（1907年）的一百零二万多人，而到宣统元年（1909年）已经高达近一百六十四万之众，而清代全部进士的总和不过才二百一十六万人。〔2〕因此，清廷对《奏定各学堂奖励章程》的实施作了变动，逐步加强了学部乃至中央对考试权的控制。其具体情况为从大学堂自行考试（学部派出官员参加会试或认可大学堂的考试）变为学部收回考试权（包括京师及各省高等学堂），并且还要求毕业生考试合格后方能通过学部奏请皇帝给予奖励。由此可见，高校毕业生只有通过朝廷认可的毕业考试且等级合格者才有资格奏请奖励，而考试合格等第者只有通过学部奏请奖励才能正式取得官阶，进入官僚体系。

学堂选官制度产生的原因，主要是晚清（特别是科举废止后）的政治实践对西方现代文官制度的吸收。它促使官吏教育与学堂

---

〔1〕李俊清：《现代文官制度在中国的创构》，三联书店2007年10月第1版，第26页。

〔2〕沈云龙主编：《近代中国史料丛刊》之《第一·二·三次教育统计图表》，台北文海出版社，1989年版（下同）。

教育合二为一，并在选官制度的客观性、专业性方面比科举制度前进了一大步。但正如前文所述，学堂选官制度是科举制通向现代文官制度的桥梁和中介，它必然带有很大的过渡性，还不是真正的现代选官制度。当时就连清廷的学部都认为："东西各国学堂毕业与入官考试无不判为二事。中国兴学之初，科举未停，任官之制未备，自不得不沿用科举办法，学堂毕业者即予实官，以证进而资任使。"〔1〕

（三）留学生选官制度

授予留学生以官职并不是清末才出现的新生事物。从洋务运动时期至"庚子之乱"以前，作为"新政"的举措之一，清廷已经开始派遣留学生。例如，根据《挑选幼童赴美肄业章程》的规定，首批留美学生（当时称为游学生）需在美国学习十五年，学成归国后即可给予顶戴和官职。此后，清廷又派遣了一些留学生赴欧美求学。

早期留学生学成回国后即被政府或重臣争相聘用为一定的官职或军职，体现了晚清办理洋务过程中对这些掌握西方专门知识人才的倚重。同迂腐的旧式官僚相比，这些留学生不但专业知识精深，而且还熟练掌握了西方语言。早期的留学生以同文馆和船政学堂的毕业生为主，他们回国后一般不需要考试就可以为政府录用，前者通常受聘于政府中具有涉外职能的部门，后者通常服务于南北洋的海军系统。我们所熟悉的詹天佑、严复、唐绍仪、伍廷芳和辜鸿铭等人就是他们的代表。

〔1〕 潘懋元、刘海峰主编：《高等教育》（资料汇编），上海教育出版社1993年版，第315页。

“庚子之乱”以后，处在风雨飘摇中的清廷认识到不认真学习先进国家的制度、技术便会“国将不国”，于是开始派遣大批学生出国留学，其中尤以留学日本者为主。几年后，随着留学生归国人数的日渐增多，清廷不可能给全部留学生以官职，于是便通过设立考试制度来“优中选优”。

最早提出留学生考试制度的是洋务派代表张之洞和刘坤一，二者在《江楚会奏变法三折》（1901 年）中提出留学生“学成后，得有凭照回华，加以复议，如学业与凭照相符，即按其等第作为进士、举贡以辅各省学堂之不足，最为善策”〔1〕。

此后，为了加强对留学生的管理和使用，清廷以《江楚会奏变法三折》为蓝本制定了一系列日趋严密的考核、奖励和约束制度。例如，1903 年张之洞拟订了《约束鼓励游学生章程》；1906 年清学部颁布的《考验游学毕业生章程》；1907 年清学部与宪政编查馆制定的《游学毕业生廷试录用章程折》；1909 年（宣统元年）的《学部酌拟考试游学毕业生章程清单》（《学部为送酌拟考试毕业游学生章程一折行内务府咨文》的附件）等。以下以最为详细的《学部酌拟考试游学毕业生章程清单》为例，来揭示清廷对留学生考试的严格规定。〔2〕

1. 对考生资格的要求

东西洋游学生，应由出使大臣或游学生监督，将该生的履历、入学年月、所习专科及预定毕业年限并有无旷课各节，预行列表

---

〔1〕 张靖：《晚清选官制度变革研究》，中国政法大学 2005 届博士论文，第 76 页。

〔2〕 以下八条规程均来自《学部为送酌拟考试毕业游学生章程一折行内务府咨文》的附件《学部酌拟考试游学毕业生章程清单》，转引自叶志如编选《清末选送考取留学生办法章程》，《历史档案》，1989 年第 1 期。

报部立案。其赴部报考时，应由出使大臣或各省督抚或各部院堂官备文咨送，出具切实考语，方准与考。

东西洋游学生，如系由中学堂毕业得有奖励后出洋者，必在外国高等以上学堂肄业三年以上，方准与考。其未由中学堂毕业出洋者，必在外国普通学堂预备一年以上，并在高等以上学堂肄业三年以上毕业者，方准与考。（在高等以上学校，此校未毕业而转入他校者，不得以两校年限合计。推学科程度相同之学校，预经出使大臣或游学生监督允准转学报部核准者，不在此例。）

东西洋游学生，必在大学堂及各项高等专门学堂毕业者，方准与考。凡在外国中学堂中等程度之实业及师范学堂与为中国人特设班次之学堂毕业者，均不准与考。其由为中国人特设班次之学堂肄业转入高等学堂之第二、三年级者，或由校外生毕业编入高等学堂之第二、三年级者，亦均不准与考。凡选科毕业生，如其所习学科不及该学堂所定各科四分之三者，设如某学堂所定应习之学科共十六种，而该生所选习之学科不及十二种，不准与考。

2. 查验文凭

游学毕业生赴部报考，应将毕业文凭及监督处证明书并笔记译述等项，呈明候核。其在本国学堂或外国学堂得有普通毕业文凭者，一并呈验。

3. 预行甄录

游学毕业生，无论有无普通学毕业文凭，均预行甄录，一场试以外国语文并该生专科所需之普通学（如法政文科之地理、历史及格致工科之理化、算学），其平均不及五十分者，不准与正场考试。甄录未取者，准于下届再与甄录，唯以一次为限。

4. 分门命题

正场考试分为两项：第一项，试中外文字；第二项，试科学。第一项，试中国文一题、外国文一题，作一题为完卷；第二项，按照该生所习专科分门命题，每科限定六门以上、八门以下，每门一题主要者，二题须按题全作。按门记分及核算平均之法，照《奏定学堂考试章程》办理。

5. 考试日期

游学毕业考试定于每年八月举行。考试分三场，间日一场。第一场试中外文字，二、三场试科学，俱当日交卷。

6. 分等给奖

此项考试等级，照《奏定学堂章程》，分别最优等、优等、中等。考列最优等者，奖给进士，考列优等及中等者，奖给举人。均由学部开单奏请验看，恭候钦定。奖给进士、举人者，并加某学科字样；习文科者，则称文科进士、文科举人；其法政科、商科、工科、格致科、农科、医科仿此。凡考试不及格者，准于下届再应考试，唯以一次为限。

7. 分别职掌

主试官由学部奏请钦派，襄校官由学部遴选奏派，均无定员，视考试毕业人数多少临时奏定。主试官命题阅卷，选定襄校官所拟试题，覆核襄校官所拟分数。襄校官分拟各科试题，分校各科试卷。监临官二员，由学部堂官内奏请钦派。所有场前评定文凭分数、临场点名散卷及考试时整饬场规等事，均应督率派出各司员认真经理，并会同主试官办理拆封计算总分数及填榜事宜。提调官二员，由学部堂官就本部垂参暨各司总科中遴选，奏派管理内场一切事宜及分拨试卷、核算分数等事，并随同主试官、监临官办理拆封填榜事宜。内外收掌官、弥封官各二员，由学部堂官就本部各司员中遴选奏派，办理收掌弥封等事。庶务官二员，由学部堂官就本部各司员中选派，办理场内供给及杂务。监场官若干员，由学部堂官就本部各司员中选派，监察各生考试。

8. 严密关防

设内场监试御史一员，专司稽查关防，由学部咨取科道各官衔名奏请钦派。凡主试官、襄校官暨提调内收掌弥封庶务等官，一经派定，均须即日入场住宿，未揭晓以前不得外出，俾照慎重。监临官二员应轮流在外场住宿，以便稽查出入，严杜弊端。试卷于每卷末页之左角内填弥封红号，于卷面之浮签上填写考生姓名及座号，收卷后由弥封官揭去浮签交提调官分送主试官或襄校官评阅。其各项试卷，非经主试官评定分数后不得开拆弥封；既拆弥封已知红号之后，不得复将分数增减，以杜弊窦。考生文凭分数由学部评定，于拆试卷弥封之后，随同红号名册送交主试官，以便计算总分数。

综上可见，清朝废除科举改革文官录用制度之后，虽然仍未摆脱“学而优则仕”的影响，但文官录用以留学生和新式学堂毕业生为主，开始呈现出专业化与技术化的选拔标准。

在对留学生选官的过程中，考生资质的审核、查验，对考试内容的设置，对通过考试者的奖励，对考场纪律和监考官的选择与约束等考试环节，清廷都有细密的规章制度。这些规章制度最大限度地保障了留学生选官制度的公正性和开放性。在这种制度的保障下，自光绪三十一年（1905 年）至宣统三年（1911 年）间，清廷共举行了七次留学毕业生学成考试，合格者一千三百八十八人，包括留学日本的一千二百五十二人和留学欧美的一百三十六人[1]。这些留学生先后在清末和民国时期服务于政府各部门，成为中国近现代文官制度的践行者。

二、清末考绩制度的变化

清代官吏的考绩制度，主要是三年一届的“大计”与“京察”，前者以外官为对象，后者以京官为对象。它们成为考核各级官吏的主要形式与奖罚依据，基本上保证了统治机器的有效运转。

从制度角度看，清廷比较重视文官的岗前培训和考核，规定有分发试用、候补制，例如分配到省（部）观政、学习、署理、差委等。然而晚清以来，由于内忧外患、督抚等地方势力做大、官员选拔制度混乱等原因，清廷对于各级官员（特别是地方州县官吏）的监控也日渐削弱。例如，为了筹集巨额的战争赔款和越来越大的战争开支，清廷饮鸩止渴，大开捐纳，滥行保举，造成了仕途拥挤。这些没有通过科举正途进入官僚系统候补的官员不仅从政素质差（即便是许多通过正途入仕的官员，在处理政务时也同样缺乏适应能力），而且人数空前之多，甚至占到各省官吏总数的近一半。[2]他们通常大量涌入州县一级作为候补官员等待着遇上署缺、差委的机会。在“僧多粥少”的情况下，他们实际长期处于“赋闲”状态，地方大员一般也无暇顾及。这些人为了获得实缺的机会，通常会使用贿赂的方法奔竞，这就进一步加深了吏治

〔1〕 陈学恂：《中国近代教育史教学参考资料》上册，人民教育出版社 1986 年版，第 698 页。

〔2〕 张仲礼著、李荣昌译：《中国绅士——关于其在十九世纪中国社会中的作用的研究》，上海社会科学院出版社 1991 年版，第 235 页。

的腐败。而三年一次的“大计”主要针对在任官吏，清廷实际上缺乏一种有效考核约束候补官员的制度。在这种情况下，针对候补官员考核、教育的“课吏馆”、“法政学堂”的出现就是必然的了。

与此同时，随着清廷逐步实行“新政”，吏治能否有效运转就成了关系到“新政”能否成功的主要因素之一，而当时官僚系统的混乱既难以适应社会发展对办事效率日益增长的需求，又无法保证中央对于地方官员的监控。但是，短期内彻底改变吏治的混乱、提高各级官员的素质是不现实的，而“新政”的实施又不可能在官吏队伍上另起炉灶，只能利用原有的人员。鉴于此，清朝决定改革京官、州县官和候补官员的考绩制度，即通过缩短考核周期，变更考核方式和标准，充实考核内容，加大考核力度等方式整顿官僚队伍。

清末的考绩制度的改革虽然取得了一定的效果，但也存在比较明显的漏洞，即重视基层官员、候补官员的考绩，没有加强对督抚等封疆大吏的约束，即便是京察改革也搞得不痛不痒，没有解决好官吏队伍上层、下层和储备层协调一致的问题，致使考绩改革看似轰轰烈烈，实则治标不治本。

（一）对候补官员的教育、考核——课吏馆、法政学堂

清末对州县官候补人员的考绩措施主要之一是建立课吏馆。清廷规定不给候补官员发放俸禄，这驱使着他们为获得实缺而竞相奔走，但课吏馆则有专门的机构，向参加培训的候补官员发放不同等级的薪水，它为候补人员提供一个相对安定的学习环境和基本的物质保障。

课吏馆在 19 世纪末就已经出现。1885 年山西巡抚刚毅在任上

设立课吏馆，他认为，“是以臣历任各省，必以开馆课吏为第一要务。每日传集在省候补及部选初到各员，分班到馆教之”〔1〕。几年后，两广总督张之洞、湖南巡抚陈宝箴、江西巡抚李兴锐、山东巡抚袁世凯等也开始与其遥相呼应。“庚子之变”后，清政府宣布“新政”。1902 年起，各省遵照光绪皇帝的谕旨先后建立课吏馆。据不完全统计，当时全国共有二十二所课吏馆（包括湖北仕学院、四川仕学馆与湖南仕学馆）。课吏馆开始主要以培训和考核留省或分发到省的候补人员为主，后来也对在职官员进行培训、考核。课吏馆的办理方式大多相似，一般由该省藩司（布政使）会同臬司（按察使）总领馆事，设正、副馆长等职，择优选择省内候补人员入馆学习。在 1905 年后“宪政”风潮的推动下，大部分课吏馆逐渐改组为法政学堂。

1. 课吏馆的培训内容与考核

正如前文所述，晚清政府为适应变局所进行的新政改革迫切需要实用人才，而依靠科举、封荫、捐纳等方式走仕途的旧式官员并不能胜任，改科举、兴学堂等提高官员素质的举措多年以后才能见效，朝野均认为“课吏与课士不同，凡经史词章、训诂性理诸学皆未仕时所当究心，一行作吏当以朝章民事时务官守为当务之急”〔2〕。因此，对官员（尤其是候补官员）进行再教育即所谓“开官智”便成为当务之急。

课吏馆的培训内容虽然因省而异，但大都体现出“新政”对

〔1〕 刚毅：《敬呈管见疏》，王延熙、王树敏：《皇朝道咸同光奏议》卷二十三，《吏政类·官制》，《近代中国史料丛刊》第三十四辑，第 1154 页。

〔2〕《广东课吏馆章程》，邓实辑《政艺丛书壬寅全书》，第 513 页；又，《近代中国史料丛刊》第二十七辑，第 267—270 页。

于官吏队伍素质的基本要求。虽然全国范围内的课吏馆成立先后不同、地区各异，其培训、考核的内容也存在不尽相同之处，但各省课吏馆制定章程时仍对主要考核内容有一致的规定。例如京师仕学馆章程分算学、博物、物理、外国文、舆地、史学、掌故、理财学、交涉学、法律学、政治学十一门。综合各地课吏馆的课程设置可以看出，西学、实学占了很大比重。课吏馆课程对理财、时务、交涉的重视，体现了当时课吏馆课程设置与新政改革联系之紧密。

2. 课吏馆的考核

各省课吏馆对于官员的考核比起之前毫无制度而言显得奖惩有度，且取得了一定的效果。《重定山西课吏馆章程》规定："遇有差缺即行尽先酌委，其有志虑忠纯学识闳达者并即专折保奏……（对于考课较差者）轻则勒限学习，限满无效即遵旨咨送回籍。"[1]直隶课吏馆也规定："如实在文行兼优……督宪察看酌委差缺以示鼓励……（但如发现抄袭枪替者则）记过停委以儆效尤。"[2]

上文的大意是，对于课吏馆中培训的后备官吏，确实品学兼优者，即可有课吏馆的主管上报保奏，情况属实，朝廷就会在遇有官缺之时优先委派。而课吏馆的学员如果被发现有抄袭、替考行为的，则以不予委任作为惩戒。事实上，不但上述原文中山西、直隶两省的课吏馆章程有这样的考核奖惩规定，全国绝大多数课吏馆都有类似规定。这种规定基本符合当时官场的实际。清末官场冗员充斥，候补官员常年得不到差事，有些人甚至一辈子都没有补缺的机会，因此，获差得缺当然是候补官吏的最大心愿，而

---

〔1〕《重定山西课吏馆章程》，《政艺丛书壬寅全书》；又，《近代中国史料丛刊》第二十七辑，第513页。

〔2〕《直隶课吏馆禀呈课吏章程六条并批》，《大公报》1903年8月17日"专件"。

被停差或送回原籍则是候补官员所无法接受的惩戒。

此外，全国课吏馆学习活动的展开并无统一规定。有的课吏馆学习制度仿近代学堂规制，比较严格；有些课吏馆则以自主学习为主，组织较为松散。课吏馆一般不规定学习年限，有些课吏馆每月对馆员考课，但更常见的还是每个季度一考，考试优等者若遇有差缺即为出馆之日。

3. 法政学堂

1905 年后，随着清政府开始推行宪政改革，各级政府十分需要通晓近代法律制度的官吏，而课吏馆的通才教育不能解决这一问题。在袁世凯成立直隶法政学堂的影响下，从 1906 年开始，清政府通咨各省一律将课吏馆改设为法政学堂（当然也有的法政学堂并不以课吏馆为基础组建而来），于是各地法政学堂纷纷建立起来。

法政学堂与课吏馆有几点不同：其一是教育内容的不同，法政学堂有全国统一的教学内容；其二是前者在考试、录取和考核方面有全国统一的法规，不像后者那样地方上各自为政；其三，法政学堂不仅仅是考核培训候补官吏的机构（法政学堂中作为官员教育机构的是其别科与讲习科），它还逐步转入了国民教育体系。

法政学堂的教育内容比课吏馆更加突出法律，例如别科的课程除了人伦道德、皇朝掌故、大清律例、世界近代史、地理略说、体操和日本文之外，着重开设政治学法学通论、理财原理、宪法、行政法、民法、刑法、商法、裁判所构成法、国际公法、国际私法、财政学、论理学等政经法律课程。[1]

法政学堂在考试、录取和考核方面不仅有全国统一的法规，而且其执行也较之课吏馆更为严格。法政学堂的考试对象既有候补京官，也有候补地方官。例如其别科主要“为造就从政之才以应急需”而设，学员在各部院候补候选人员及举贡监生年岁较长A者中间考选，“不必由预科升入，俾可速成，以应急需”[2]。学部主办的法政学堂曾设有讲习科，主要接收官制改革中各部裁撤以及新分司员笔帖式，毕业后由学部考试，分别等第酌量办理。[3]由此可见，别科、讲习科据需要考试入学，并按照一定的修学期限经考试分等级后才能听候差委，表明清政府已经从课吏馆考绩不严中汲取了教训，并认识到政法人才的重要性而严把质量关。

法政学堂有全国统一的章程。学部和宪政编查馆陆续编订了《京师法政学堂章程》、《改定法政学堂章程》和《切实考验外官章程》。这些章程虽然由不同的政府职能部门发布，且在颁布时间上又有先后之分，但都是作为全国统一的章程执行于各地。例如《切实考验外官章程》规定：“凡捐纳、保举两项之道府、同通州县以及佐杂各员，除正途出身及本系高等以上学堂毕业学生外，无论月选分发，到省一律俱入法政学堂。”[4]这些学员先要通过考试，如果没有一定的基础（“其文理不通及不能执笔者即咨令回籍”），根本就不能入学。文理过关者被分成长期、速成两班学习法政知识，长期班三年毕业，速成班一年半毕业。所有毕业生均

[1][2][3]《大清光绪新法令》第十三册，中华书局1986年版（下同），第26页；又，徐保安《清末地方官员学堂教育述论——以课吏馆和法政学堂为中心》，载《近代史研究》2008年第1期（下同），第99页。

[4]《大清光绪新法令》第五册，第100页。

要经过严格的考试，其成绩位列一、二、三等者分别给予最优、优等、中等毕业文凭，并赴任差委。成绩位列第四等者还要在法政学堂中延长学习时间（半年或一年），然后再进行考试。没有进入前四等者要开缺降补或勒令回籍。章程还要求对该章程颁布以前已到省的候补人员通行考试一次，一、二等者派差，三、四等者入堂学习。〔1〕

4. 课吏馆、法政学堂的功效和意义

课吏馆和法政学堂在清末于全国广泛建立，从中央直属机构到各行省，经过培训、考核的候补文官总量数以万计。这些候补官员通过集中培训学习，获得了新的知识，成为相对适应新政的通才（课吏馆）、专才（法政学堂）。课吏馆和法政学堂在一定程度上促使清末的传统型候补文官向近代专业技术型文官转化，推动了文官制度向现代性的转化。但是，清末候补官吏的数量和实缺员额严重不合比例，即便是经过课吏馆和法政学堂考核培训的候补官员也不得不面对官场权钱交易的“潜规则”〔2〕，反而证明清末课吏馆和法政学堂并不能从源头上解决吏治腐败问题。

（二）州县事实考核制度

19世纪中叶的太平天国起义严重削弱了清政府的军事实力和地方统治。在与太平天国军事对峙的过程中，许多清地方州县官员不是被太平军杀掳，就是自行溃逃，而当清军重新控制这些地区时，州县官的任用往往主要依靠督抚的举荐，这事实上造成了督抚的权力日渐扩大。在太平天国起义失败后，由督抚举荐其下

〔1〕《清末地方官员学堂教育述论——以课吏馆和法政学堂为中心》，第100页。
〔2〕肖宗志：《晚清的课吏馆》，《清史研究》2006年2月第1期，第107页。

属充任州县官的情况仍然较多，而被推荐人处理政务的实际能力并不能得到切实可据的考察，多是凭督抚的只言片语应付了事。来自光绪皇帝的上谕也对这种情况表现出担忧："乃近来封疆大吏但多保举，绝少参劾之奏。有举无惩，良莠杂出……嗣后各该督抚于实心任事之员，当核实具保；其有声名平常，或贪虐有据者，应从严甄别，以儆其余。倘意存姑息，徒博宽大之名，置民瘼于不问，该督抚责有所归，公是公非，难逃洞鉴也。"〔1〕也就是说当时对于督抚所举荐的州县官吏，清政府实际上不能对其实际工作成绩进行切实的考核。各省督抚对被举荐人的举荐之词和参奏举劾通常缺乏事实依据，清中央政府根本无法对官吏进行奖惩，更不能遏制督抚培养自己的地方势力，这就使吏治更加腐败，清中央政府的权力有失控的危险，其权威与公信力大受影响。

其实，早在"戊戌变法"时期，就有许多大臣认为原有的"四格"法标准过于空泛，难以反映被考核者的真实情况，而且对各地督抚的保举缺乏制度性的规范与约束，督抚也应当把被举荐地方官的执政能力加以量化说明（即"嗣后保荐人才，无论文武实缺者，必指明有何善政，因何劳绩有裨国计民生，方许保荐"〔2〕）。而且，有大臣还认为举荐者与被举荐者具有连带关系，若被举荐人名不副实，举荐人应当负有连带责任。随着"戊戌变法"的失败，这些具有建设性的建议便被束之高阁。"庚子之变"后，清政府才真正地痛下决心开始"新政"的各项改革措施，其中就包括改革州县官吏的考核制度，而"戊戌变法"时期大臣所

〔1〕关晓红：《清末州县考绩制度的演变》，《清史研究》2005年8月第3期（下同），第15页。

〔2〕中国第一历史档案馆藏：《军机处录副奏折档案全宗》（光绪朝内政类），第5738卷第5号。

阐述的以实际工作成绩作为考察州县官吏依据的设想，最终被清政府所采纳。

1904年（光绪三十年），光绪皇帝发布谕旨，提出了州县考绩的新标准："嗣后责成各省督抚，考查州县，必以为守俱优，下无苛扰，听断明允，缉捕勤能，为地方兴利除害，于学校农工诸要政，悉心经画，教养兼资，方为克尽厥职。……著各省奏单刊入官报，与众共知，以通下情而伸公论……各该督抚务当破除情面，查吏安民，切实遵办，用副朝廷力挽颓风勤恤民隐之至意。"[1]在此基础上，清政府制定出了可以量化的考核方案。此方案为年度考核（在"大计"之外），注重州县官员任期内的各项实际工作成绩——不仅保持了对以往刑名钱谷等政绩的考核，还增加了对教育、种植、工艺、巡警四项新政项目执行情况的考察，并且要求每项内容均要量化统计上报。这一具有转折意义的改革方案被称为州县事实考核制度，它是清政府参照西方公务员考核制度和中国的实际情况相结合的产物，是近代以来清政府希望将对官吏的考核置于社会舆论监督之下的第一次尝试。它的实施不仅可以在一定程度上遏制任人唯亲、官官相佑的积弊，也为督抚对下属州县官吏的考核提供了量化依据。

在州县事实考核制度的实施过程中，清政府不断进行调整补充，以便强化考核的可操作性。清政府以山东、直隶两省的考核方案为蓝本，制定了州县事实考核的五项条款[2]：开报宜核实；咨报宜按限；前后任政绩应界限分明；优次等级宜有一定标准和

〔1〕《光绪三十年五月十四日谕旨》，朱寿朋编：《光绪朝东华录》，总第5193—5194页。

〔2〕《清末州县考绩制度的演变》；又，光绪三十一年（1906年）十二月《政务处奏考核三十年州县事实谨拟画一章程折》，《光绪朝东华录》，总第5463—5464页。

限制；州县宜久任。在此五项基础上，中央政府主管考核的政务处将考核划分为最优等、优等、平等、次等四个等级，以此作为州县官提拔和惩处的依据。

开报宜核实，是指各省填写由中央政府统一制定的考核样式表格，对其中的各种项目（即命案、盗案、词讼、监押犯人、钱粮、漕粮学堂、巡警、工艺、种植）必须如实填报，不得弄虚作假。咨报宜按限，是指上报各种材料要在规定期限内完成，不得无故拖延。按照规定，每年年终考核必须于第二年三月至五月为止汇总上报。前后任政绩应界限分明，是指前任官员的政绩应当归属前任所有，继任官员上报朝廷时必须说明哪些工作是前任所为，哪些工作是继任者所为，所有项目设置须有具体的新旧数字对比，以便了解现任官员到任后的实绩。优次等级宜有一定标准和限制，是指考核官吏时的等级划分要有明确的标准，如开设学校项目要以开设处所的多少、学生人数的多少为标准；警察、工艺和种植应以有成效者为上，已经开办者为中，不办者为下；法律诉讼案件要以没有案件发生和全部结清案件者为上，有百分之二十的案件没有结清者为中，超过百分之二十的为下，并且命案、盗案、词讼三项，必须将发案数、结案数分别标示。州县宜久任，是指要求各省督抚慎重选拔下属州县官吏，不得随意调换岗位，并借此改变州县官频繁更替导致其不熟悉地方事务的弊端。

州县事实考核制度每年一次，减少了三年一次的“大计”间隔过长而造成的懈怠；具体而细化的考核项目，有助于区分前后任官员的政绩，有助于形成官员的相互制约和监督；量化的标准纠正了以往“四格”法的空泛。这些都对推行新政有一定的促进作用。

但是，不可否认的是，清政府对地方官吏的考核改革只是一个“半拉子工程”——只有考核州县官吏的条文，并没有对考核督抚设置相应的项目，也没有出台对于督抚实施此项考核工作的问责制度，而且考核结果的复核权在政务处，缺乏相应的有效监督机制。州县事实考核制度在一定程度上对督抚权力的扩张形成了制约，此制度的实施加大了督抚提拔“自己人”的政治风险，其属下的作为也直接或间接地反映了督抚的执政能力。一方面，中央政府这一举措势必引起一些疆臣的暗中抵制，一些督抚往往消极对待、奏请拖延，使得这一制度的实施打了折扣；另一方面，政务处的工作并没有被有效地监督，难免形成新形式上的官官相佑。当时的《东方杂志》如此评论说，“大凡专制政府，其所行之政策，无不似是而实非。如今日责成各督抚年终考察州县开列简明表册刊入官报一事是也。推此举之宗旨，为杜绝欺蔽而设也，其意仍不外乎防弊，而不知防弊之政策，其弊即生于防弊之中……迟速之权，仍操之于政务处”，而一些腐败成习的州县官吏，势必千方百计将此变成报虚瞒实的过场，不仅官报能否将考核情况如实刊载令人置疑，即使如实刊出，官官相护的陋习和民不与官府争讼的传统，也会令绅民未必能够据此进行有效监督，因此不会有明显效果。〔1〕

（三）京察改革

所谓京察，就是由吏部对京官以及封疆大吏的政绩进行考核，然后根据官员的考核结果决定官员的升降去留。清代的京察制度承袭明代，只不过从明代的六年考察一次（巳、亥年为京察之年）

〔1〕《政府命各督抚年终考察州县开列简明事实刊入官报》，《东方杂志》第7期（1904年9月4日）。

变为每三年一次（逢子、卯、午、酉年举行）。

从被考核对象及其做法上看，京察分为列题、引见和会核三种不同形式。列题针对一、二品大员，先由吏部填写被考核人的履历清单，并将尚书、侍郎、左都御史、副都御史、内阁学士兼礼部侍郎衔等京官列为一本，将总督、巡抚等封疆大吏列为一本，然后上奏皇帝，候旨简裁。引见针对三品以下五品以上的京堂及内阁侍读学士、翰林院侍读学士、侍讲学士等官员，并由吏部填写履历清单引见。会核针对五品以下的在京官员，先由其所在衙门长官按照四格和每一格的等差要求填注考语，然后送交吏部，并由吏部会同大学士、都察院吏科、京畿道定稿，分出等级，再造黄册上报皇帝。〔1〕

清末之前的京察标准为：三品以上官员自陈，并由吏部都察院考校，皇帝决定黜陟；四品以下官员由本衙门长官考察，考察标准为四格——才、守、政、年。考核结果分为称职、勤职、供职三等留用。对于不称职者按其四格分为六类——不谨、罢软、浮躁、才力不及、年老、有疾。京察的处分有三等——革职、降调、致仕。京察一等有定额，一般是京官总数的七分之一。

晚清以来，随着吏治的日渐败坏，清廷国家机器的运转出现了严重问题。在京察考核实践中，有法不依，有规不行，违法违规不究，考核不严，形式主义极其严重。对于京察，“各衙门堂官往往视为故事，只求一等如额，其衰庸怠堕之员，概列二、三等中，不肯据实参劾。即保荐各员……才守平常，迁就应选者，亦

〔1〕 陈一容：《晚清文官考核制度述论》，《重庆三峡学院学报》2004 年第 2 期（下同），第 82 页。

复不免。"[1]而被劾以"六法"者，数量少之又少，程度轻之又轻。如光绪八年（1882 年），一、二品大员京察仅开缺三人，原品休致二人。[2]

晚清的道、咸、同、光、宣等帝无不期望吏治清明，他们也一再重申官吏考核的重要，告诫并要求各级官员严格认真考核。光绪皇帝曾下旨，"京察本古三载考绩之意，举劾并存，任缺毋滥，历朝圣训，不啻告诫再三，所以激浊清扬，典至重也。其保列一等人员，经朕查看，才堪任使者，特予记名，以备简擢外任。今之道府，即异日之藩臬，亦即将来之督抚，若道府半属平庸，则封疆两司，将有乏才之患，安望吏治有起色？……本年又届京察之期，各部院堂官，均受国厚恩，务当精白乃心，秉公考核，用收得人之效，不得有举无劾，博宽厚之名，亦不得拘定足额，蹈滥竽之弊……若不力戒因循，共图整饬，将来查有瞻徇情面，滥保劣员，及应劾不劾之弊，惟各堂官是问，勿以谆谆训诫为具文"[3]。即便是统治者如此重视，也未能从根本上扭转吏治的进一步恶化，究其原因，主要在于原有的官员考绩、惩戒制度已经不能适应半封建半殖民地社会政治、经济的实际。清末十年，由于旧的官僚体制、格局的打破，新的部门、机构及其职位的产生，促使清中央政府对京察制度作了部分调整、损益，京察改革就是在这样的历史背景下进行的。

京察改革的主要内容是清政府在其京察旧例基础上，根据新政时期官制改革的实际，消除了满汉畛域，部分地修改了考核标

---

〔1〕《清实录》，中华书局 1986 年 1 月版（下同），第 53 册，第 982 页。

〔2〕《晚清文官考核制度述论》，第 85 页。

〔3〕《清实录》，第 53 册，第 982 页。

准以及京察一等的比例。

京察改革明确规定“不分满汉，一概平等”。例如《吏部奏变通京察大典例章折》所述：“旧例满汉官缺各有定额，今按新定官制，新旧各衙门一切差缺多半因材委补，不分满汉。此届京察大典自不宜仍局成格。致兹窒拟，应请保送一等人员，按照额缺计算，不必尽分满汉。”[1]对比京察改革，在官制改革之前的京察通常按照满员、汉员分别开列，由于既有满汉官的比例，必然使得满员获得的京察一等数额高于汉员。虽然清政府的新政属于“半推半就”式的改革，但从考察不同民族官吏的政绩来看，京察改革在某种程度上体现了民族平等的原则。

京察改革的考核对象在官制改革的背景下作了相应的调整，而其考核的做法与此前基本一致。因为当时全国的官制改革并不是同步完成的——中央和地方不同步，中央机构之间也不同步，所以，新旧机构、新旧职位必然同时并存。这种混杂的现象在京察考核对象的设定上同样有所显示。例如东三省率先试点官制改革，因此“盛京五部侍郎奉裁不计”[2]，也就是说不列入京察考核对象，而转为东三省督抚“大计”的对象；外务部各国二、三等公使被列入京察范围，并“由外务部饬取各该员履历兹送过部，由臣部（笔者注：即吏部）附入总督巡抚之末，通为一折具奏候旨”[3]；大理寺正卿、少卿原本按照三、四、五、六品京堂例，简明履历清单通为一本，具题后带领引见，而在官制改革后大理寺称为大理院，其正卿按秩二品归入满汉侍郎之后通为一折，其少卿秩三品按照三品京堂例处理；一些新设立的诸如“法部京师高等审判厅厅

---

〔1〕〔2〕〔3〕《吏部奏变通京察大典例章折》，《东方杂志》第10期（1908年）（下同），第107页。

丞、高等检察厅检察长、大理院推丞、银行副监督、造币厂副监督、法部内外城地方审判厅厅丞，均应照三、四品京堂例，缮具简明履历清单，通为一折，具奏后带领引见”[1]……凡此种种，在此恕不一一列举。

在新政的推动下，京察改革的考核标准不再仅仅按照“四格”、“六法”，而是具有了对某些专业职位一定程度的近代化考核标准，并且突破了旧例京察一等员额七人举一人的规制。例如“民政部五、六、七品警官，大理院看守所官皆专管一事……警官但论其巡缉之是否勤奋，看守官但论其防范之是否周密，俱填注切实考语，及称职、勤职、供职字样，并六法等款，以定去留。俱毋庸填注四格，再此项人员按所定数额，每六员中酌保一员俟引见，圈出后由臣部照章以应升之缺升用注册”[2]。为了给各级京官“广筹出路”，军机处、翰林院便奏定了新的章程，其中规定按照“六人举一人”的比例，各衙门均按照六取一的比例。如果一等人员缺额在四名以上时，可由该部堂官保荐一名有政绩的官员；如果没有合适的人员则“宁缺毋滥”。

京察改革在体现民族平等、改良考核标准等方面进行了不同程度的改进，但这种改进的象征意义大于实际意义。与相对有效推进的清末地方官吏考核制度相比，京察改革只是清政府对于地方官考核制度在形式上的一种呼应，在大量新旧中央机构并存、权力划分混乱的情况下，它实际上不可能收到什么真正的效果。

---

〔1〕〔2〕《吏部奏变通京察大典例章折》，第107页。

三、俸禄制度

（一）清代低俸制沿革

自满清入关以来，历代皇帝大多实行低俸禄制度。低俸制在品官的待遇上尤为明显，它严重地影响了国家机器的运转。清廷在实际统治过程中也逐步意识到低薪制的危害，并不断对之进行调试。

清初，文官俸禄基本上套用明代的俸禄制度（九品十八级制），官员的俸禄只有较低的岁俸银和柴薪银十二两（只给京官不给外官）。例如顺治元年（1644 年）时曾规定京官正一品俸银为二百一十五点五两，从一品为一百八十三两；正二品为一百五十二点一两，从二品为一百二十点五两，而推至从九品只有十九点五两，薪水之低可见一斑。如此之低的薪水不仅难以满足各级官吏养家糊口的基本需要，而且对成立伊始的各级政府机构的建设及运作都产生了相当消极的影响。鉴于此，清廷开始逐步地通过各种"补贴"的形式给官吏加薪。例如顺治四年规定外官不但有岁给薪，还有菜烛炭、心红纸张、案衣家具、修宅等各项补贴。[1]以总督为例，除了支薪银外，还有蔬菜烛炭银一百八十两，心红纸张银二百八十八两，案衣什物银六十两。[2]实际上，各种

〔1〕"定各直省文官岁给薪、（蔬）菜烛炭、心红纸张、案衣家具、修宅等银各有差。"见乾隆官修《清朝文献通考》卷四十二《国用四》，上海古籍出版社 2000 年版（下同），第 5244 页。

〔2〕 沈师徐、席裕福辑：《皇朝政典类纂》卷一百七十，《国用十六》，《近代中国史料丛刊》第二辑。

"补贴"的金额已经超出了岁给薪的额度，但在顺治十年俸改后至康熙九年（1670年），各种"补贴"又逐渐被去除，各级官吏又回到了仅有岁给俸而入不敷出的窘境。

俗话说"堤内损失堤外补"，低薪的状况驱使官吏们（特别是外官）想方设法利用自身的权势捞取不义之财，而加征"火耗"就是清代官吏贪赃枉法的最主要手段。"'火耗'即州县官在征银时以零碎银子铸成整块有耗损为由所加征的银两。"〔1〕各州县官所加征的火耗，除少量被用来抵补实际的损耗外，其大部分或被州县官以"养廉银"之名据为己有，或分送上司名曰"节礼"、"寿礼"和"规礼"。到康熙朝后期，滥征火耗已经使吏治日趋腐败。雍正朝时废除了加征火耗，进行了"耗羡归公"改革（即将"火耗"的银两归入财政），确立了养廉银制度，即各省根据省内情况估计出具体的养廉银额，并酌议增减数目按年分析造册上报户部，户部则根据地方远近、事务繁简、用度多寡的原则确定各省各级官员的养廉银所得。确定之后，户部每年根据定额支给养廉银，而各省也要按年造册，随同奏销钱粮各册，咨送户部复销。〔2〕根据《清朝文献通考》的记载，雍正朝时各省督抚的"养廉银"额度高的有三万两之巨，少的也有一万两，岁给薪与之相比就显得微不足道了〔3〕。养廉银制度有效地触及了吏治腐败的关键所在，并在一定程度上减轻了人民的负担。

乾隆朝时期，清廷除了将养廉银制度定为正式的外官和武官

〔1〕 李志茗：《论清代俸给制度的嬗变》，《史林》1998年第1期（下同），第20页。

〔2〕 同上书，第21页。

〔3〕《清朝文献通考》卷四十二《国用四》，第5245—5247页；又，《清会典事例》卷二百六十一。

俸给制度外，还给六部堂官发双俸（“谕礼部堂官照五部堂官例，给与双俸”[1]），给六部堂官以外的京官发放恩俸（“今朕仰体皇考嘉惠臣工至意，仿佛双俸之例，将在京大小文员俸银加一倍赏给，令其用度从容，益得专心官守”[2]）。至此，清代文官的俸禄制度已经成形（即“低俸禄，高养廉”），其中养廉银制度一直持续到清末。

（二）清末俸禄制度改革

庚子前后，清政府在内忧外患的沉重打击下，几乎到了大厦将倾的地步，于是才痛定思痛，不得不开始政治改革以图求存。1901 年 1 月 29 日，光绪皇帝发布上谕，声称三纲五常虽为万世不易之理，但政府的统治方法则应当顺应时势加以改革。上谕命令高级官员“各就现在情形，参酌中西政要，举凡朝章国故，吏治民生，学校科举，军政财政”等情，考虑“当因当革，当省当并，或取诸人，或求诸己”并向上汇报。[3]随后，清政府开始在教育制度、军事制度、财政制度、筹备立宪、修改法律法规、消除满汉畛域等方面逐步进行实际的运作。

1906 年 9 月 1 日，在慈禧太后的准许下，光绪皇帝命令开始预备立宪工作。在此政治导向下，清政府开始整饬吏治、改组过时的官僚机构。人们普遍认为，清末吏治的腐败、官僚机构的低效率，主要原因之一在于选官制度、考绩制度出了问题（这些在

---

〔1〕《清朝文献通考》卷九十《职官十四》，第 5647 页。

〔2〕同上书，第 5247 页。

〔3〕费正清：《剑桥中国晚清史 1800—1911》下卷，中国社会科学出版社 1985 年 2 月第 1 版（下同），第 436 页。

前文中已经作了阐释）；另一个重要原因是高级文官不熟悉政府的具体日常工作，这些工作几乎全由胥吏处理，而胥吏并没有被纳入国家职官体系，因此缺乏对其应有的监督；还有一个原因，就是原有的政府官僚机构不能适应宪政的要求。

于是，在清末十年间，清政府借鉴西方文官制度，新设、改组政府机构、整顿胥吏人员，就成为新政中比较重要的方面。由于清政府的新政不可能一蹴而就，它只能采用逐步过渡的方式，即在保持某些原有机构（以便维持满洲贵族的利益）的基础上，增设、改组某些部院，这样就形成了新旧体制混杂并行的局面，它在俸禄制度中也有所体现。如前所述，清代历来实行低俸禄制度，由于清末物价上涨、战争赔款（为此清政府对各级官吏的俸禄都有所削减〔1〕）等原因，许多官员的生活难以为继，官场的风纪更加败坏。为了配合官制改革，提高官员的俸禄，改善官员的生活待遇，以达到高薪养廉、澄清吏治的目的，清政府的俸禄制度不仅在岁给俸、养廉银上发生了相应的变化，而且还出现了公费、津贴、薪水等制度。

1. 岁给俸制度

清代官员的岁给俸制度大都是按品阶而定，清末新政时期大体上延续了这一制度，只不过在某些新成立的部院中执行了新的正俸标准。新设部院各级官员正俸的数额不再完全根据官级品阶大小权衡，而是将品阶高低与所担任职事的繁简相结合，可以说在某种程度上执行了按劳取酬制，这比较接近于近代西方官俸制度的精神，这也与康有为曾经在官制改革前提出的建议相吻合：

〔1〕 萧一山：《清代通史》（四），中华书局1985年版（下同），第1537页。

“量品之高下，地之繁简，厚予私禄，优给公费，俾小大有序，繁简有仪；内足以备仰事附蓄之资，出足以供舆马仆从之费，外足以应宾客宴游之用，而后可以责以洁己奉公爱民忧国矣。”[1]此外，这些新设部院的正俸的额度高于其他部院的正俸标准。例如，清政府设立的外务部、商部和学部是比较重要的职能部门，这几个部院就执行了品阶与劳绩结合的正俸制度，且其俸禄之丰厚均高于其他部院，因而产生了很大的震动和吸引力，以至于其他各部院官员纷纷设法调入其中。

在新设部院正俸改革的同时，负责清政府官制改革的宪政编查馆也着手制定了《官俸章程条议》。它较为详细地规定统一的京、外文官俸禄标准，并按照两个系列（自军机处至各部人员岁给俸为一个系列，内阁、翰林院、都察院岁给俸为另一个系列）发放[2]：

各军机大臣为三万六千两，军机领班章京为三千六百两，章京为一千二百两，各部尚书充会议政务大臣为一万二千两，侍郎协管部务为八千四百两，丞领丞政厅为六千两，参议领参议厅为四千八百两，司长为三千六百两，副司长为二千四百两，一等科员为九百六十两，二等科员为七百二十两，三等科员为四百八十两，额外科员为三百两，录事（书记）为二百四十两。

大学士一万四千四百两；协办大学士一万二千两（与尚书职俸同），内阁学士三千六百两（拟视丞），侍读学士二千四百两（拟视参），侍读一千二百两（拟视各司掌印），中书四百八十两

[1] 鞠方安：《清末官制改革中官员的俸禄改革》，《中国人民大学学报》2001年第5期（下同），第118—119页。

[2] 同上书，第121—122页。

（拟视科员），翰林掌院学士八千四百两（拟视尚书），学士三千六百两（拟视丞），侍读、侍讲学士二千二百两（拟均视参议），侍读、侍讲一千二百两（拟均视科长），秘书郎九百六十两（拟视一等科员），撰文九百六十两（拟视一等科员），编修、检讨四百八十两（均视三等科员）。

事实上，《官俸章程条议》只是俸禄改革的一个计划，清政府虽然在实施高薪养廉的改革，但其俸禄增长的幅度并没有《官俸章程条议》中那么大，并且各部院的待遇也不尽相同。例如宣统三年时，学部官员每年的正俸改为按月发薪水，是年十月各级官吏月薪水分别是：左丞、右丞二百两，左参议、右参议一百六十两，司长一百四十两，科长一百两，一等科员八十两，二等科员五十两，三登科员四十两，四等科员三十两，额外行走十六两，科员上行走二十两，书记生十四两，领抄书记生十两。〔1〕而根据外务部《出使人员俸薪章程》的规定：头等出使大臣月薪一千四百两，二等出使大臣月薪一千两，以下参赞、领事等官按等递减发给月薪。〔2〕驻外人员按办事繁简酌定月薪、积劳加薪的制度完全不同于国内官员终身一俸的旧例，体现了品级与职级、劳绩的结合，是中国俸禄制度近代化的最初尝试。〔3〕这种情况既反映了清政府财政的拮据，更折射出清末官制改革的繁杂混乱以及各利益集团的权利博弈。

2. 养廉银制度

养廉银制度是清王朝用来防止官吏贪污的一种经济手段，它

---

〔1〕〔2〕《清末官制改革中官员的俸禄改革》，第 122 页。

〔3〕 李传斌：《清季俸制变化初探》，《苏州大学学报》（哲学社会科学版），2000 年第 1 期（下同），第 81—82 页。

从雍正二年（1724 年）到宣统三年（1911 年）共持续了近两百年之久，伴随着清王朝经历了一个由兴到衰的历史过程。

如前所述，养廉银中的相当一部分被各省充当公费（行政费用），并按照官位品级、事务繁简确定发放标准（“令该抚酌量官职之大小，府州县地方之繁简，秉公派定数目奏闻”）。养廉银在雍正朝只有外官才能享有，这在某种程度上造成了各级官吏收入的不平衡。乾隆朝初期也开始给京官发放养廉银，只不过其额度要低于外官〔1〕。后来经过不断调整，无论从发放范围（京内外文武官员）、数量还是标准都显得更加规范，基本上保持了京官与地方官养廉的平衡。

晚清以来，养廉银制度的运行出现了问题。一方面，由于内忧外患的因素导致清政府的财政危机，其不得不从克扣各级官员的俸禄和养廉银来填补财政赤字，文职武职养廉银因受到克扣而不敷办公的声音此起彼伏。另一方面，养廉银发放较为混乱，致使京官外官养廉银平衡发放定制受到破坏，加重了各级官员收入的不平衡。李鸿章于光绪十八年（1892 年）的奏折就凸显了养廉银制度的问题：“热河近年政以贿成婪……实由缺分太瘠，无以养其廉，即如都统一缺，每岁廉俸公费折实仅二千二三百两……热河都统事寄之重，与盛京之将军府尹相同，至少亦须比照奉天府尹之例，增给养廉六千两。”〔2〕

清末新政时期，清政府针对晚清养廉银制度作了调整。1901

〔1〕 中国社会科学院历史研究所清史研究室编：《清史论丛》第五辑，中华书局 1984 年版（下同），第 150 页。

〔2〕 李扬颖：《论清代养廉银制度的嬗变》，《佳木斯大学社会科学学报》2007 年 9 月第 25 卷第 5 期（下同），第 102 页。

年总理衙门改组为外务部，上报称，“外务部既设专官，自应优给养廉以资办公”[1]，遂奏定总理王大臣年支养廉银一万二千两，会办大臣一万两，侍部八千两，左右丞五千两，左右参议四千两，郎中三千六百两，以下逐次递减。此后，新设立的部院也多参照外务部的养廉标准。1907 年开始地方官改制后，率先改制的东三省也奏定了新的养廉银标准，其总督更是达到了三万两之巨，高出了清末一万三千两至二万两的标准。而安徽、湖南两省分别奏定巡警道养廉银为二千两、四千两，高低相差竟达二千两。[2]

由此可见，清末，政府虽然力图提高养廉标准以澄清吏治，但实际上拖泥带水的整体改革迟迟不到位以及拮据的财政状况，致使养廉银没有达到预期的目的，反而加大了中央新旧部院之间以及各行省之间养廉银发放的不平衡，凸显了养廉制度的混乱。

3. 公费制度

公费并不是清末出现的新名词，只不过作为一项制度来推行却是首度出现。早在顺治年间，清政府就给京官支付小额的公费（今天的行政费用）。当时身居一品的内阁大学士和各部尚书仅有每月五两公费银，大理寺卿有四两，翰林院修撰者只有二两二钱“月支银”。

在清末新政之前，由于清政府中央各部院以及地方衙署的编制员额十分有限，大量具体的工作均由各级官员的幕友、书吏等完成，而政府不负责这些人的俸禄，他们的薪水开支只能由其主人（也就是各衙门的一把手）发放或从诉讼案件中捞取好处费。

---

〔1〕 李扬颖：《论清代养廉银制度的嬗变》，《佳木斯大学社会科学学报》2007 年 9 月第 25 卷第 5 期（下同），第 102 页。

〔2〕《清季俸制变化初探》，第 82 页。

这样不仅公私不分，而且还使得吏治更加腐败。一些封疆大吏针对这一积弊纷纷上奏折。例如1902年袁世凯就曾奏请将直隶道府厅州各项陋规一律改为公费，并对陋规的种类、危害作了具体指陈，认为各省应将每年应得公务人员的规费据实上报，国家按照以往下拨经费的规模下发公费。清政府对袁世凯的动议颇为赞同，并要求各省督抚仿照直隶奏定章程将各项陋规一律裁革，酌定公费以资办公[1]，继而开始确立了公费制度。1906年清政府宣布预备立宪后，黑龙江、吉林、奉天、广西等省公费制度继续推行。

清末新政时期，清中央政府诸多部院（尤其是新设的部院）和地方衙署，在将幕友、胥吏转变为政府公务人员后，迫切需要支付其工资薪水，因此纷纷踊跃要求仿照西方的官俸制度索要公费，原因很简单——没有行政费用，政府便无法正常运转。[2]一些新式衙门（例如外务部）不仅对公费制度尤为积极，而且往往抬高实际公费的数额。外务部就曾规定总理五公每年一万两千两，会办大臣一万两，侍郎八千两，左右丞二员五千两，左右参议二员四千两，员外郎八员三千二百两，主事八员二千四百两，额外二十四员六百两，司务八百两，还不包括翻译等官的薪水。[3]更有甚者，即便是驻员寥寥的外务部各使馆的公费也同样十分可观：英馆三万八千两，法馆三万两，德馆二万六千两，俄馆三万两，美馆二万八千两，奥馆二万两，义（意）馆一万八千两，比馆一万六千两，和（荷）馆一万六千两，日本馆二万五千两等。[4]实际上，各部院以及地方各级政府所申报的公费，在相当程度上并不能真正反映其实际的用度，它反而成为某些权利集团借机生财

〔1〕〔2〕《清季俸制变化初探》，第82页。
〔3〕〔4〕《论清代俸给制度的嬗变》，第23页。

之道。

宣统二年（1910 年），清政府迫于形势的压力，决定加强宪政改革力度，而改革的重点就在政治体制领域。由于清政府在新政之初原本并不想认真改革政体，因此其职官设置与西方宪政体制有很大不同，若清政府欲与西方政体接轨，就必须大刀阔斧地进行改革，但此时的清政府架构已经如麻絮一般混乱——既有按照类似西方政府机构建立的中央部院，又有大量按照明代规制构建的各种部院衙门以及地方行政机构，且它们相互之间名目参差、职掌混乱、官员无定数。对这些机构的改革无疑要触动各权利集团的既得利益，因此清政府只能从官员的行政费用——公费入手逐步改革，而官俸改革则暂时搁置，等政体改革后再进行改革。

宣统二年（1910 年），清政府议决了京内外各级官员的公费标准。京官每年每员公费依次为：军机大臣二万四千两，尚书一万两，侍郎八千两，左右丞四千两，左右参议三千六百两，等等。外省各官每年公费依次为：事务较繁的总督二万四千两，较简的二万两；同理，巡抚繁者一万八千两，简者一万四千两；布政使繁者一万两，简者八千两；民政使、交涉使、度支使、提法使、提学使、盐运使各六千两，等等。[1]

由此可见，1910 年清政府制定的公费标准，已经基本上改变了公费制度初期的混乱，而且它已经根据官员职务的繁简区别对待，基本上符合西方政府行政经费的原则，显示出财政制度改革近代化的特征。

---

〔1〕《论清代俸给制度的嬗变》，第 23 页。

4. 津贴制度

津贴制度同公费制度一样，也是清末才出现的。它不是一种临时性的补助，而是作为一种主要针对京官的经济制度来执行的。津贴制度首度出现于庚子之变以后，由于《辛丑条约》的赔款数额巨大，致使清政府的财政到了崩溃的边缘，不得不靠减少官员的薪水来维持统治机器的运转。这就使得物价上升，大批官员的生活趋于困顿。面对这种局面，清政府开始给官员发放津贴改善其生活。外务部等新设部院先后奏定了部员津贴（“部曹俸给至微，外务部始定津贴，其他新部效之”〔1〕），这样就使得新旧部院官员间收入的差距更大了。为此，一些旧部（如刑部、吏部等）也奏请酌给其部员以津贴，以至于有人奏请“京官不论满汉文武衙门，概给津贴”〔2〕。实际上由于财力的捉襟见肘，清季十年津贴制度虽是一个普遍现象，但是直到清朝灭亡时，津贴都是各部院“各自为战”，并没有形成统一的规定。〔3〕

（三）清末俸禄制度改革的意义

清末的俸禄改革（以下称俸改）作为官制改革的一个组成部分，是一个带有实验性、混乱性的混合体。

清末许多人指出：“禁人之贪必先有以养其廉，责人以忠必先有以厚其禄。”〔4〕清政府当然明了这个道理，它便通过岁给俸制度、养廉银制度、公费制度和津贴制度的改革，试图用大幅度调

---

〔1〕 徐珂：《清稗类钞》（三），中华书局1986年版（下同），第1313页。

〔2〕 故宫博物院明清档案部编：《清末筹备立宪档案史料》，中华书局1979年版（下同），第165—166页。

〔3〕《清稗类钞》（三），第1515页。

〔4〕《清季俸制变化初探》，第83页。

节各级官吏收入的办法，达到高薪养廉、澄清吏治乃至进一步推动官制改革（也就是政治体制改革）的主要目的。

但是，俸改在事实上很难起到挽回颓风、治理腐败的作用。从俸改的具体制度上看，当时的俸制显得比较混乱，不仅津贴、公费、养廉等相混淆，就是同一名目的俸给，在执行上也缺乏统一性，甚至名不副实。作为官制改革前奏的俸制改革实际上不可能收到预期效果，这主要是由于清政府是在穷途末路和迫不得已的情况下进行官制改革的，它为了保持满族权贵的利益而使得官制改革产生了较大的局限性。它越改革就越发现自己正陷入两难之中：不改革，国家没有出路；要改革，就要实行脱胎换骨的改革，就要求统治者以公天下的气魄和胸襟，更换自己的角色，甚至直接退出历史的舞台。[1]

四、官制改革中的幕职分科治事

（一）幕府及其历史沿革

“幕府”一词在战国时期就已出现。幕府虽然也出现于古代的军政系统之内，但更多的是出现在官僚行政系统内。它相当于行政长官的秘书机构，是古代政府机关一个不可或缺的部门。幕府与皇权处于你强我弱、你弱我强的反复竞争的状态。当皇权强大、天下大治时，幕府的权力往往受到强有力的制约，更多地体现出为中央政府服务的向心性；当皇权衰弱、天下大乱时，幕府的权力往往会做大，则容易表现出对中央政府的离心力，也更多地暴

〔1〕《清末官制改革中官员的俸禄改革》，第123—124页。

露出滋生腐败的弊端。

明清以前的传统幕府[1]时期，我国古代幕府进入制度化时期。秦汉之际，大一统的中央集权政府初创，新的官僚制度初步建立，从中央到地方的各级机构大多分工粗疏尚未完备，各级官员被允许自辟僚属佐理政务。这一时期，幕府及其幕僚都被中央政府所认可，并且幕僚属于正式的职官体系，这就促使幕府制度逐步发展起来。随后，东汉末年至魏晋南北朝时期，伴随着皇权的相对衰弱，幕府的权利膨胀起来，乃至威胁到皇权的威严。隋朝至中唐以前的时期，中央政府收回了地方自立僚属的权力，僚属通常由朝廷任命（也就是中央收回了人事任免权），幕府此时已是徒有其名。宋代统治者则深刻地认识到唐末以来藩镇割据、分裂国家的危害，不仅恢复了隋唐时期（中唐以前）对幕府职官的任免权，订立了幕职的名额，并且还将幕职列入国家职官体系（即幕职官）。这样一来，幕府对中央的离心力被釜底抽薪，它从此更多地表现出行政管理的职能，而不是为地方长官抗衡中央出谋划策。

明清之际，由于传统的君主专制发展到顶峰，军国大事全由皇帝一人乾纲独断，中央集权更加巩固，行政管理制度也已十分完备，传统幕府大体上失去了生存空间。但是，由于正途官员不谙行政事务、地方官制过简以及整顿吏治腐败等诸多实际需求的存在，幕府的存在也就有其必要性。这正如清代田文镜所云：“自督抚以下司道州府县，衙门虽自不同，俱各延幕宾。”[2]

---

〔1〕 本文关于幕府的名称（传统幕府、明清幕府、晚清幕府）及其发展脉络等内容，主要吸收了华东师范大学2001级李志茗博士学位论文《晚清幕府研究》的研究成果。

〔2〕 华东师范大学2001级李志茗博士学位论文《晚清幕府研究》，第4页。

明清幕府制度的主要特点是幕友由幕主以礼相聘，并得到幕主个人支付的酬劳；幕主与幕宾非行政隶属关系，其就业准则是合则留，不合则去；幕宾的地位得到国家承认，职责是“佐官为治”，但不将其列入官僚系统，不准幕宾结党营私，同时其任期被限制在五年之内，并且即便有政绩也没有充任国家正式职官的可能；经过岗前培训后，幕宾通常担任专业性较强的刑名、钱粮、书启、账房、征比等事务性工作。可见，在强大的中央集权统治下，幕宾既失去了传统幕府能够解决的打通科层制通道的可能，也由于任期的限制失去了稳定的生活保障。这种社会境遇诱使着幕友凭借手中实际掌握的权力，直接间接地谋求个人利益，并构成无形或有形的关系网。他们不但操纵与腐蚀着国家机器，而且还由于不隶属于职官体系从而得不到相应的监督制约。在皇权巩固时，幕府的种种劣迹尚不能明显动摇其统治；当皇权衰弱时，幕府的弊端就显得尤为突出了，晚清的幕府所面临的正是这样的情景。

（二）晚清幕府的兴起及其带来的问题

晚清七十年，清政府面临着中国历代封建王朝千年未有之变故，列强的入侵、国内的动乱无不迫使清政府革新其国家机器，以维持逐步丧失权威的皇权，整顿日益腐败的官僚体系。在晚清社会政治经济发展、转型的背景下，幕府又一次兴起。

清末幕府的兴起有其必然性。咸丰、同治年间，以太平天国为代表的大规模的农民起义以及西方列强发动的一次次侵略战争，沉重打击了晚清政府的统治。在清政府的主导官僚体系没有进行大规模改革、新式选官制度没有建立之前，面对频频发生的内忧外患，由传统选官制度不断复制出的昧于世界大势、毫无新知识的传统官吏根本不堪一用，而有一些没有进入职官体系的儒生、绅士、留学生加入地方大员设立的幕府，他们在镇压太平天国等农民起义和交涉洋务中显示出才干，于是清政府不得不倚重地方督抚及其设立的幕府来处理各地军政要务。在围剿太平天国运动过程中，经过督抚的举荐，一些立有军政功绩的幕僚成功地跻身国家职官序列，例如曾国藩、李鸿章等屡屡举荐幕府中人出任实职，其所举多人在关键时刻曾为清政府分忧解难，且政绩与口碑颇佳。这些幕僚充任实职后仍与其幕主保持紧密的利益联系，这就进一步巩固了督抚操控下的幕府的实力，也逐渐增强了督抚控制地方各项事务的发言权。

晚清幕府的实力日渐增长，不仅威胁到了中央对地方官员的人事任免权，而且不可避免地加重政治的腐败。太平天国运动结束后，督抚的权力得到进一步的扩张，他们不停地制造功名、举荐幕僚，督抚和已经出幕的幕僚在共同对付朝廷以谋求私利的基础上，很快地结成牢固同盟，逐渐地便以幕府为纽带结成了一个个利益集团。幕僚虽通过幕主的举荐获得了候补官员乃至实官，但其获得职官身份的合法性仍不断地受到质疑。实际上，督抚举荐其幕僚充任职官，主要是想突破规制的约束而获得人事任免权，中央政府自然将督抚日益增强的离心倾向视为“公然与朝廷立异同”〔1〕。

晚清幕友的隐性职官化进一步加重了政治的腐败。晚清幕友大多服务于体制外的机构，一是衙署幕府和文案处，二是越来越具有行政机构功能的众多局处所，二者之间实际已形成相互关联

〔1〕 杨国强：《百年嬗蜕》，上海三联书店1997年版，第119页。

与依赖的关系。二者的人数和规模都不断扩大，其工作人员的薪水已经不是幕主的养廉银可以负担得起的，幕主只能向属下的各地财政摊派幕友脩金（因为幕友脩金不属于中央财政范畴），而幕友为了获得在这种机构中工作的机会，请托贿赂之事就如同家常便饭一般。可以说晚清幕府加大了人民的负担，进一步败坏了吏治和社会风气。正如学者所云："幕僚以私人身份参与各级政权的运作，他们可以凭借手中实际掌握的权力，直接间接地谋求个人利益，并构成无形或有形的关系网，操纵与腐蚀着国家机器，而不受相应监督制约。清代职官体制的这种结构性缺陷，造成权力资源不断流失，清后期吏治腐败愈演愈烈，与此关系匪浅。"〔1〕

晚清幕府的各种局处所机构不断膨胀。一方面，这些机构的设立和扩张适应了社会需要和督抚权力不断扩展的现实；另一方面，各种局处所以及衙署的幕府、文案处等机构不仅削弱了藩司、臬司两个职能衙门的权力，而且还和中央各职能部门（吏、户、礼、兵、刑、工）很难对接、协调，成为顺畅行政运作和提高行政效率的一大难题。以山东省为例，1902 年周馥任山东巡抚期间，其衙门共辖包括"六房"以及新设的"洋务房"等共计四十二房、科，其巡抚衙门的在册书吏已达四百三十四名，文案委员的人数也相当可观，再加上各种差役、门丁，衙门中非职官人员总数不下四百人。〔2〕

综上可见，晚清督抚幕府的局处所和衙署科房的不断膨胀，导致了大量幕友隐性职官化和地方财政因支付幕友脩金而产生的

---

〔1〕〔2〕 关晓红：《从幕府到职官：清季外官制改革中的幕职分科治事》，《历史研究》2006 年第 5 期（下同），第 91 页。

混乱，而且晚清幕府的兴盛与清代既往“内重外轻”的官制格局以及直省行政系统产生了结构性矛盾，这就成为清政府新政时期调整地方官制、整顿地方财政、澄清地方吏治的着力点。

（三）设立幕职分科治事

1907 年，清政府正式颁布了《各省官制通则》，其中明确规定“总督巡抚衙门各设幕职，佐理文牍，分科治事”[1]。实际上，设立幕职和分科治事是同一个事物的两个方面。关于设立幕职及其具体经办事宜，《各省官制通则》的第五条作了具体的规定：督抚衙门设秘书员一人，其主要“承督抚之命，掌理机密折电函牍，凡不属各科之事皆隶”，且秘书以下每科均设立参事员一人，主要“承督抚之命，就主管事务，掌理各项文牍”[2]。从制度层面而言，设立幕职是将幕友转变为秘书员和参事员，明确了幕职属于督抚辅佐官的身份，并将之纳入职官体系，这就从根本上改变了清代政治制度中督抚衙门不设属员的规制。分科治事是指将督抚衙门下原来不规范的科房和泛滥的各种局所加以整编，统一设立交涉、吏、礼、民政、度支、学、军政、法、农工商、邮传共十个科房。这样，分科治事后的督抚衙门各职能科房就能与中央各部的职能相对应。

1907 年 8 月至 1911 年清王朝覆灭之前，在中央政府监督以及舆论的催促下，共有七个总督衙门和十二个巡抚衙门相继奏准实行幕职分科治事，占全国督抚衙门的绝大多数。因为各行省的经济政治发展程度不同以及所处地区的不同（例如一些边疆地区的

〔1〕〔2〕《总司核定官制大臣奕劻等奏续订各直省官制情形折（附清单）》，光绪三十三年（1907 年）五月二十七日，《清末筹备立宪档案史料》（上），第 506—507 页。

行省)，各行省落实幕职分科治事制度存在着一些差异。就实施的时间而言，安徽巡抚冯煦首开纪录，于光绪三十三年（1907 年）七月率先执行，陕西巡抚恩寿于宣统三年（1911 年）正月才推行该制度；就分科情况而言，安徽、直隶、浙江、两广、江苏、湖广、黑龙江、江西、河南、贵州、广西、湖南、闽浙等行省督抚先后按中央要求分为十科，而陕甘总督长庚增设了藩属科，四川总督赵尔巽增添了边藏科，河南巡抚宝棻增设河工科并将其余合并为七科，而陕西巡抚恩寿则将中央规定的十科合并为民、吏兼法、礼兼学、军政、财政兼交涉、农工商兼邮政共六科；就各省其他要求看，各省大都要求增加秘书员和参事员的名额，有的行省要求从参事员中铨选人员充任秘书之职，有的行省还要求增添助理秘书、副秘书。

（四）幕职分科治事的意义和效果

政治制度改革是对原有政治制度的调整，必然会直接、间接地影响到一部分人的利益，因此政治改革若想正常推进则必然要比较顺利地进行新旧制度的过渡。新旧制度的过渡主要就是权和利的重新分配，包括职能划分、人事安排和经费来源等方面，幕职分科治事同样如此。

幕职分科治事大体上承认了督抚衙门原来职能分工的既成事实，比较顺利地进行了制度上的过渡。督抚衙门的幕职分科治事基本上保留了督抚手下的原班人马，根据原来的幕友和文案处委员所从事的工作、特长将其转变为幕职人员。例如原学务文案改为学科参事，洋务文案改为交涉科科长和参事，刑名、钱谷幕友改为吏科、礼科、法科、度支科科长和参事，营务刑名幕友改充军政科。这样不仅使行政机构的名称、职能得以规范，而且还在新制度中尽量包容了原有制度的合理内核，并使之能够和中央机构的相关职能部门相对应。可以说，幕职分科治事“是在承认既成事实的前提下，将督抚衙门体制外的人员与机构，经过改造整合而纳入新体制，赋予其合法性与规范性”〔1〕。

幕职分科治事使幕职人员在经费上有了保障。正如前文所述，幕职分科制度实行之前，名义上督抚个人的官俸和养廉银是支付幕友脩金的唯一渠道，但是随着幕友、文案委员和各种编外局所的不断扩张，督抚在经济上已经无法承受，便转而将此经济负担转嫁到其下级机构，扰乱了地方财政。幕职分科治事执行后，当时各直省在汇报幕职分科实施的奏章内多强调“应需薪费，向来文案委员均由薪饷所按月支领作为外销〔2〕，今当清理财政之时，剔除外销名目，幕职薪公等项，应仍由薪饷所筹拨，作正开销”〔3〕。自此，原来作为督抚个人承担的幕友脩金和作为外销的文案委员的薪金，统一由各级财政作为正开销拨发，幕友在经济上自然得到了保障。

幕职分科治事打通了新的科层制。幕职分科治事实行以前，各级政府中包括幕友、胥吏、长随在内的许多群体缺乏在体制内的合法身份，不仅其工作职位、个人待遇得不到明确的保障，而且他们根本不可能获得政治地位和升迁途径，即便是其中地位稍高的幕友也同样没有这种可能。正是由于缺乏应有的地位以及升

〔1〕《从幕府到职官：清季外官制改革中的幕职分科治事》，第99页。

〔2〕因文案委员不属于职官系列，因此其薪金自然无法列入正开销的范围，只能作为外销项目。

〔3〕《署理两广总督袁树勋奏沈同芳等留粤分充幕职片》，《政治官报》第742号，宣统元年（1909年）十月初七日，折奏类，第9—10页。

迁的途径，幕友、胥吏、长随等群体不可能进入通过科举制度奠定的职官保障系统，因此不得不“堤内损失堤外补”，通过各种不正当的手段达到维护自身权益的目的。他们当中的许多人甚至利用自身的职权招揽事权、舞弊牟利、作奸犯科。幕职分科治事执行后，幕友变为了幕职，不仅分工明确，职责规范，更重要的是获得了正式合法的身份。幕职人员虽属于国家职官系列，但有实职而无确定的品阶，因此不受固定额缺限制，可凭其实际的政绩通过保荐的方式得到擢升。幕职的升迁调补，已基本依照正式职官任免奖罚的程序办理。中国传统社会在官员的选拔、任用、升迁、致仕等方面，形成了一套有效的管理制度，尽管官僚制同样不能缺少幕友、胥吏、长随等群体，但是却一贯漠视他们的权益。如果能将多数幕友、胥吏、长随等群体纳入政府法定的行政人员系统，进而形成新的科层化管理体系，使他们不但获得权利，而且担负起一定的责任，并接受有关机构的监督，这样对他们管理才会趋于合理，也有利于行政效率的提高。因此，可以说“各地督抚衙门的幕职分科治事，形式上是清代幕友制向唐宋幕职旧制的回归，实则赋予了近代科层制的精神”〔1〕。

幕职分科治事基本达到了整顿督抚衙门内外机构臃肿的目的。幕职分科治事实行之前，督抚衙门内有不在编的幕友和超编的书吏、文案，外有不断扩张的各种局所。清政府不仅对这些人员缺乏应有的监督，而且还容易在财政上出现混乱。可见，幕职分科治事不仅是制度的改革，也是对财政状况的整顿。幕职分科治事实行之后，各省根据《各省官制通则》第十九条的规定，“各省

〔1〕《从幕府到职官：清季外官制改革中的幕职分科治事》，第100页。

督抚幕职，既已分科治事，所有原设各项局所，应视事务繁简，酌量裁并，由各该省督抚复议，具奏办理”[1]，将原督抚衙署内的幕友和文案委员整合进十科之内，而衙门外的各种大小局所多被裁撤归并，留存的局所则基本按业务对口原则，随改制进程逐步合并到藩司、臬司、巡警道和劝业道。

幕职分科治事带有比较明显的过渡性。幕职分科治事使中央与地方之间政令、政情的传达畅通，使地方高层的督抚衙门的机构设置规范化，并基本满足了社会逐步近代化的转向对政府提出的要求，促使省一级行政机构向近代政体转变。但是，幕职分科治事只是当时地方机构改革的一个折中方案，它必然带有不彻底性和过渡性的特点。幕职分科治事虽然规范了“十科”，明确了职能划分，但由于其基本上没能改变原来督抚幕府的运作机制，致使它们在某些方面仍带有原来幕府的属性。此外，截至清王朝覆灭时，幕职分科治事仅仅在督抚衙门得以执行，并没有来得及拓展至其下的州县层次，也使它带有更多的不彻底性和过渡性。

五、资政院和谘议局

（一）资政院和谘议局的设立

资政院和谘议局是清末立宪运动的产物。

1901年年初，在经过“辛丑之乱”的严重打击后，慈禧太后把被她亲手打掉的变法维新的旗帜捡了起来，甚至连发三道“上

[1]《总司核定官制大臣奕劻等奏续订各直省官制情形折（附清单）》，《清末筹备立宪档案史料》（上），第506—507页。

谕”，宣布并督促实行“新政”。但受到前次维新运动失败的影响，京官、外官、士绅、民众大都持观望态度。1904—1905 年间，在中国领土上爆发了日俄战争，其结果是后起的君主立宪岛国日本战胜了庞大专制的沙俄帝国。一时间舆论哗然，朝野上下普遍认为“立宪胜于专制”。在此重大事件的刺激下，朝野上下的中心议题已经不是立宪与否，而是制定什么样的宪法。1905 年下半年，清政府派出了载泽、戴鸿慈、端方、徐世昌和绍英等五大臣分赴欧美日，切实考察各国宪政的实际情况。1906 年 6 月间，相继回国的五大臣结合考察情况与中国国情，合力向清政府提交了《奏请以五年为期改行立宪政体折》，其内容除了“兼取列国”，“立宪为大势所趋”，“救危亡之方只在立宪”，“立宪利于君、利于民”之外，主要阐述了“立宪应远法德国、近采日本”的理念，并深深地影响着当时君主立宪的方向。1906 年 7 月 13 日，清政府最终下定决心准备推行宪政，颁布“仿行宪政谕”，宣示预备立宪。这一举措明确了宪法制度的合法性和优越性，确定了“大权统于朝廷，庶政公诸舆论”的基调，强调了宪政不可骤行，需要一个较长的过渡准备期（先为九年预备期，后在各界舆论压力下改为五年）。

清政府宣布预备立宪之后，朝野上下便纷纷响应，例如时任直隶总督的袁世凯便奏请朝廷因势利导，“设州县议事会，省谘议局，递升于资政院，以借群力”[1]。在朝野舆论的推动下，清政府终于在 1907 年 8—9 月间，下令相继设立资政院、谘议局和议事会，并颁布了《资政院章程》、《谘议局章程》，作为下一步成

---

〔1〕《大清德宗景皇帝实录》卷五百七十五；又，张晋藩主编：《中国法制通史》第九卷《清末·中华民国》，法律出版社 1999 年版，第 129 页。

立议会的基础。此后，经过修订的《资政院章程》、《谘议局章程》，明确了职掌、资政院与行政衙门之关系、资政院与各省谘议局之关系、资政院与人民之关系以及会议、纪律、秘书厅官制、经费等方面的规定。

（二）议员选举制度

1. 议员资格与名额

1909 年 9 月，资政院会奏的《资政院议员选举章程》（以下称《选举章程》），明确了资政院议员的选任办法：

“资政院议员选任之法，大别为钦选、互选二者，各有取义。而钦选议员名位有崇卑，人数有多寡，当因宜定制，取便推行。宗室王、公世爵，满、汉世爵及外藩王、公世爵，阶级既高，计数较少，应开列全单，恭候简命。宗室、觉罗，各部、院官及纳税多额者，合格人数，与议员定额比例，多少悬殊。考外国上院制，敕任议员多经互选。拟略师其意，于钦选之前，举行互选。各照定额，增列多名。好恶既卜诸舆情，用舍仍归于宸断。其硕学通儒，资格确定较难，人数调查不易，互选势所难行。拟略仿从前保荐鸿博之例，宽取严用，以搜访之任，寄诸庶官。抉择之权，授诸学部。仍宽定开列名数，冀不失钦选之本旨。以上各项，略采各国上院办法，为建设上议院之基础。而资政院兼有下院性质，不能无民选议员，与钦选相对待。特以谘议局为资政院半数议员之互选机关，谘议局议员本由各省合格绅民复选而来，则谘议局公推递升之资政院议员，即不啻人民间接所选举。公推递升之标准，不能不以得票多寡为衡。但监督权属于督、抚，非经覆定，不令遽膺是选。既与钦选大权示有区别，自与下院要义不相背驰。”诏如所议行。[1]

由上文可知，资政院只是上下议院的雏形。资政院议员定额为二百名，其中钦选、民选议员各半。钦选议员由皇帝指派；民选议员也叫互选议员，各省谘议局按本局议员十五分之一的比例，选举其中优秀而有锻炼者充任。《资政院议员选举章程》对两类议员的资格、选举办法作出了较为明确的规定。

按照《选举章程》的规定，资政院钦选议员必须年满三十岁以上，而且还有定额以及不能入选议员的限制性款项：宗室王公世爵（十六人）、满汉世爵（十二人）、外藩王公世爵（十四人）和宗室（四人）、觉罗（二人）；各部、院四品以下、七品以上官（三十二人）；硕学通儒（十人）；纳税多额人（十人）。上述各类人选均有不能入选的限制性款项，例如对于宗室王公世爵议员的限制性条件是：“未奉特旨停止差俸，及因疾病或事故自请开去一切差使者。”[2]对宗室觉罗中不能出任的款项是：“一，曾处圈禁或发遣者；二，失财产上信用被人控实未清结者；三，吸食鸦片者；四，有心疾者；五，不识文义者。其现任三品以上职官，审判、检察、巡警官，及现充海、陆军军人者。”[3]各部、院四品以下、七品以上官的限制性要求是审判、检察、巡警官不能参与。

对于省谘议局互选资政院议员，《选举章程》规定凡属于本省籍贯的男子，须年满二十五岁以上，具备下列资格之一者才具有选举谘议局议员的资格：在本省地方办理学务及公益事务满三年以上著有成绩者；在本国或外国中学堂及与中学同等或中学以上

---

〔1〕《清史稿》志八十八《选举八》，第3251页。
〔2〕同上书，第3252页。
〔3〕同上书，第3253页。

之学堂毕业者；有举、贡、生员以上之出身者；曾任实缺职官文七品、武五品以上未被参革者；在本省地方有五千元以上之营业资本或不动产者。而对非本省籍贯的男性的要求除了年满三十岁外，还须在本省居住满十年以上，拥有万元以上之营业资本或不动产。《选举章程》还规定了名额的分配："奉天三人，吉林二人，黑龙江二人，顺直九人，江苏七人，安徽五人，江西六人，浙江七人，福建四人，湖北五人，湖南五人，山东六人，河南五人，山西五人，陕西四人，甘肃三人，新疆二人，四川六人，广东五人，广西三人，云南四人，贵州二人。"[1]

对于省谘议局议员，《各省谘议局议员选举章程》规定，凡属本省籍贯之男子，年满二十五岁以上，并具有如下资格之一者有选举谘议局议员之权："一，在本省地方办理学务及公益事务满三年以上著有成绩者；二，在本国或外国中学堂及与中学同等或中学以上之学堂毕业者；三，有举、贡、生员以上之出身者；四，曾任实缺职官文七品、武五品以上未被参革者；五，在本省地方有五千元以上之营业资本或不动产者。"对非本省籍的男性须年满二十五岁，寄居本省满十年以上，有万元以上之营业资本或不动产者才有选举权。对被选举权的规定及其限制为："凡属本省籍贯或寄居本省满十年以上之男子，年满三十岁以上者，得被选举为谘议局议员。凡有下列情事之一者，不得有选举权及被选举权。一，品行悖谬、营私武断者；二，曾处监禁以上之刑者；三，营业不正者；四，失财产上信用被人控实未清结者；五，吸食鸦片者；六，有心疾者；七，身家不清白者；八，不识文义者。其有

[1]《清史稿》志八十八《选举八》，第3256页。

所处地位不适于选举议员及被选举为议员者：一，本省官吏或幕友；二，军人；三，巡警官、吏；四，僧、道及宗教师；五，学堂肄业生：均停其选举权及被选举权。其现充小学教员者，停其被选举权。”〔1〕

《各省谘议局议员选举章程》“参酌各省取进学额及漕粮多寡以定准则”，规定了各省谘议局议员定额：“奉天五十名，吉林三十名，黑龙江三十名，顺直一百四十名，江宁五十五名，江苏六十六名，安徽八十三名，江西九十七名，浙江一百一十四名，福建七十二名，湖北八十名，湖南八十二名，山东一百名，河南九十六名，山西八十六名，陕西六十三名，甘肃四十三名，新疆三十名，四川一百零五名，广东九十一名，广西五十七名，云南六十八名，贵州三十九名。京旗及各省驻防，以所住地方为本籍。但旗制未改以前，京旗得于顺直议员定额外，暂设专额十名；各省驻防得于该省议员定额外，每省暂设专额一名至三名。”〔2〕

2. 议员选举办法

（1）互选议员的选举办法

根据《选举章程》的规定，各省互选议员的选举，在应选年份的前一年十月十一日，在各省谘议局举行。“以督、抚为监督。每届互选，资政院于前一年九月行知各互选监督，照章举行。届期互选监督亲莅监察之。投票、开票、检票等事，由谘议局办事处管理。适用普通互选规则，互选选举人及被选举人均以该省谘议局议员为限。投票用记名连记法，以得票过互选人半数者为当

〔1〕《清史稿》志八十八《选举八》，第3257—3258页。

〔2〕同上书，第3257页。

选。互选当选人额数，以各该省议员额数之二倍为率。如当选人不足定额，就得票较多者，令互选人再行投票，以足额为止。其投票及格、额满见遗者，作为候补当选人。谘议局办事处造具当选人及候补当选人名册，连同票纸，呈送互选监督，覆加选定，为资政院议员。不愿应选者，得呈明互选监督辞退，依次将本届当选人及候补当选人覆加选定补充。不敷选充者，举行临时互选。选定后，由互选监督造具名册，连同当选人及候补当选人原册，咨送资政院。凡选充资政院议员者，不得兼充本省谘议局议员，有缺额时，由院行知该省督、抚，覆加选定补充，或举行临时互选。此资政院议员钦选、互选办法之概要也。”〔1〕

（2）各省谘议局议员选举办法

根据《各省谘议局议员选举章程》的规定，谘议局议员和专额议员的选举三年一次，采用复选法，以正月十五日为初选日期，三月十五日为复选日期。选举方法为：“凡选举区域，初选举以厅、州、县为选举区，复选举以府、直隶厅、州为选举区。直隶厅、州及府之本管地方，均作为初选区。直隶厅无属县者，以附近之府为复选区。初选区，厅以同知、通判，州、县以知州、知县为初选监督。复选区，府以知府，直隶厅、州以同知、通判、知州为复选监督。府、直隶厅、州作为初选区者，得遴派教佐员为初选监督。初选、复选均设投票、开票、管理员、监察员若干名。管理员不拘官绅，监察员以本地绅士为限。初选区选举人名册及当选人姓名票数，由初选监督申报复选监督；复选当选人姓名票数，由复选监督申报督、抚，分别咨报资政院、民政部立

〔1〕《清史稿》志八十八《选举八》，第3256页。

案。”〔1〕

凡初选举，初选监督按地方广狭、人口多寡、分划本管区域为若干投票区，分设选举调查员，按照选举资格，详细调查，将合格选举人造具名册，于选举期六个月以前，呈由复选监督申报督、抚，并宣示公众。如本人认为错误遗漏，得于宣示期内呈请初选监督更正。初选当选人额数，按照议员定额加多十倍。各初选区应出当选人若干名，由复选监督分配。投票用无名单记法，其有写不依式者，夹写他事者，字迹模糊者，不用颁发票纸者，选出之人不合被选资格者，作为废票。以本区应出当选人额数除选举人总数，所得半数，为当选票额。得票不满当选票额以上者，不得为初选当选人。复选由初选当选人齐集复选监督所在地行之。复选当选人，即为谘议局议员。各复选区应得议员若干名，由督、抚按全省议员定额分配，投票当选，一切与初选同。〔2〕

各省谘议局设议长一人、副议长二人，采用单记投票法，分次互选。设常驻议员，以议员额数十分之二为额，采用连记投票法，一次互选。议员每三年一改选，议长、副议长的任期也与议员相同。常驻议员的任期限一年。议长因事出缺，以副议长递补；副议长出缺，由议员互选充补；议员出缺，以复选候补当选人依次递补。议员只能连任一次。议员中如确有疾病不能担任职务、不能常驻本省工作或有其他原因者，须经谘议局许可方能辞职。〔3〕

（3）议员选举结果的变更

根据《清史稿》中的记述，议员（议员选举人）有下列情况

〔1〕《清史稿》志八十八《选举八》，第3258—3259页。
〔2〕同上书，第3259页。
〔3〕同上书，第3258页。

之一者视为选举之变更。

如果议员选举人名册有舞弊、作伪的情况，或办理时没有遵照章程，当被控判定确实之后，其初选、复选结果均无效。当选议员如果有辞任、因疾病不能应选、死亡、被选资格不符、当选票数不实等情况，当被控判定确实者，其当选结果无效，并应当以候补当选人递补。

如选举人确认选举办理人员不遵守定章，有舞弊、作伪证据，或当选人被选资格不符，当选票数不实及落选人确信得票可当选而未能当选，候补当选人名次错误、遗漏等情况，选举人均可以向相关部门提出控诉。控诉日期自选举日起三十日内有效。凡选举诉讼，初选应当向府、直隶厅、州衙门起诉，复选向按察使衙门呈控。已设审判厅的省份，选举人向地方高等审判厅呈控。对于不服判定者，初选向按察使衙门呈控，复选向大理院上控，限判定之日起三个月内有效。已设审判厅的省份，须按照审判厅上控章程办理。选举人及办理选举人、选举关系人如有违法行为，须分别情节轻重，处以刑事、经济处罚，其中判处二年以上、十年以下者，将剥夺选举人及被选举人资格。

（三）资政院和谘议局的作用

资政院和谘议局的设立是中国议会政治的肇始，它们的历史意义和作用绝不容低估。一方面，由于资政院和各省谘议局议员的选举资格限制，它们必然带有很大的历史局限性；另一方面，资政院和谘议局在某种程度上制约了皇权、监督了行政，并且其选举方法也在一定程度上体现了西方式的民主精神。

从资政院议员和各省谘议局议员的选举资格来看，由于爵位、官职、出身、学历、财产等限制性条款的存在，绝大多数的适龄群体并不具备选举资格，因而这种规定剥夺了绝大多数人的政治权利，比同时代西方民主选举更为狭窄。资政院议员中的半数为钦选，而民选议员又有严格的等级限制，从议员资格的筛选上就最大限度地保持了以封建皇权为核心的统治阶级的利益。这样的议员选举和议会能否达到革新政治的功效是值得怀疑的。

但是，如果绝对地将议员资格作为资政院和谘议局效能的唯一评价尺度又有失公允。在资政院中，民选议员的大多数人受到过较多的西方思想熏陶和教育，“仅留学或赴日考察者即达二十四人之多，其中留学日本法政大学者十五人。他们掌握有较多的资产阶级议会民主知识，与那些‘多由贵胄出身，素乏政治经验，又无宪政知识’的钦选议员相较，显然占有很大的政治理论优势。”〔1〕特别是在他们当中形成的立宪派，在资政院内以全国人民利益、舆论的代表自居，理直气壮地提设议案，指陈政府的种种弊端，抨击“违法越权”的地方督抚（例如湖南巡抚未经该省谘议局决议就擅自发行公债），弹劾军机大臣（例如在资政院第一次常年会中弹劾军机大臣昏庸误国），甚至公开理论上谕（例如指责对资政院已经决议的议案交给政府核查的上谕，认为政府是用上谕的名义，运自己的私意，舞文弄墨）。资政院和谘议局虽然成立和运作的时间很短，但是立宪派议员形成了一股较为强大的政治势力，他们在一系列敏感的政治问题上连连发难，在某种程度上监督了政府的某些施政措施，确是两千年来的封建专制社会中罕见的。

〔1〕 王开玺：《资政院第一次常年会中立宪派政治主张述论》，《清史研究》1998 年第 3 期，第 71 页。

参考文献：

刘锦藻撰：《清朝续文献通考》，上海商务印书馆1955年版。

中国史学会主编：《戊戌变法》第二册，上海人民出版社1957年版。

赵尔巽等撰：《清史稿·选举二》，中华书局1977年版。

故宫博物院明清档案部编：《清末筹备立宪档案史料》，中华书局1979年版。

翦伯赞、郑天挺主编：《中国通史参考资料》（修订本）上册，中华书局1980年版。

沈云龙主编：《近代中国史料丛刊二辑》，沈师徐、席裕福辑：《皇朝政典类纂》卷一百七十，《国用十六》，台北文海出版社1982年版。

汤志钧：《戊戌变法史》，人民出版社1984年11月版。

中国社会科学院历史研究所清史研究室编：《清史论丛》第五辑，中华书局1984年版。

朱寿朋编：《光绪朝东华录》，中华书局1984年版。

费正清：《剑桥中国晚清史1800—1911年》，中国社会科学出版社1985年2月版。

萧一山：《清代通史》，中华书局1985年版。

《清实录》，中华书局1986年1月，第53册。

《大清光绪新法令》第13册，中华书局1986年版。

陈学恂：《中国近代教育史教学参考资料》（上册），人民教育出版社1986年版。

郦纯：《太平天国制度初探》（第二次修订本），中华书局1989年第1版。

沈云龙主编：《近代中国史料从刊》之《第一、二、三次教育统计图表》，台北文海出版社1989年版。

沈云龙主编：《近代中国史料丛刊》第二十七辑，《广东课吏馆章程》，台北文海出版社 1989 年版。

沈云龙主编：《近代中国史料丛刊》第二十七辑，邓实辑：《政艺丛书壬寅全书》之《重定山西课吏馆章程》，台北文海出版社 1989 年版。

沈云龙主编：《近代中国史料丛刊》第三十四辑，刚毅：《敬呈管见疏》，王延熙、王树敏：《皇朝道咸同光奏议》卷二十三，《吏政类·官制》，台北文海出版社 1989 年版。

张仲礼著、李荣昌译：《中国绅士——关于其在十九世纪中国社会中的作用的研究》，上海社会科学院出版社 1991 年版。

罗尔纲：《太平天国史》，中华书局 1991 年版，第二册。

潘懋元、刘海峰主编：《高等教育》（资料汇编），上海教育出版社 1993 年 12 月版。

杨国强：《百年嬗蜕》，上海三联书店 1997 年版。

张晋藩主编：《中国法制通史》第九卷《清末·中华民国》，法律出版社 1999 年版。

李曙光：《晚清职官法研究》，中国政法大学出版社 2000 年版。

中国史学会：《中国近代史资料丛刊·太平天国》第三册、第四册，上海：上海人民出版社、上海书店出版社 2000 年版。

罗尔纲，王庆成主编：《太平天国》第 3 册，《贼情汇纂》卷 3《伪守土官乡官》，广西师范大学出版社 2004 年版。

商衍鎏：《清代科举考试述录及有关著作》，《太平天国科举考试纪略》，百花文艺出版社 2004 年 7 月版。

李俊清：《现代文官制度在中国的创构》，三联书店 2007 年 10 月第 1 版。

《清朝文献通考》卷四十二，《国用四》，浙江古籍出版社 2000 年版。

蒋良骐：《东华录》，中华书局 1980 年版。

徐珂：《清稗类钞》，中华书局1986年版。

《直隶课吏馆禀呈课吏章程六条并批》，1903年8月17日《大公报》“专件”。

《吏部奏变通京察大典例章折》，《东方杂志》1908年第10期。

陈一容：《晚清文官考核制度述论》，《重庆三峡学院学报》2004年第2期第20卷。

《署理两广总督袁树勋奏沈同芳等留粤分充幕职片》，《政治官报》第742号，宣统元年十月初七日，折奏类。

叶志如编选：《清末选送考取留学生办法章程》，《历史档案》1989年第1期。

李志茗：《论清代俸给制度的嬗变》，《史林》1998年第1期。

李传斌：《清季俸制变化初探》，《苏州大学学报》（哲学社会科学版）2000年第1期。

鞠方安：《清末官制改革中官员的俸禄改革》，《中国人民大学学报》2001年第5期。

李扬颖：《论清代养廉银制度的嬗变》，《佳木斯大学社会科学学报》2007年9月第25卷第5期。

肖宗志：《晚清的课吏馆》，《清史研究》2006年2月第1期。

关晓红：《从幕府到职官：清季外官制改革中的幕职分科治事》，《历史研究》2006年第5期。

于书娟：《太平天国的科举制度初探》，《考试与教育》2007年5月。

王明前：《太平天国乡官的任用标准与社会功效》，《海南大学学报》人文社会科学版2007年6月。

徐保安：《清末地方官员学堂教育述论——以课吏馆和法政学堂为中心》，《近代史研究》2008年第1期。

关晓红：《清末州县考绩制度的演变》，《清史研究》2005年8月第 3 期。

《政府命各督抚年终考察州县开列简明事实刊入官报》，《东方杂志》第 7 期。

王开玺：《资政院第一次常年会中立宪派政治主张述论》，《清史研究》1998 年第 3 期。

李志茗：《晚清幕府研究》，华东师范大学 2001 届博士学位论文。

张靖：《晚清选官制度变革研究》，中国政法大学 2005 届博士论文。

本章执笔：石一冰

图书在版编目（CIP）数据
中国廉政史鉴. 典章制度卷 / 李洪峰主编. —北京:
文化艺术出版社, 2012.8
ISBN 978-7-5039-4771-1

Ⅰ. ①中… Ⅱ. ①李… Ⅲ. ①廉政建设—历史—中国
②廉政建设—典章制度—中国 Ⅳ. ①D691.49

中国版本图书馆CIP数据核字（2012）第174052号

中国廉政史鉴（典章制度卷）

主　　编　李洪峰
特约编审　张圣洁
责任编辑　斯　日　程晓红
装帧设计　王子原　刘玲子
出版发行　文化艺术出版社　国家图书馆出版社
地　　址　北京市东城区东四八条52号　100700
网　　址　www.whyscbs.com
电子邮箱　whysbooks@263.net
电　　话　（010）64813345　64813346（总编室）
　　　　　（010）64813384　64813385（发行部）
经　　销　新华书店
印　　刷　国英印务有限公司
版　　次　2012年8月第1版
　　　　　2012年8月第1次印刷
开　　本　787×1092毫米　1/16
印　　张　353
字　　数　4000千字
书　　号　ISBN 978-7-5039-4771-1
定　　价　2880.00元（共三卷十六册）
